A SAÚDE NA MÍDIA

Dados Internacionais de Catalogação na Publicação (CIP)
(Câmara Brasileira do Livro, SP, Brasil)

Tabakman, Roxana.
A saúde na mídia : medicina para jornalistas, jornalismo para médicos / Roxana Tabakman ; tradução Lizandra Magon de Almeida. — 1. ed. — São Paulo : Summus Editorial, 2013.

Tradução de: La salud en los medios: medicina para periodistas, periodismo para médicos.
Inclui bibliografia
ISBN 978-85-323-0892-4

1. Hábitos de saúde. 2. Comunicação de massa. I. Título.

13-01320   CDD-613
                                                          CDU-613

www.summus.com.br

Compre em lugar de fotocopiar.
Cada real que você dá por um livro recompensa seus autores
e os convida a produzir mais sobre o tema;
incentiva seus editores a encomendar, traduzir e publicar
outras obras sobre o assunto;
e paga aos livreiros por estocar e levar até você livros
para a sua informação e o seu entretenimento.
Cada real que você dá pela fotocópia não autorizada de um livro
financia um crime
e ajuda a matar a produção intelectual em todo o mundo.

A SAÚDE NA MÍDIA

Medicina para jornalistas
Jornalismo para médicos

ROXANA TABAKMAN

summus
editorial

Do original em língua espanhola
LA SALUD EN LOS MEDIOS
Medicina para periodistas, periodismo para médicos

Copyright © 2013 by Roxana Tabakman
Direitos para a língua portuguesa adquiridos por Summus Editorial

Editora executiva: **Soraia Bini Cury**
Editora assistente: **Salete Del Guerra**
Tradução: **Lizandra Magon de Almeida**
Capa: **Alberto Mateus**
Projeto gráfico e diagramação: **Acqua Estúdio Gráfico**
Impressão: **Sumago Gráfica Editorial**

Summus Editorial
Departamento editorial
Rua Itapicuru, 613 – 7º andar
05006-000 – São Paulo – SP
Fone: (11) 3872-3322
Fax: (11) 3872-7476
http://www.summus.com.br
e-mail: summus@summus.com.br

Atendimento ao consumidor
Summus Editorial
Fone: (11) 3865-9890

Vendas por atacado
Fone: (11) 3873-8638
Fax: (11) 3873-7085
e-mail: vendas@summus.com.br

Impresso no Brasil

À minha família

SUMÁRIO

1. O espaço da saúde na mídia 9
   Introdução geral 9
   O aumento mundial do interesse 10
   A busca do que é notícia ou do que é apelativo 12
   Por que abrir a imprensa (para profissionais de saúde e instituições) 17
   Quem pode publicar 21
   Médicos e jornalistas: casamento por conveniência 23
   O Estado, a saúde e a mídia – *Ginés González García* 25

2. Em quem confiam os jornalistas (fontes) 27
   Relação com as diversas fontes médicas 27
   Especialistas 30
   Outras fontes 38
   O desafio de informar com base em fontes distintas 56
   O olho clínico, ou as fontes sem evidências – *Matías Loewy* 60

3. Como explicar e atrair 63
   Estratégias, recursos de divulgação e erros mais comuns 63
   Dez regras para escrever bem, de modo claro e atraente 76
   Palavras e metáforas perigosas 76
   Quem está do outro lado? A importância de entender o público 81
   Como escrever para convencer os jornalistas 82
   O peso das imagens 85
   Infográficos 88
   A visão do médico – *Celio Levyman* 90

4. Do interesse público ao interesse do público (temas) 103
   Os temas mais importantes, os mais atraentes, os mais polêmicos
   e os esquecidos 103
   Particularidades de alguns temas 109

5. A influência da mídia 119

Impacto da informação de massa sobre saúde nas pessoas 119

Riscos ocultos 125

Interpretações erradas, ou quando a informação não serve para nada 127

Doenças midiáticas 131

Mudanças na prática médica 135

Consequências para as fontes 137

Os pacientes e a fama 140

Os jornalistas e a saúde global – *Paula Andaló* 141

6. Ética da informação médica... 145

A relação com as fontes: interesses 146

O que não divulgar 149

As oito regras de quem informa 155

Quem toma as decisões e como 161

Quando a ética é o nó da notícia biomédica 167

O debate sobre a medicalização da vida e o marketing do medo 169

A saúde como problema jurídico:

a questão da privacidade – *Guilherme D. da Cunha Pereira* 171

7. Os pontos difíceis.. 175

Números enganadores 176

O jargão dos cientistas 179

O ABC do jornalista médico 185

Será verdade? 188

8. O futuro (que já chegou).. 191

Panorama sanitário geral 192

O fim do "paciente" 193

Os novos profissionais da comunicação: especialistas

multimídia globalizados? 194

A midiatização da prática do cuidado com a saúde 198

Médicos e jornalistas: até que a morte os separe 199

Referências bibliográficas.. 203

1 O ESPAÇO DA SAÚDE NA MÍDIA

O aumento mundial do interesse jornalístico por temas de impacto pessoal. O que é notícia em saúde e como conciliar os interesses da imprensa com os de suas fontes e os dos cidadãos.

Introdução geral

Na quinta-feira, 4 de novembro de 2010, os leitores do *The New York Times* tomaram conhecimento de que o controle por meio de tomografias reduz as mortes por câncer de pulmão (Harris, 2010). Os que tomaram o café da manhã nesse dia lendo o jornal francês *Le Monde* souberam que dois bebês tinham nascido de ovócitos congelados (Deux enfants, 2010). Os britânicos, por sua vez, nesse dia comentavam a notícia do *Times* sobre o risco de serem atendidos por um médico residente (Lister, 2010), enquanto os brasileiros se informaram pela *Folha de S.Paulo* de uma nova técnica não invasiva para o diagnóstico de câncer labial (Hospital, 2010) e de novas regras para reduzir o risco cardíaco da quimioterapia (Colluci, 2010). Se além do jornal tivessem lido uma revista de economia chamada *Exame*, tomariam conhecimento da existência de sensores que, ligados a um *smartphone* e à internet, estavam revolucionando o cuidado com a saúde (Dalmazo, 2010). Essa quinta-feira foi um dia normal para a mídia porque, para deleite não só dos hipocondríacos, a informação de saúde hoje é onipresente.

A situação atual da imprensa de saúde é o ponto culminante de uma evolução muito rápida e ainda em processo de mudança. Foi no ano de 1978 que o *The New York Times* criou uma seção de ciência, o primeiro suplemento no qual eram publicadas especificamente notícias relativas aos avanços médicos. Essa ideia se globalizou e começaram a surgir nos jornais de todo o mundo páginas especializadas semanais nas quais, com tempo, espaço e dose de reflexão maior do que o habitual, médicos e jornalistas abordavam temas de saúde. O sucesso foi como o esperado em termos de leitores, mas não de publicidade; por isso, lentamente esses cadernos foram desaparecendo. Atendendo aos desejos dos clientes, o cuidado com a saúde já tinha garantido seu espaço nas capas e nos cadernos de cidades ou informação geral de jornais, revistas e programas de televisão. É nesse terreno, que ano após ano, aumenta o número de notícias relacionadas à saúde. Ou, mais especificamente, à sua falta.

O interesse dos leitores pela medicina não é mais do que o reflexo de uma mudança de atitude na qual os pacientes se encarregam da própria saúde e buscam informações em todas as fontes possíveis (veja o Capítulo 5). O contato entre a mídia e as vozes especialistas é, por sua vez, cada vez mais fluido (veja o Capítulo 2), facilitado pelas assessorias de imprensa cada vez mais populares no setor médico. Em alguns casos, a busca midiática responde a razões de estratégia de marketing pessoal ou de algum produto ou serviço; em outras, nasce do convencimento da necessidade ou utilidade de informar a sociedade. Na maioria das vezes, ambas estão presentes.

No entanto, talvez pela própria juventude do jornalismo de saúde, muitos fatores atentam contra a qualidade: a linha editorial que muitas vezes tende ao espetáculo ou à cura milagrosa, o corporativismo e a busca desmedida de crédito pessoal por parte de médicos e instituições, a ingenuidade ou falta de capacitação de alguns jornalistas, as pressões de diferentes origens. Isso acontece em um cenário de mudanças, no qual a imagem dos profissionais da saúde está desgastada, a medicina é vista como mais mercantilizada do que nunca, tem havido um crescimento inesperado das pseudociências há décadas, com curandeiros atualizados que dominam as técnicas de comunicação de massa, e os cidadãos passaram a utilizar cada vez mais a mídia e depender dela, incluindo a internet, para cuidar da própria saúde.

Neste capítulo são analisados esses pontos, de acordo com o seguinte marco conceitual: o jornalismo médico tem um fim, uma função, uma missão, um objetivo: obter informação verdadeira e oferecê-la às pessoas para que tomem decisões e formem uma opinião com liberdade genuína. Tamanha responsabilidade deve ser compartilhada. E por isso um livro único, para que médicos e jornalistas se encontrem.

O aumento mundial do interesse

As pessoas querem ler, ouvir e ver notícias sobre saúde. É um fenômeno mundial. Nos Estados Unidos, o estudo "Impact", do Readership Institute, da Northwestern University, analisou no início do século que conteúdo interessava aos leitores de jornais norte-americanos (Readership, 2000). Saúde ocupava, junto com casa, comida, moda e viagens, apenas o segundo lugar depois das notícias sobre a comunidade. As respostas dadas por 37 mil consumidores permitiram identificar, além dos temas prioritários, o conteúdo desejado: os leitores pediam informações em maior quantidade e do tipo "como fazer", o que no jargão jornalístico se denomina serviço. Resultados similares foram obtidos com frequência em pesquisas realizadas na Europa e na América Latina.

Esse tipo de pesquisa permite identificar não só o que as pessoas querem mas também o que a indústria jornalística lhes vai oferecer nos próximos anos. Enfoques temáticos, com ênfase em pessoas e notícias de serviço, foram invadindo o terreno da cobertura clássica dos jornais: os fatos do dia anterior. No dia 9 de abril de 2002, o centenário jornal econômico norte-americano *The Wall Street Journal* saiu com uma seção nova: "Personal Journal". Ali se respondiam perguntas do tipo: "Crianças com excesso de peso devem tomar remédio?" Naquele momento muitos se indagaram por que um jornal tradicional como esse admitia textos que antes só apareciam na imprensa popular. A resposta é que simplesmente estava acompanhando uma tendência da mídia norte-americana de mais de 20 anos.

Nos grandes meios de comunicação norte-americanos, a categoria "Personal Health" (saúde pessoal) quintuplicou seu espaço em duas décadas, segundo demonstrou um estudo no qual foram analisadas mais de 6 mil matérias jornalísticas de 16 veículos diferentes. A televisão, segundo se depreende do informe, assumiu a vanguarda: a porcentagem de notícias sobre saúde aumentou 12 vezes nesse período. Mas a mídia escrita não ficou imune aos médicos: o jornal diário *Los Angeles Times* triplicou as notícias de saúde, e a revista *Time* multiplicou por seis o número de capas dedicadas ao tema (Committee of..., 1998).

Os Estados Unidos começaram o século com a revista *Prevention* na lista das 20 mais vendidas, à frente da *Cosmopolitan* ou do *US News and World Report*. Até a *Arthritis Today* chegou a registrar níveis de venda apenas 10% menores do que os da mundialmente reconhecida *Scientific American*. Não é estranho, portanto, que já em 1995 o público geral representasse 70% dos visitantes de um site destinado aos profissionais sanitaristas, concebido pela American Medical Association. Uma oportunidade que, pelo visto, não deixou de ser aproveitada.

A questão não é uma moda americana. Ou, se é, foi devidamente exportada. A revista semanal brasileira *Veja* era a quarta mais vendida do mundo quando dedicou nada menos do que dez capas à saúde. No ano em que o atentado de 11 de setembro teve o triste mérito de reviver um dos temas do jornalismo clássico, os editores dessa revista de interesse geral consideraram a depressão, o câncer, as dietas e o sexo o tema principal em uma a cada cinco semanas. E na edição que noticiava o sangrento atentado de Madri de 2004 houve mais páginas dedicadas à saúde do que à tragédia.

Os assuntos pessoais têm seu espaço garantido, pela simples razão de que vendem mais exemplares do que os outros. A revista *Saúde* já tinha duas décadas de história no Brasil e alcançava uma marca de 150 mil exemplares mensais, mas, para a Editora Abril, o importante na verdade era a alta porcentagem de leitores (67%) que eram assinantes havia mais de três anos. A fidelidade não tem preço.

A saúde chega quase diariamente às capas dos jornais de todo o mundo e isso responde a uma estratégia clara. É uma reação à queda gradual na leitura de jornais, que começou a ser justificada em anos recentes não só pelo avanço dos meios digitais mas pelo que o consultor em gestão estratégica de mídia Antoni Piqué denomina pura e simplesmente de tédio do leitor. A imprensa diária entediaria as pessoas, entre outros motivos, pela falta de atenção aos efeitos que os fatos produzem no indivíduo e na sociedade. Cada vez mais é necessário perguntar-se, diz Piqué (2002), "por que o que realmente interessa às pessoas sai em suplementos uma vez por semana e todos os dias massacramos nossos leitores com informações que eles dizem não querer ler?" O analista catalão, consultor de muitos veículos da América Latina, destaca a necessidade de uma aproximação progressiva do que interessa aos leitores.

Existe outro aspecto interessante a ser analisado. Quando na Espanha o número de textos relacionados a saúde e medicina duplicou em apenas três anos (1997 a 2000), as cartas de leitores sobre o tema foram multiplicadas por seis. Mas aqui há outro ponto a considerar: entre os que assinavam as "Cartas ao editor" havia cada vez mais profissionais de saúde (Informe Quiral). Com frequência crescente, os próprios médicos sentem o desejo ou a necessidade, conforme o caso, de se dirigir à comunidade. Em resumo: os leitores querem mais informação de saúde e os médicos querem ser mais ouvidos. Não é a situação perfeita para um jornalista de saúde?

A internet merece uma análise à parte (veja o Capítulo 8). Parece até que quase não restam pessoas que não procurem informações sobre saúde na internet. Na primeira pesquisa, realizada em 1998, 71% dos entrevistados afirmavam ter procurado informação *online* sobre saúde. Desde então, os "cibercondríacos" – como alguns os chamam – aumentam na frequência de busca e também no grau de conformidade com a informação encontrada (Harris Interactive, 2011). O paciente eletrônico, conceito que se desenvolve no Capítulo 8, está começando a escrever um novo capítulo da medicina. Desse novo receptor da informação médica – o termo abarca os que procuram informação na rede para si mesmos, mas também para pessoas próximas – diz-se que é um terrorista pacífico que, com o *mouse*, começou a mudar a estrutura de poder. Este, por meio da informação, está cada vez mais do lado dos pacientes.

A busca do que é notícia ou do que é apelativo

O jornalismo de saúde é bem jovem e ainda tem muito que aprender. Por parte da imprensa, carece da tradição que teria a cobertura de guerras, comícios eleitorais ou desastres naturais. Por parte de suas fontes principais, os médicos, a comunicação não é algo que se aprenda na faculdade. Mas esse problema deve ser resolvido.

A busca do que é apelativo na notícia e da notícia no que é apelativo ainda é uma dificuldade para muitos. Os assuntos mais importantes nem sempre são os que despertam interesse. Geralmente, acontece o contrário. Uma análise dos temas biomédicos que mais foram publicados na imprensa espanhola mostrava, por exemplo, descobertas ou desenvolvimentos científicos anunciados em grandes termos, como clonagem e o projeto genoma humano, e temas mais clássicos, como negligências médicas, possíveis surtos infecciosos ou outros problemas de atenção sanitária. E foram também quase os mesmos – tudo segundo o antes mencionado Informe Quiral – os que geraram mais opinião por parte de editorialistas e colunistas. Era isso que seus leitores queriam ler?

Tudo indica que não. A julgar pelo que foi publicado na seção "Cartas ao editor" no período que durou o estudo, eles parecem mais mobilizados por temas que lhes afetam pessoalmente, como as filas de espera de atendimento hospitalar, os preços dos medicamentos ou a medicina alternativa (Fundación Vila Casas, 2010). Nas palavras de Gabriel García Márquez (1996), "as redações são laboratórios assépticos para navegantes solitários, onde parece mais fácil se comunicar com fenômenos siderais do que com o coração dos leitores".

A desconexão está longe de se restringir à Península Ibérica. No Brasil, a pesquisadora Mônica Macedo (2003), da Universidade Metodista de São Paulo, destacou que, "apesar de o espaço dedicado à saúde ser extenso, os textos frequentemente são muito formais ou teóricos, raramente apelam para o humor ou a análise de experiências concretas". O coordenador do trabalho, Wilson da Costa Bueno (2001), não economiza críticas: "Podemos definir a prática brasileira de comunicação para a saúde a partir de uma série de parâmetros, como descontextualização, centralização do foco na enfermidade, visão preconceituosa das terapias e medicinas alternativas, ideologia da tecnificação, legitimação do discurso de competência e espetacularização da cobertura na área médica, entre outros".

Os meios cuja análise conduziu a sentença tão lapidar não foram outros que não os diários mais importantes do país: *Folha de S.Paulo*, *O Globo*, *O Estado de S. Paulo* (nas versões em papel e *online*) e *Jornal do Brasil* (nas versões em papel, que já não existe, e também na digital). Foram escolhidos por serem líderes e porque o modelo dos principais é exportado para os demais. Ser os melhores não evitou que os pesquisadores acrescentassem: "Fica claro nas notícias de saúde a presença de jornalistas com um alto grau de amadorismo". Se isso ocorre, segundo Bueno, nos veículos sérios, o que esperar dos populares – que, de modo geral, investem menos recursos em suas redações?

Existem veículos populares que, com frequência, funcionam como verdadeiros consultórios clandestinos. Sabem o que interessa a seu público, amplificam suas dúvidas, além de fazer perguntas diretas ("Como posso emagrecer ?"). O problema é que costumam errar as respostas.

Há outro paradoxo. Por que "vendem" tanto as notícias sobre dietas se todos os que perdem 15 quilos com uma receita popular indefectivelmente os recuperam antes do verão seguinte? Por que as notícias de sexo "vendem" tanto se é sabido que as artes do amor são praticadas há milênios das mesmas maneiras? Muito poderia ser escrito sobre isso, mas o essencial é que essas notícias têm um ponto em comum: chegam pouco ao cérebro, mas bastante ao coração.

É lamentável que na busca do apelativo muitas vezes se esqueça de que o essencial deveria continuar sendo a qualidade da informação, ainda mais quando pode levar a consequências gravíssimas, como é o caso dos artigos de conteúdo médico. As notícias sobre dietas, por exemplo, deveriam ser tratadas com o rigor imposto à prescrição de um tratamento para obesidade, mas a qualidade da informação sobre o tema costuma deixar muito a desejar. Em geral, as dietas publicadas oferecem a metade das vitaminas e dos minerais necessários, falta-lhes cálcio e ferro, e têm menos vitaminas do que o adequado para o funcionamento correto do organismo (Pacheco, 2009).

Em suma, o *boom* informativo sobre saúde pode ter efeitos contraproducentes se à quantidade não forem incorporadas doses crescentes de qualidade. Para alguns, melhorar a qualidade é despojar-se de preconceitos e responder às perguntas feitas pelas pessoas. Para outros, é responder com mais rigor a essas perguntas.

O que é notícia em saúde?

Há várias definições do que é notícia. Em termos precisos, "noticiabilidade" é o conjunto de requisitos exigidos dos acontecimentos, do ponto de vista da estrutura de trabalho dos órgãos de informação e do ponto de vista do profissionalismo dos jornalistas, para adquirir existência pública. Um acontecimento jornalístico também pode ser visto como toda variação comunicada do sistema pelo qual os sujeitos podem se sentir implicados... Em uma aldeia na selva pode ser um acontecimento importante a aparição de um avião. No aeroporto, por sua vez, a aparição de um avião é a norma, portanto não constitui um acontecimento.

Nesse sentido, os cientistas e os médicos podem comportar-se como os habitantes dessa aldeia. Ficam entusiasmados com a descoberta do mecanismo de ação de uma droga nas células porque isso representa uma variação ou "ruptura do sistema" em seu horizonte de conhecimentos. Para eles é notícia. Mas passam despercebidos fatos como alguém ter morrido de hemorragia por culpa de uma aspirina. Para a audiência de massa, no entanto, tornar claras certas novidades da área científica é muito difícil. Tentar explicar o novo mecanismo de uma droga é como tentar explicar a alguém que nunca tivesse ouvido falar de aviões que a Boeing apresentou um novo modelo.

Além disso, às vezes há uma muralha entre os médicos e as pessoas: justamente a imprensa. Porque, trocando em miúdos, as notícias são aquilo que os jornalistas definem como tal. Exceto no caso de epidemias ou outras calamidades, é difícil saber onde nasce uma notícia de saúde (veja o Capítulo 2). A atualidade "aguda" é um critério que não exige explicações. No ano de 2009, um em cada quatro textos sobre saúde e medicina publicados na Espanha se referia à gripe A (Fundación Vila Casas, 2010). Mas também está no que é chamado de atualidade interna quando a notícia é atual para os jornalistas, que assumem que também será para seu público. Muitas histórias velhas para as fontes não o são para os editores. Vejamos alguns exemplos. "A gagueira não tem uma origem psicológica mas anatômico-funcional", publicada na revista *Noticias*, da Argentina. "A obesidade é um fator de risco para a hipertensão", no jornal *Clarín*, também de Buenos Aires. "A exposição ao sol é necessária para sintetizar a vitamina D no organismo e evitar uma forma rara de câncer", esta última no *The New York Times*. Essas três notícias foram publicadas no ano de 2002, sem que houvesse alguma mudança de paradigma que justificasse isso.

O conceito de novidade é tão importante para a evolução do conhecimento científico quanto a construção da matéria jornalística. Mas assume conotações diversas nos dois contextos profissionais. A novidade científica costuma se basear em uma hipótese prévia, depende do aval dos pares e da confirmação por repetidas experimentações. Nesse caso, pode-se dizer que a novidade tem caráter de acontecimento já esperado. Na mídia, ao contrário, esse conceito remete ao que o jornalista considera inesperado.

A imprensa é atraída por fatos não rotineiros, especialmente os de impacto mais imediato. É notícia uma lipoaspiração que termina em morte, um novo tratamento para um velho problema, um novo problema para um velho hábito. O jornalista tem a função de registrar aquilo que indica exceção às regras.

O profissional de imprensa também gosta de disputas. Juntar pontos a favor ou contra determinado tratamento ou fazer discutir em público seguidores e detratores de um tema às vezes obedece mais ao interesse lúdico de mostrar um vencedor e um perdedor do que a reais objetivos de divulgação. Assim é a luta de psiquiatras contra psicólogos, de psicólogos contra sexólogos e destes contra ginecologistas e andrologistas. Os biotecnólogos ficam parecendo descontrolados e os ecologistas enlouquecidos, ou exatamente ao contrário.

Para os médicos, entender a lógica jornalística exige grande esforço, e os caminhos da fama nem sempre são fáceis de prever. Às vezes, o destaque é fruto de um bom *release*, produzido por especialistas em comunicação; em outras, parte de um médico que conseguiu convencer um jornalista de que "seu" tema era uma novidade importantíssima.

É bem frequente que a pauta nasça de uma questão médica que o diretor do veículo, sua esposa, sogra ou outros parentes precisam resolver. Cada editor tem seus "causos" a esse respeito. Na maioria das vezes, a grande notícia nasce da intuição do jornalista ou de seus superiores de que o tema vai interessar ao público.

Assim, há assuntos relevantes que jamais são publicados. Os caminhos para que um tema seja excluído ou se perca na matéria-prima que o redator não consegue transformar em matéria jornalística são muitos. O mais transitado é o do desconhecimento: um tema não pode ser notícia se o jornalista não o compreende, e vai direto para o lixo. Mas esse caminho não é o único.

O jornalista argentino Matías Loewy fica muito preocupado com os temas que nunca cobre. Quando trabalhava na revista *Noticias*, dirigida às classes média e alta, só tratava das doenças que afetavam seus leitores. Como se os problemas cardíacos derivados do sedentarismo fossem mais elegantes do que os causados pela doença de Chagas, enfermidade que afeta principalmente pessoas de baixa renda e moradores das áreas rurais. "O preconceito de classe também age nos grandes veículos norte-americanos ou europeus. David Burnham, jornalista científico do *The New York Times*, explicou por que ele e seus colegas evitavam abordar o problema das doenças ocupacionais: 'A classe média alta que lê o *Times* pode dar de ombros em relação às fibras de algodão e ver isso como um problema distante e secundário que afeta a alguns pobres trabalhadores da área têxtil no Sul, mas se identifica, por sua vez, com um artigo que aborde os agentes cancerígenos do meio ambiente. O câncer aterroriza a todos'" (Loewy, 2003).

A segunda causa mais popular para deixar um tema de fora parece ser o desinteresse popular. No entanto, não seria justo pensar que o interesse aumenta em relação aos assuntos divulgados, e por isso mais indivíduos se sentem motivados a saber ainda mais? As pessoas tomaram conhecimento de tudo que sabem sobre aids devido ao acúmulo de notícias. Mas isso aconteceu quando se acrescentou um aspecto apelativo à notícia, ou seja, quando, um a um, artistas famosos foram se assumindo infectados publicamente (veja o Capítulo 4).

A história clínica das pessoas famosas é ouro em pó para os jornalistas. Um estudo brasileiro apontou que o termo "derrame cerebral" era até sete vezes mais citado em notícias sobre celebridades do que nas de saúde gerais (Teixeira, Min e Toledo, 2009), o que deveria ser aproveitado para informar à população. Não é lógico esperar que as pessoas se levantem pela manhã mortas de vontade de ler uma notícia sobre "a última terapia antirretroviral". Mas muitos souberam da existência dela graças a Magic Johnson, jogador de basquete que se apresentou nos quatro cantos do mundo com uma imagem que irradiava saúde após anunciar que havia contraído o vírus HIV.

Durante anos tentei publicar uma matéria sobre cirurgia para o tratamento da obesidade extrema – e em sucessivas ocasiões fui desencorajada por meus editores. Até que uma pessoa famosa, vidente e conselheira espiritual do então presidente argentino Carlos Menem, foi submetida à cirurgia. Com sua nova imagem reduzida em 75 quilos, ela me "deu de presente" – com bastante esforço de sua parte, devo admitir – três páginas para um assunto que deixou de ser "um tema desagradável que interessa a poucos", como me diziam no início.

A difusão de que a candidata a presidente do Brasil Dilma Rousseff sofria de linfoma garantiu mais centímetros para a imprensa médica do que as "notícias" científicas mais brilhantes. Ainda existem assessores de imagem que não recomendam tornar público o estado de saúde quando ele não é bom. Mas o altruísmo, a necessidade de catarse, a busca de espaço de mídia, votos ou um estímulo econômico interessante (veja os Capítulos 2 e 6) ajudam inúmeras pessoas públicas a se abrir. O vice-presidente do Brasil José Alencar agregou um *plus* à dor e à doença. "Fiz toda a minha carreira política com câncer", reconheceu depois de três décadas de seu primeiro diagnóstico. A oposição via no câncer de faringe de Lula uma vantagem política.

No ano de 2003, a revista brasileira *Época* ocupou sua capa com o tema da mortalidade materna, concentrando-se em um caso que ocorrera há 32 anos: o falecimento da primeira mulher do recém-eleito presidente Lula (Brum, 2003). Melhor uma "famosa" póstuma do que milhares de vítimas atuais, mas desconhecidas. Oito anos depois, o tratamento oncológico de Lula foi aproveitado por muitos leitores e internautas para reviver nas redes sociais o tema das deficiências do Sistema Único de Saúde (SUS).

A sétima arte também costuma renovar o interesse por temas sem nenhuma novidade. Não abundavam notícias sobre uma doença psiquiátrica chamada síndrome obsessivo-compulsiva até que o personagem de Jack Nicholson no filme *Melhor, impossível* despertou interesse. Os roteiristas de telenovelas estão sempre avaliando essas ações de marketing social, o que no Brasil já levou ao aumento de doações de órgãos ou ao uso de aparelhos de surdez, para dar apenas dois exemplos.

A motivação do público exige muita criatividade. Ninguém teria conseguido publicar nada sobre "doenças causadas por príons" se alguém não tivesse batizado o problema de "a doença da vaca louca". A divulgação de formas de prevenir a síndrome urêmica hemolítica foi facilitada pelo jornalista que a chamou de "doença do hambúrguer".

O conceito de notícia difere segundo o veículo, e essa talvez seja a primeira coisa a aprender por quem pretende se tornar uma fonte jornalística. Para alguns, continua sendo certo que, quanto mais negativo em suas consequências é um acontecimento, mais probabilidade tem de ser notícia ("Por menos de 100 mortos nem me mexo", brinca um amigo jornalista da editoria de Internacional. Em saúde, muito menos cadáveres são necessários). Para outros, é exatamente o contrário. Partem da base de que os políticos, criminosos e terroristas já ocupam toda a capacidade humana de receber más notícias, e para os jornalistas responsáveis pelos demais assuntos são solicitadas notícias que devolvam a vontade de viver às pessoas. Nesses casos, o aumento do número de doentes de asma ou colite é publicado em letras miúdas e perto de uma notícia otimista. O título habitualmente traz mensagens positivas como "Novos e melhores tratamentos".

Ao longo do tempo surgem variações quanto ao que merece espaço nos veículos. Quem não se lembra de quando o colesterol era o grande vilão? E de que para viver bem – se é que se pode usar esse termo – era necessário morrer de fome? Faz um tempo que não lemos esse tipo de notícia, mesmo que as gorduras e as calorias continuem sendo tão ruins quanto antes. Um estudo financiado pelo International Food Information Council (Ific) examinou as informações que os norte-americanos estavam recebendo e comprovou que a distribuição massiva de culpas tinha saído de moda. Enquanto no início do estudo o "consumo de gorduras" liderava os temas nutricionais, ocupando 18% das matérias, e a isso se agregavam as notícias sobre "aumento de colesterol" e "consumo de calorias" e acabava-se repreendendo os leitores em uma entre quatro notícias, quatro anos depois o interesse em castigar a gula e as notícias sobre colesterol tinham quase desaparecido e as duas categorias restantes (gorduras e calorias) somavam apenas 8% do conteúdo informativo. Em vez disso, falava-se mais dos benefícios de comer bem (57%) do que dos riscos de comer mal (43%). Foi aí que surgiu o assunto dos alimentos para a prevenção de doenças (13%). Simultaneamente, nascia uma nova categoria comercial, a dos nutracêuticos ou alimentos funcionais, como a margarina que contribui para a diminuição do colesterol. A mudança de discurso refletiu, na realidade, uma tendência da medicina moderna: deixar de enfatizar o que não é preciso fazer e fortalecer os hábitos positivos (International Food Information Council, 2000).

O que é notícia em saúde? Não apenas o que querem divulgar as fontes oficiais. É talvez tudo que publica um jornalismo sensível aos interesses e às necessidades das pessoas e de outro modo a audiência não saberia.

Por que abrir a imprensa (para profissionais de saúde e instituições)

Quando fui hospitalizada para o nascimento de minha primeira filha, recordo bem de quando entraram no quarto para me dar um comprimido sem que ninguém tivesse me avisado previamente de que teria de ingerir um medicamento.

— O que é? — perguntei.

— Um comprimidinho — respondeu a enfermeira. E saiu do quarto.

Na prática clínica, a equipe médica tem sido, historicamente, responsável por prestar todas as informações consideradas necessárias para a preservação ou a recuperação da saúde e do bem-estar para cada um de seus pacientes. Mas é fato que tanto no hospital como no consultório o paciente não obtém toda a informação que deseja. Não há tempo, não há vontade, ou ambas. O profissional muitas vezes fala ou escuta sem sequer olhar seu interlocutor porque aproveita o tempo para escrever a receita ou preencher um formulário. E, mesmo que não note, seu discurso costuma ser cheio de tecnicismos.

O problema aumenta, sem dúvida, nas classes sociais menos favorecidas. Agrava-se também no caso das enfermidades crônicas, nas quais, mais do que informação, o paciente e sua família precisam de educação para conviver com a doença. Se os pacientes também devem arcar com parte de seu tratamento, por que recebem pouca informação? Uma resposta possível é que é assim porque, na realidade, sempre foi assim. Agora incomoda mais porque os doentes deixaram de ser "pacientes" (veja o Capítulo 8) e o médico é apenas uma pequena parte do universo informativo ao qual têm acesso. Querem ser agentes da própria saúde e, se não recebem a informação individualizada de que precisam, conseguem-na por outras fontes, inclusive as mais insuspeitas. A indústria de entretenimento é um veículo importante de informação sobre saúde nos Estados Unidos: 32% dos telespectadores que assistem habitualmente à série "E.R." afirmaram que a informação que recebem na série os ajuda a tomar decisões, e 14% garantiram ter ido ao médico em função de algo que viram em algum episódio (Henry, 2004).

Os profissionais da saúde devem reconhecer que este é um tempo de mudanças profundas, favorecido por diversos fatores, não só a importância atribuída ao princípio de autonomia do paciente (veja o Capítulo 6) mas também uma população que tende ao envelhecimento, o aumento das doenças crônicas e degenerativas, os avanços no diagnóstico e no tratamento domiciliar e a expansão dos meios de comunicação de massa. Se até há pouco tempo, para melhorar a saúde dos cidadãos, era suficiente melhorar a formação dos médicos que transferiam seu conhecimento ao paciente, hoje é necessário que as sociedades científicas utilizem um novo enfoque comunicativo que chegue à sociedade.

Melhorar a qualidade da informação dos meios é, portanto, de maneira indireta, melhorar a atenção dos próprios pacientes. Em pesquisa realizada pelo Instituto de Ensino e Pesquisa do Hospital Israelita Albert Einstein, de São Paulo, perguntei a um grupo de médicos qual era hoje a principal fonte de informação sobre saúde de seus pacientes. A resposta foi clara: 90% disseram que era a mídia, 55% achavam que essa informação de massa tinha influência média ou alta nas decisões médicas das pessoas,

85% lamentavam que o nível de qualidade dessa informação era médio ou baixo e 55% estavam convencidos de que a mídia piorava a relação dos médicos com os pacientes (Tabakman, 2003). Se esses resultados são representativos da realidade, a comunidade médica deveria se esforçar para reverter a situação.

Para um médico pode haver outro motivo para se aproximar da mídia: obter publicidade (veja também o Capítulo 5). "O impacto de ter saído na mídia algo sobre o médico depende muito da personalidade dele", avalia Eliane Oliveira, editora executiva do departamento de comunicação da Escola Paulista de Medicina da Universidade Federal de São Paulo (Unifesp). "Mas começam a ter retorno em termos de número de pacientes, na facilidade de acesso a patrocínios, com uma maior projeção nacional e um reconhecimento social. Há pacientes que sentem sua escolha de médico legitimada quando coincide com a escolha da imprensa." Às vezes esse apoio popular altera os planos do profissional que trocou, em algum momento, o estetoscópio pelo microfone. "Em várias ocasiões tivemos de pedir à imprensa para parar de divulgar um assunto, porque estava gerando listas de espera excessivas ou um número descomunal de voluntários para estudos clínicos", recorda (Oliveira, 2003).

O apoio por parte da mídia é também uma poderosa estratégia para modificar as políticas e mudar a imagem pública. Essa estratégia é usada amplamente pelas indústrias, como os fabricantes de PVC e outros plásticos, que buscaram apoio de jornalistas de saúde prestigiados para difundir a ideia de que seus produtos poderiam substituir o vidro sem riscos para a saúde, e redes de *fast-food*, como o McDonald's, que buscam melhorar sua imagem pública recorrendo a ações semelhantes.

Os médicos especialistas em saúde reprodutiva e em obesidade têm procurado a imprensa ativamente, com a intenção de que seus tratamentos comecem a ser contemplados pela seguridade social e pelas empresas de medicina privada.

A aids, que é a doença mais midiática da história (veja o Capítulo 4), permite exemplificar todos os papéis da imprensa na história social de uma enfermidade. Abundam pesquisas que mostram que a televisão, o rádio e a imprensa escrita são – para o público de todas as idades – a principal fonte de informação sobre os métodos para prevenir o contágio pelo vírus HIV. A difusão do tema serviu para que as portas da educação sexual nas escolas fossem abertas e assim se detivesse em muitos países o avanço da epidemia entre os mais jovens, e também para que fossem redigidas leis antidiscriminatórias, liberados recursos econômicos para o diagnóstico e o tratamento, e surgissem fundos para a pesquisa. Quando apareceram os tratamentos que permitiam tornar o vírus indetectável no sangue dos pacientes, os médicos imunologistas se tornaram estrelas mundiais. Na partilha, ONGs, empresas farmacêuticas e grupos de pacientes capitalizaram o interesse midiático em proveito próprio.

Quem pode publicar

Isso não deveria ser mais tema de debate, principalmente depois que as novas tecnologias passaram a permitir registrar e difundir massivamente qualquer fato ou opinião sem intermediários: blogues, Twitter, aplicativos para telefones e computadores móveis, tudo que está aparecendo é terreno livre para os geradores de conteúdo.

A questão ainda interessa aos meios tradicionais. Uma postura é pensar que qualquer um que compile e processe informação para sua difusão por meios de massa pode ser considerado jornalista, tendo ou não feito cursos específicos. Nesse sentido, nenhuma organização nem organismo público ou privado pode atestar essa capacidade. Dar a alguém o direito de traçar essa fronteira, por mais sábio e bem-intencionado que seja, é um caminho perigoso que conduz a limitações da liberdade de imprensa e do direito do público de estar informado. Nos países em que o exercício do jornalismo exige autorizações – sejam documentos, títulos ou afiliações –, a imprensa convencional tende a ser mais homogênea e a sociedade passa a buscar alternativas na internet.

Quando a limitação é por formação profissional e se exige o diploma de jornalista, as dificuldades do aspecto científico e técnico podem ficar mais em evidência na cobertura de temas médicos. Pessoas sem especialização em saúde têm maior tendência a reproduzir fontes que prometem para o mesmo tema o paraíso ou o inferno. Muitas vezes os jornalistas generalistas lançam ao público duas versões de peso distinto como equivalentes, sem conseguir valorá-las.

Os conhecimentos sólidos em medicina ajudam a propor pautas, seja pelo domínio das diversas fontes (veja o Capítulo 2) seja, no caso dos médicos em exercício, pelo maior contato com as preocupações reais das pessoas. Mas a experiência indica também que são excessivos os casos em que esse conhecimento técnico superior muda a perspectiva do jornalista e o entrevistador se esquece das perguntas do cidadão comum e transforma a matéria em uma conversa entre colegas. Até a crença de saber muito, como paradoxo do conhecimento, o impede de perguntar. E o jornalista às vezes também se esquece de que a ciência avança a cada dia.

Ambas as formações têm seus críticos e defensores, e alguns propõem uma terceira via. A versão 2007 do Eurobarômetro, pesquisa popular sobre a difusão da pesquisa científica na mídia europeia, mostrou que 52% preferiam que esse tipo de informação fosse dado por cientistas e apenas 14% preferiam os jornalistas, porque os primeiros eram mais críveis e precisos ainda que, reconheciam, os segundos fossem mais claros. Mas um em cada cinco respondeu, de forma espontânea, preferir que ambos estivessem juntos (Especial Eurobarómetro, 2007). Lamentavelmente, nenhuma fórmula livra o público de aguentar delinquentes no papel de comunicador.

Os cursos de jornalismo científico, geralmente programas de graduação ou pós-graduação, ensinam aos jornalistas as bases do método científico ou como ter acesso à bibliografia técnica. Os que já têm esse conhecimento, por serem formados em Ciências (médicos, biólogos etc.), fazem esses cursos para aprender técnicas jornalísticas.

Um jornalista de saúde bem formado, qualquer que seja seu diploma original, é capaz de deixar sua marca na transmissão de qualquer notícia. Em uma coletiva de imprensa ou em um anúncio hospitalar, por exemplo, o bom jornalista não se limitará a ouvir e em seguida transcrever ao lado de outros 100 o que foi dito; também não se entusiasmará pelos aspectos técnicos, esquecendo-se da tragédia familiar. Será capaz de entender o boletim médico, colocar a realidade em contexto e oferecer um enfoque original para escrever de forma diferente a notícia compartilhada por todos. Seus conhecimentos lhe valerão para saber (ou saber checar) se o fato é uma novidade tão grande como dizem ou se não passa de uma campanha de marketing. A capacidade do entrevistador é notada não só na hora de entender os aspectos técnicos, mas em outras perguntas de máximo interesse público: por que foi feito nesse hospital, por que esse paciente foi escolhido, que conhecimentos tinha o indivíduo que era objeto da experimentação, quem a financiou e por quê. A maioria dos jornalistas não preparados ficará no "não entendo nada" e provavelmente só repetirá (amplificará) que tudo foi um sucesso, uma proeza da medicina moderna, e que o paciente não gastou um tostão. Ainda que tenha suspeitas, seus instintos jornalísticos podem falhar ao deparar com a barreira técnica.

O médico da TV

Antonio Drauzio Varella é famoso no Brasil. Apresenta programas de televisão e rádio, escreve colunas na imprensa, seus livros são *best-sellers*. "Com Drauzio, as pessoas passaram a acreditar de novo na figura do médico humanista, do profissional de antes, preocupado em curar e salvar os outros", explica seu editor, Luiz Schwarcz. O médico mais popular do Brasil também acompanhou um grupo de voluntários que decidiu parar de fumar, mostrando às câmeras a luta e o esforço de cada um. Não hesitou em mostrar um pulmão enegrecido, e nessa semana o número de e-mails que recebeu no programa triplicou.

Na Argentina, o médico mais famoso é o nutricionista Alberto Cormillot. Começou sua carreira midiática em 1964, e 40 anos depois já contabilizava a participação em 3 mil programas de televisão, mais de 3,5 mil programas de rádio, 4 mil notícias para 100 jornais de todo o país e mais de 5 mil notícias em diversas revistas, além de dirigir a própria revista e ter publicado mais de 20 livros. Essa lista já lhe valeria o título de médico

(continua) ▶

(continuação)

estrela, mas em 2003 esse profissional incansável ainda lutava em duas frentes: no Iraque, com a Cruz Vermelha, visitando campos de refugiados; e na arena política, concorrendo ao cargo de ministro da Saúde.

Cada país tem seu médico estrela, pessoas com a capacidade inata de atrair a audiência. São espontâneos, acreditam no que dizem – ou, pelo menos, assim parece. Para o especialista em mídia Pablo Sirvén (2003), as cinco características básicas para ser um médico de sucesso na televisão são:

1) Saber sintetizar os conceitos.

2) Ter uma imagem afável de médico contido, amigo e paternalista.

3) Conseguir traduzir o técnico para a linguagem caseira.

4) Ter certa presença (o que pode ser suprido com simpatia).

5) Demonstrar segurança e clareza na exposição.

Ser um médico midiático pode parecer glamoroso para muitos, mas nem tudo é champanhe e tapete vermelho. O candidato à celebridade deve estar disposto a viver sob os refletores, sabendo que cada erro, cada tropeção, cada opinião acabará – queira ou não – amplificada. É o preço da fama.

Médicos e jornalistas: casamento por conveniência

Médicos e jornalistas precisam uns dos outros, mas essa relação pode chegar ao ódio. Tudo é motivo de briga, aberta ou não: os assuntos, os enfoques, as fontes, a linguagem, a sedução mentirosa dos títulos, as urgências de um, as precauções excessivas do outro. O calor humano com nome e sobrenome *versus* a frieza anônima de uma estatística.

Os atritos são contínuos. Às vezes o médico não quer repetir em "on" o que diz na frente de um gravador desligado, fica dominado pelo medo ou teme a opinião de seus colegas. Pior ainda pode ser o enfrentamento se o jornalista pretende encontrar "a verdade" e o médico não para de falar de cifras, gradações ou estatísticas, mas se nega a afirmar ou descartar enfaticamente qualquer informação.

As diferenças devem ser entendidas e superadas quando se pretende estabelecer um contato mais ou menos permanente. Se um médico não quer brigar com um jornalista, ou vice-versa, deve – como em outras relações profissionais – evitar falar de política ou de futebol. Mas isso não é suficiente. Ambos devem morder a língua antes de tentar definir em conjunto que novidade merece ser notícia.

Quem quiser viver em paz tem de estar também atento às outras diferenças que levam à discórdia:

- Para os cientistas, um avanço que está ainda em fase de pesquisa e não foi repetido várias vezes pelos pesquisadores e seus concorrentes é preliminar, não sendo noticiável.
- Para os jornalistas, as ideias estabelecidas e consensuais já são velhas e, portanto, pouco interessantes.
- A medicina científica não acredita na democracia de ideias, mas na sua comprovação.
- No jornalismo, o valor supremo é a objetividade, considerando como tal a igualdade de oportunidades a distintas posições confrontadas.
- Os médicos querem manejar o fluxo de informação, pois estão acostumados com isso.
- Os jornalistas não toleram limites.

Há médicos que preferem não falar com a imprensa. Alguns a evitam para não correr riscos; outros porque julgam que a popularidade os desacredita diante de seus colegas. Há também quem enfrente entraves burocráticos e cultive o silêncio para evitar problemas internos.

É interessante ver como algumas pessoas negociam com as dificuldades. Em certas ocasiões, os profissionais "escolhidos" tentam "compartilhar" o pecado, ou seja, a entrevista, com todos os que possam sentir o orgulho ferido se não forem convocados. Isso aconteceu comigo quando marquei uma entrevista com um psiquiatra e fui recebida pela cúpula inteira da Sociedade Argentina de Psiquiatria. Em uma cena digna de um filme de Woody Allen, todos falavam ao mesmo tempo e, obviamente, estavam mais preocupados com o que podiam pensar os colegas que os escutavam do que com a repórter que tentava colocar ordem no caos.

Há também aqueles que, ao contrário, não querem compartilhar seus 15 minutos de fama com certas pessoas, por motivos que vão de considerá-las inimigas pessoais a avaliar que não têm o mesmo nível acadêmico ou outras causas menos confessáveis. Há ainda – e são mais do que as pessoas imaginam – os que concordam em falar com a imprensa, mas sentem fobia diante de uma câmera e querem que seja publicada a foto de sua secretária "porque é mais bonita do que eu". E não faltam os que, acostumados a perguntar mas não a responder, querem inverter o interrogatório. O culto à personalidade, por sua vez, impera na classe médica sobretudo quando a pessoa ocupa altos cargos administrativos hospitalares. Há quem acredite que "doutor" é um título de nobreza.

O que acontece do outro lado? Nas salas de plantão, é comum ouvir críticas totalmente sustentadas de que a mídia brilha pelo sensacionalismo, pela superficialidade, pela falta de conhecimento por parte de quem escreve e outras verdades semelhantes. Atender os jornalistas exige muita paciência, especialmente se são âncoras de um canal de rádio ou TV. Certos profissionais da saúde, se despreparados, acabam perdendo o controle em uma discussão com eles. Nas palavras do assessor de imprensa do Hospital de Clínicas da Faculdade de Medicina da Universidade de São Paulo, Flávio Tiné (2001), "aprendi que discutir com um repórter é pior do que com a esposa, que além de tudo é uma só".

Muitas vezes a demanda jornalística não se limita à informação, seja por dados ou opiniões. Há os que querem fotografar um bebê prematuro de meio quilo, ou precisam "urgente" de uma fotografia tridimensional de um feto de 15 semanas, de uma radiografia de câncer de pulmão avançado e de uma paciente que sirva de modelo para uma matéria sobre varizes, mas "por favor" que seja branca e tenha pernas bonitas.

Apesar de tudo isso, o coordenador do curso de jornalismo médico do Hospital Israelita Albert Einstein de São Paulo enumera o que para ele são obrigações dos médicos: dar ao jornalista elementos técnicos, mostrar-lhe as principais trajetórias científicas com potencial de se tornar inovações, esclarecer as possíveis dúvidas sobre os novos recursos disponíveis – por exemplo, sobre os limites, inconvenientes e riscos dos novos exames diagnósticos. Por que as define como obrigações? "Porque precisamos ser aliados", diz Carlos Alberto Moreira Filho (2003).

O Estado, a saúde e a mídia

Ginés González García

Médico sanitarista, presidente da Fundación Isalud
e ex-ministro da Saúde e Ambiente da Nação (Argentina)

Vinte e nove de agosto de 2002 foi um dia histórico para os argentinos, porque trouxe, em sua madrugada, a confirmação de que a política de prescrição de medicamentos por seu nome genérico já era uma lei da Nação e do conjunto de cidadãos, que a sentem como própria. Dos milhões de argentinos anônimos que deram seu voto no lugar em que sempre deveriam ser decididos os destinos: na rua. Com essa força, por sua vez, foi possível vencer a resistência que a indústria farmacêutica opôs.

Uma política de Estado é aquela que desperta na sociedade – não só em instâncias institucionais ou em setores representativos, mas diretamente nas pessoas – um consenso massivo. Quando isso acontece, estamos ante uma medida que a sociedade reclama como estratégica e assume como própria. Ou seja, inalterável diante da passagem do tempo e dos eventuais governos que se sucedam na representação democrática. Mas um passo prévio e inevitável para que esse consenso massivo se produza é que os meios de comunicação acompanhem a difusão das políticas que procuram melhorar a qualidade de vida das pessoas, ainda que resultem antipáticas para alguns interesses setoriais.

Faz alguns anos que, em todo o mundo, a ação transformadora se desenvolve também em outro eixo: fomentar na população a adoção de estilos de vida saudáveis. Nós que aderimos a esse enfoque acreditamos, e temos fundamento para isso, que a saúde não se faz apenas nos hospitais, nem com medicamentos. É construída todos os dias, em todos os lares, e necessitamos dos meios de comunicação porque eles são a peça-chave para difundir mensagens de saúde. Muitas pesquisas com a população mostraram que, em todas as classes sociais, o rádio, a televisão, os jornais, as revistas e a internet são a principal fonte de informação em questões importantes como aids, nutrição ou dengue, para citar três exemplos bem diferentes.

A promoção da saúde enfatiza a necessidade das pessoas de assumir maior responsabilidade direta, e para que haja participação em saúde a informação é condição essencial.

Não se trata de manipular o público, já que o conceito de promoção da saúde traz implícito que alcance seus fins por persuasão. Só se trata de fazer o que a mídia sabe fazer muito bem: transmitir a realidade, de maneira simples, precisa e clara, com consciência dos efeitos que a informação provoca.

O maior desafio nesse sentido é obter mudanças, individuais e em grupo, que, por sua diversidade e profundidade, não acontecem de um dia para outro. Um exemplo: na guerra contra o tabagismo, a batalha central tem de se dar pelos jovens, para que não comecem o vício e ao mesmo tempo sejam multiplicadores da mensagem. Mas eles são bombardeados pela publicidade, e é preciso contar com um contrassistema similar, capaz de fazer um marketing social com acesso à capacidade de decisão dos adolescentes. Às vezes, quando vejo as vidas que o tabaco subtrai a cada ano não só em meu país, onde 40% da população fuma, mas em todo o mundo, sinto que todas as nossas ações são tardias. Mas isso ao mesmo tempo me estimula, porque tudo que se faz tarde deve ser feito em maior velocidade. Para recuperar o tempo perdido.

Dei dois exemplos nos quais grandes interesses são afetados, os laboratórios farmacêuticos e as indústrias do tabaco. Não é por acaso. Não há problema em trabalhar com a indústria, mas também não temos problemas para enfrentá-la. O Estado tem de ser desigual, fazendo mais pelos mais fracos.

Para tudo isso, para mudar as barreiras estruturais, para modificar a opinião pública e para que os políticos se vejam obrigados a agir de determinada forma em benefício de seus representados, em resumo, para fazer tudo que é necessário para ter um mundo mais sadio, a comunicação é um instrumento-chave, como reconheceram formal e reiteradamente a Organização Mundial da Saúde (OMS) e a Organização Pan-americana de Saúde (Opas). Ela precisa ser valorizada nos programas de saúde pública, e os profissionais da área de comunicação ligados à saúde devem desenvolver uma busca constante de formas novas e criativas de comunicar. O futuro precisa deles e a saúde de nossos povos também.

2 EM QUEM CONFIAM OS JORNALISTAS (FONTES)

Como um interessado consegue ter espaço na mídia e atrair jornalistas, e como estes reconhecem, no universo informativo, que fontes são confiáveis.

Relação com as diversas fontes médicas

Em que uma cirurgia moderna se parece com um assassinato? Mesmo que o resultado imediato não seja o mesmo, ambos têm muitos pontos em comum. O mais evidente: geram grande cobertura jornalística sem que jamais haja um jornalista presenciando o ato.

Em ambos os casos, a imprensa toma conhecimento quando o fato já aconteceu e o relato se baseia no que as partes interessadas lhe contam. "A verdade" é transmitida por pessoas de uniforme, médicos no primeiro caso, policiais no segundo, com um jargão preciso a ponto de ser entediante. As coletivas de imprensa representam, em ambas as situações, um ato de fé quase religioso, sem espaço para questionamentos. E o interesse é mútuo: dá audiência à mídia, e os guardiões da vida alheia sempre precisam da imprensa. Trata-se de uma aliança estratégica, que tem regras próprias.

Se a imagem dessa reunião fosse congelada, teríamos dois universos distinguíveis à primeira vista pelas roupas, pela postura física, pela atitude e – claro – pelos instrumentos de trabalho. De um lado estão os que geram a informação, de outro os que foram até ali atrás dela. Os que geram a informação, ou seja, as fontes, não são todas iguais nem igualmente relevantes. Assim como o acesso a elas não é uniformemente distribuído, tampouco o é o acesso delas aos jornalistas. Os estudos sobre "newsmaking" mostram que a rede de fontes dos órgãos de informação reflete a estrutura social e de poder e, ao mesmo tempo, se organiza com base nas exigências dos processos produtivos dos meios de comunicação. É muito difícil que fontes que se situem à margem dessas duas determinações possam influir de forma eficaz na cobertura informativa.

Tendo algo noticiável para comunicar, uma fonte terá boa resposta da imprensa em função de quatro fatores (mesmo que nem todos tenham a mesma importância):

- poder ou autoridade;
- capacidade de fornecer informação útil e crível;
- incentivos (veja o Capítulo 6);
- proximidade dos jornalistas;
- eficiência (pela necessidade de concluir um produto informativo em determinado prazo e com meios limitados).

Quando uma informação é difícil de avaliar, como é o caso do conhecimento médico, o jornalista se vê obrigado a levar em conta a reputação das fontes – que, por isso, costumam ser sempre as mesmas e ocupam uma posição de autoridade formal em centros médicos, universidades ou sociedades científicas. As fontes que, além disso, oferecem material suficiente para gerar notícia, facilitando o trabalho sem grandes custos nem prazos dilatados, são as que prevalecem e têm grande probabilidade de se transformar em fornecedoras regulares de informação.

Duas perguntas:

- É possível fazer bom jornalismo limitando-se a dar só a informação oficial autorizada previamente por uma instituição, seja policial ou médica?
- O que acontece com a confiabilidade da informação se a visão de quem a midiatiza é ofuscada pelo desconhecimento técnico?

Não é segredo que muitas fontes têm interesses próprios, segundas intenções e riscos ocultos. Para um jornalista, é a experiência que lhe dá o método e o critério para depurá-las, descartando as pouco fiáveis, manipuladoras, e recorrendo às de confiança. Mesmo assim, é imprescindível para eles também adquirir os conhecimentos necessários para ter acesso a outras formas de comunicação próprias da comunidade e interpretá-las. No terreno médico, os exemplos mais notórios – mas não os únicos – são as publicações técnicas e os congressos.

Tomemos o exemplo inicial da coletiva de imprensa para anunciar o sucesso de uma nova cirurgia. O médico, sua secretária ou seus assessores de imprensa convocam a mídia e dão a ela tudo que é necessário para a divulgação do fato: fotos, diagramas, informação escrita. A entrevista com um especialista, em geral o líder da equipe cirúrgica de um centro médico reconhecido, marca o começo e o fim da coleta de dados da maioria das matérias. Para que elas não fiquem muito frias, o primeiro paciente submetido à cirurgia contará como passou de homem saudável a doente terminal e, depois, como se tornou um feliz sobrevivente graças ao procedimento. Com lágrimas nos olhos, acabará dizendo que não estaria vivo se não fosse pela ajuda de seus médicos, de sua família e pela vontade de Deus. No final de seu depoimento, depois dos agradecimentos de praxe, vem o coquetel oferecido pelo hospital. O assunto médico passa para o segundo plano. Os jornalistas vão até ali para se encontrar e se atualizar em outros temas como filhos, casamentos, demissões e divórcios do setor. No dia seguinte, a notícia intitulada "Nova esperança para os cardíacos" é publicada na maioria dos veículos convidados.

Há veículos importantes, no entanto, que investem em recursos humanos para que também nas matérias de saúde a "notícia" seja apenas o primeiro passo, como acontece nas seções de política ou economia. Gera a ideia, dá a pista inicial, talvez os primeiros parágrafos, mas a cobertura não é "ditada" pela fonte. Como funciona esse processo? O jornalista chega a sua coletiva com um *background* de conhecimentos considerável – por sua experiência com notícias anteriores, ou depois de passar algumas horas na internet, conhece os índices de sobrevida dessa cirurgia em outros centros internacionais, é capaz de acrescentar dados, contextualizá-los economicamente e analisar alternativas. Fará isso sozinho? Poucas vezes. Em geral, contará com a ajuda dos colegas (ou concorrentes) do médico que nesse dia está sob os refletores. Em outras palavras, antes e depois do coquetel (afinal, ele também gosta de encontrar seus colegas para falar de filhos, casamentos, demissões e divórcios), terá o trabalho de se documentar para poder avaliar a informação e fazer perguntas diferentes aos especialistas e até ao paciente.

O jornalista treinado desenvolve um conhecimento crítico sobre cada fonte. Conhece o tipo e a qualidade de informação que cada uma carrega. E o que cada uma omite. Neste capítulo são analisadas as principais fontes do jornalismo de saúde, das mais tradicionais às mais inovadoras, que podem ser agrupadas nas seguintes categorias:

1. Especialistas.
2. Publicações científicas validadas (*papers*).
3. *Releases*.
4. Empresas, ONGs e outros grupos de interesse.
5. Congressos ou reuniões científicas.
6. Material jornalístico (atual ou de arquivo).
7. Pacientes e seus familiares, usuários, consumidores.
8. Celebridades.
9. Internet (buscadores).

O jornalismo de registro é um amplificador de ideias e de dados alheios, fácil de manipular e geralmente de menor prestígio. O jornalismo investigativo exige mais conhecimento, às vezes também mais coragem, sempre dá mais trabalho e, com frequência, mais prestígio. Os bons jornalistas estão capacitados a optar por um ou outro segundo a fonte, o assunto e a natureza do veículo para o qual trabalham.

Especialistas

A relação dos médicos com os jornalistas tem três formas básicas: colaboração, rejeição e utilização. A primeira é a desejável: são os médicos que ajudam com seus conhecimentos e sua inteligência, chamam a mídia para contar coisas importantes, orientam sem se intrometer e os jornalistas orbitam em redor deles. A rejeição, que pode ser expressa de forma sutil ou acompanhada de uma verdadeira falta de educação, é minoritária. É causada em geral pela desconfiança quanto ao jornalista e à sua profissão. Na gênese dessa conduta se escondem, conforme o caso, uma má experiência prévia (própria ou alheia), timidez, baixa autoestima, a crença de que a popularidade desprestigia ou a falta de conhecimento sobre como tratar a imprensa. Já a utilização (ou sua tentativa) em proveito das próprias fontes é a postura mais frequente. Pode margear os limites da ética ou ser mutuamente proveitosa e ter fins legítimos de saúde pública.

Do lado da imprensa também se observam os mesmos comportamentos. Jornalistas que trabalham em equipe com os profissionais da saúde pensando apenas em seus leitores, outros que visam conseguir descontos em tratamentos ou outro tipo de benefício (veja o Capítulo 6) e os que fogem dos médicos sempre que podem porque, como se sabe, a diferença fundamental entre Deus e um médico é que Deus não acha que é médico.

A escolha de um especialista como fonte se baseia no princípio da autoridade, critério pessoal atribuível a certos indivíduos que estariam supostamente dotados de sabedoria ou conhecimento superior sobre o tema. Entre os especialistas, os líderes de opinião são aqueles que, por sua posição profissional (professores universitários, diretores de hospitais etc.), influenciam os demais. Concebido originalmente para o âmbito político, o conceito de "líder ou formador de opinião" se ampliou para outras esferas, inclusive a de saúde, e colocou o jornalista em uma encruzilhada. Os líderes de opinião muitas vezes são os que mais sabem, mas também os que recebem mais pressões para recomendar um ou outro tratamento, dar apoio ou não a uma política de saúde, sendo quase impossível saber como vão reagir a essas pressões (veja o Capítulo 6).

Toda pessoa foi paciente em algum momento da vida e sabe que escolher um profissional para colocar o próprio corpo a seus cuidados é difícil. Sua capacidade não vem definida em cavalos de força como no caso dos motores, nem sua qualidade recebe estrelas como os hotéis. E, desde tempos imemoriais, o sol ilumina seus triunfos e a terra – a pauladas – cobre suas faltas. Complicada a situação de quem quer escolher, com consciência, mais de um por dia e, se ainda fosse pouco, encontrá-los antes do fechamento.

A escolha de um especialista influi mais do que qualquer opinião que possa ser expressa no texto. Um jornalista novato pode se enganar desde o início e dizer como garantia: "Foi um médico que disse" porque acredita de maneira errônea que o título universitário é suficiente para dar à fonte a credibilidade de que necessita. Nem sequer um passado brilhante deveria obnubilá-lo. Certa vez fiz uma matéria denunciando a inutilidade e o perigo de um tratamento que determinado jornal divulgava. A ideia surgiu após o telefonema de um cirurgião de uns 70 anos que tinha adquirido muito prestígio duas décadas antes ao desenvolver uma técnica cirúrgica que chegou a ser usada em todo o mundo. Quando entrou em contato comigo, seus planos eram outros: pretendia se tornar famoso com seu último invento, um transplante de pênis de cadáver. Mas dessa vez a conduta do médico chocava pela ausência de respeito às normas biomédicas. O diploma médico não garante que seu titular respeite o juramento de Hipócrates que fez ao recebê-lo.

É preciso acrescentar ainda que a medicina hoje está extremamente atomizada, e o grande acúmulo de conhecimentos e a rapidez com que mudam exigem sempre consultar o superespecialista. Mas como escolhê-lo? Os jornalistas especializados discutem muito sobre isso. Quem sabe mais de gripe? O médico de família que vê centenas de casos a cada outono ou o infectologista do hospital-modelo que atende os casos mais graves? A quem consultar sobre um micro-organismo que não existe na região? As crianças inquietas são assunto para psicólogo, psiquiatra, psicopedagogo ou educador? A isso se soma que sequer os especialistas entram em acordo sobre quem é especialista. As notícias sobre saúde mental, por sua própria natureza, são suficientemente controvertidas para exigir perspectivas múltiplas e enfoques plurais. Outras, como os cuidados pré-natais, podem não ser tão complicadas na parte médica, mas obrigam a incluir uma reflexão social. Tudo se complica ainda mais se no panorama se decide abranger também a medicina chamada complementar ou alternativa.

Em geral, o primeiro passo para buscar um especialista de determinada área é entender alguma coisa sobre o assunto. Quem não sabe minimamente o que é ponte de safena não saberá que os que o realizam são cirurgiões cardíacos. O segundo passo que os jornalistas especializados costumam dar para encontrar o especialista atualizado é consultar as cátedras pertinentes nas faculdades de medicina, os chefes de serviço no hospital local ou os responsáveis da área na sociedade científica. Os especialistas costumam pertencer a associações ou sociedades científicas, como – para citar dois exemplos – a associação de cardiologistas intervencionistas ou a sociedade de medicina reprodutiva. Às vezes consultá-las é melhor e mais rápido, mesmo sabendo que o "coleguismo" é um desvio que deve ser sempre esperado.

O uso da internet para procurar fontes não deve ser menosprezado, mas precisa ser utilizado com inteligência. "Há 20 anos, quando Maradona foi internado pela primeira vez pelo surgimento de sua cardiomiopatia, resultado da ingestão de cocaína, os médicos da clínica não falavam com a imprensa", recorda o jornalista argentino Matías Loewy (2003). "Todos os jornalistas saíram para procurar cardiologistas ou especialistas em dependência. Para afinar a busca de fontes médicas entrei na internet, em um buscador médico chamado Medline, e coloquei as seguintes palavras-chave: Argentina+Heart+cocaine. Encontrei um grupo de cardiologistas argentinos, de um hospital público, que no ano anterior tinha estudado os efeitos da cocaína sobre a função cardíaca em dezenas de pacientes. Como não eram médicos midiáticos e a imprensa nunca tinha divulgado esses trabalhos, nenhum outro jornalista os consultou."

A história tem um final semifeliz porque não quiseram falar "on the record". Mas apreciaram – e o público também – que quem difundiu a informação foram pessoas para quem o tema era de estrita competência (Loewy, 2003).

Se o que se procura é alguém com um pé no futuro, costuma ser recomendável recorrer aos cientistas que trabalham nos centros de pesquisa de maior prestígio. Às vezes o especialista atua em um ministério, em outras em uma ONG, e em certas ocasiões é preciso procurá-lo por e-mail ou telefone, fora das fronteiras. Ainda que os primeiros contatos nem sempre sejam definitivos, podem dar início a uma cadeia que leve ao objetivo.

De uma única fonte podem resultar matérias brilhantes ou exatamente o contrário. Retomando o paralelismo entre o jornalista de saúde e o policial, se a matéria é sobre psiquiatria, procurando-se investigar a mente de um criminoso, o chefe da polícia cumpre todos os requisitos para ser considerado especialista. Para chegar onde está teve de fazer um curso e, desde que se formou, trabalha todos os dias com criminosos. É um formador de opinião, já que seus critérios são seguidos por seus subalternos. Mas pode acontecer que este declare, como o fez um chefe da Polícia Federal argentina, que "a culpa da violência é o divórcio" (¿*El delito juvenil crece por las crisis familiares y los divorcios?*, 2002). Evidentemente é uma opinião válida que merece ser citada, mas não é uma explicação universalmente aceita. O que aconteceria se fosse o único entrevistado? O reflexo da realidade que muitos esperam da imprensa estaria, no mínimo, distorcido.

O exemplo é grosseiro, uma vez que todos sabem que as origens de um ato criminoso são muitas e também que o Espírito Santo não tem uma porcentagem maior de famílias divorciadas do que Genebra. Mas lamentavelmente esse tipo de informação baseada apenas em uma única "autoridade" continua pesando muito na informação biomédica. Muitos disparates semelhantes são ditos, movidos por motivos ideológicos, econômicaos ou por puro desconhecimento. O que poderia ser evitado com uma técnica muito concreta: pedir uma explicação potencial diferente. Se o entrevistado garante que não há nenhuma outra maneira de explicar os dados, é bom desconfiar.

Basear-se em uma única fonte pode levar também a erros na avaliação de uma matéria. Com frequência fica por conta do jornalista dar à história a relativa importância, maior ou menor do que o entrevistado pretende, colocar os fatos em perspectiva sem subestimar os riscos nem exagerar as esperanças. É preciso escrutinar os dados, determinar se as conclusões são corretas, se as evidências são tão fortes quanto se insinua, e sempre fazer perguntas relevantes.

Em certa ocasião, recebi o telefonema de um médico que presidia a Sociedade de Cirurgia Plástica de uma das cidades mais importantes da Argentina. Em outras palavras, uma autoridade. O médico em questão queria divulgar uma técnica nova de grande impacto para as mulheres. Tinha uma notícia.

Dr. XX: "Fui eu que desenvolvi, por mais que seja difícil pesquisar neste país. O mais interessante é que o risco de encapsulamento dos implantes mamários se reduz em 80%."

Sempre tento fazer as perguntas que se ouve na rua, ou, nesse caso, em salões de cabeleireiro ou academias de ginástica. "Encapsular significa que ficam duros e com esse aspecto antinatural que, visto de longe, na praia, já se nota que são mulheres operadas?"

Dr. XX: "Exatamente. Mas quero que fique claro que é uma coisa muito séria. Na semana passada nossa sociedade científica me deu seu principal prêmio nacional anual."

Casualmente, eu estava preparando uma matéria sobre o tema, que teve origem no mundo brilhante e imitado das celebridades: várias modelos argentinas estavam naquele momento passando pelo "service", nome que as mulheres dão à troca de próteses. Nessas circunstâncias, pedi imediatamente um fotógrafo e fui voando ao consultório dele para entrevistá-lo.

Tinha uma ideia na cabeça: a melhor maneira de distinguir a boa ciência da ruim é lembrar que "extraordinary claims demand extraordinary proofs" (afirmações extraordinárias exigem provas extraordinárias). Mas não foi o que consegui.

Os fatos eram os seguintes: o médico tinha experimentado sua técnica (que consistia na administração de um medicamento já conhecido desde o momento da colocação do implante) em ratos de laboratório. Teve o trabalho de mandar fabricar próteses de silicone com a minúscula medida dos roedores, operou-os, administrou o medicamento e tudo saiu às mil maravilhas (para os ratos nem tanto, porque no fim da experiência foram sacrificados). Os resultados – um índice realmente baixo de encapsulamento –

impressionaram muito em um congresso da especialidade, e por isso seus colegas lhe deram o prêmio máximo de pesquisa. Que fique claro: o prêmio cujo diploma brilhava em uma moldura dourada em seu escritório tinha sido dado por uma experiência realizada em ratos. De onde vinha a conclusão de que ele tinha criado uma técnica capaz de evitar que milhões de mulheres em todo mundo, concretamente 80% das operadas, voltassem a passar pela sala de cirurgia? Era isso que ele pretendia divulgar!

Os jornalistas, assim como os cientistas, são treinados para ser céticos. Na reportagem, descobri que os testes em humanos tinham sido informais, realizados à custa de um grupo de pacientes que, ao longo de alguns anos e sem saber, tinham servido como cobaias. Elas só sabiam que estavam tomando um comprimido semanal dado pelo médico; não sabiam que a eficácia dessa droga não estava comprovada de modo algum para o objetivo desejado. Muito menos recebiam a dose mínima que garantia o efeito. Felizmente, os efeitos colaterais eram conhecidos, porque o remédio era usado havia muitos anos para outros fins.

O médico em questão tinha pulado vários passos da pesquisa clínica, especialmente o de fazer que as voluntárias assinassem um termo de consentimento informado, e era por isso que jamais tentara publicar essa experiência clínica em uma revista médica. As mulheres estavam sendo submetidas a uma pesquisa ilegal. Para um jornalista que desconhecesse os passos da pesquisa científica e procurasse encher sua página com uma boa notícia, teria sido um grande dia.

Colocar as respostas entre aspas não exime o jornalista de sua responsabilidade de levar boa informação ao público. É melhor imunizar-se contra a cegueira intelectual.

Ao terminar o capítulo, ficará bem claro porque um jornalista não pode escrever toda uma matéria dizendo: "O doutor X diz tal coisa". Na era da medicina baseada em evidências (veja o Capítulo 7), o grau de solidez da opinião de uma pessoa é o mais baixo dentro da escala de possíveis provas. Os especialistas, no entanto, nem sempre querem enganar a imprensa. São mais frequentes outros problemas, como ter de refazer várias vezes as perguntas que realmente interessam ao público, perder muito tempo antes de conseguir extrair uma mensagem clara ou ver-se na necessidade de dar um curso *express* de jornalismo para fazê-lo entender que não serão reproduzidos os termos técnicos, por mais exatos que sejam.

Todo entrevistado fica restrito aos limites mentais de seu entrevistador. Não é pouco comum que os cronistas estejam diante de uma notícia importante e não se deem conta por falta de conhecimento sobre o tema. O jornalista também tem de saber que, em ciência, na maioria das vezes não se pode pretender respostas únicas e definitivas porque elas não existem. "O vinho é bom para a saúde?" A resposta correta é:

"Depende". Da dose, da pessoa, do estado de saúde prévio e de mil coisas mais e algumas ainda desconhecidas. "Qual é o efeito de beber duas taças por dia se a pessoa está sadia?" Assim é mais fácil obter uma mensagem clara.

Quando se entrevista um especialista, o que ele diz nem sempre é mais importante do que o que o jornalista ouve ou vê sem querer. Esquecer a comodidade do telefone e do e-mail e entrevistar as pessoas cara a cara em seu local de trabalho é o ideal. Às vezes, para observar os detalhes. Em outras, para entrar em contato com o segundo escalão, como enfermeiros ou médicos da equipe que têm a mesma curiosidade que o público e uma humildade ou inocência maior do que o entrevistado.

Mas a pouca margem de tempo de que o jornalista dispõe para tomar decisões e a multiplicidade de variáveis sobre as quais deve trabalhar tornam impossível que a validação da informação recaia exclusivamente sobre sua competência prévia. Aí ganham importância suas redes de contato.

Todo jornalista de saúde tem suas fontes preferidas, "de cabeceira". A elas pergunta-se quem é quem, a que interesse responde, de quem é amigo ou a que moda médica adere. Se a fonte a avaliar é um artigo de uma revista científica, pergunta-se que prestígio tem a publicação. Se é uma empresa, qual pode ser seu objetivo. Há realidades que pertencem a mais de uma área, temas complexos nos quais não é fácil discernir que informação é substancial e qual é insignificante, e os jornalistas sabem que sempre é bom ter a quem consultar, em quem confiar. Levando-se isso ao extremo, essa estratégia é inconveniente pelo risco de que o jornalista se torne um mero porta-voz de suas fontes de cabeceira, e de que estas acabem ditando o conteúdo informativo. Onde uns veem inércia, outros encontram uma busca adequada de eficiência.

Essa situação dá lugar, por outro lado, à existência de especialistas que dispõem de três qualidades: sempre são escolhidos para falar; têm capacidade de fazê-lo sobre qualquer tema, sem necessidade de especialização, documentação ou tempo para refletir; e sua atividade acontece no limite da atualidade e com total consciência de sua participação na formação de opinião pública. Os especialistas costumam se parecer na superficialidade de seu pensamento, na fidelidade à mídia e na notoriedade em alguma área, mesmo que não seja necessariamente aquela em que opina. A capacidade de cumprir as exigências da imprensa lhe dá uma notoriedade nova e diferente, o que pode acabar deslocando a reputação de origem e substituindo-a pela popularidade.

Por último, o grau de intimidade a que o jornalista pode chegar com os especialistas é outra área de discussões profundas, dos dois lados. Pode haver entre eles uma relação médico-paciente? É questionável. Pode haver uma relação afetiva? Uma famosa máxima reza que "Aquele jornalista que não se deitar com uma mulher ou um homem (conforme o caso) para conseguir uma matéria não é leal ao seu jornal". Mas uma pesquisa informal e anônima entre meus colegas me levou a concluir que esse mandamento está longe de ser respeitado pelos jornalistas de saúde.

O que o especialista tem de saber

A fonte ideal, com capacidade de se tornar um especialista "de cabeceira", é a que sabe muito e consegue sintetizar a informação em quatro ou cinco frases contundentes. As exigências para entrar em campo não são as mesmas se o médico vai esperar que o jornalista ligue para ele, ou o contrário. A primeira tem poucos truques.

Regra número 1: Se o médico não está disponível no momento do contato inicial, deve responder rápido porque seu nome seguramente é apenas um de uma lista de entrevistados potenciais.

Regra número 2: Não iniciar a relação com uma lista de exigências: que as entrevistas sejam pessoais, que as perguntas sejam enviadas antes, que seja pedida autorização de todos os membros de algum conselho diretivo etc. Com essas medidas, só se consegue que o jornalista acabe consultando outro.

A partir do momento em que o contato foi estabelecido, há divergências sobre o caminho pelo qual os médicos devem transitar. Para alguns jornalistas, se a fonte não é especialista no tema exigido, o melhor é aceitar isso e recomendar algum colega, inclusive facilitando o contato. Outros, em geral os menos preparados, preferem opinadores generalistas.

Se o especialista é quem toma a iniciativa, porque deseja transmitir uma mensagem concreta à mídia, as assessorias de imprensa exigem a participação dos interessados para desenvolver um plano e definir objetivos, estratégias e público-alvo. Existem consultorias especializadas que se dedicam a dar assessoria personalizada a cada público e produzir ou supervisionar materiais para o *press kit*. Tudo terá de ser preparado com a devida antecedência. As revistas mensais, por exemplo, e muitos programas de televisão precisam receber a informação dois ou três meses antes. Para as publicações semanais ou diárias, as páginas de internet e os programas de rádio, a antecedência garante apenas um espaço no fundo da gaveta.

Em termos gerais, os cinco pontos básicos a ser cumpridos são:

1) *Conhecer os veículos.* Isso demanda identificar os jornalistas (especializados ou não) que cobrem os temas de saúde – que podem trabalhar nas editorias de medicina, ciência, beleza, feminino ou até informação geral. No rádio ou na TV, as pessoas a se contatar são os produtores. É necessário saber o que significam hora de fechamento e pauta, ter uma ideia dos temas e enfoques preferidos e se há questões explícita ou tacitamente proibidas.

(continua) ▶

(continuação)

2) *Identificar as notícias.* O conceito de notícia (desenvolvido no Capítulo 1) pode diferir segundo o veículo. O que é notícia para um veículo local excepcionalmente o será para um nacional. Sempre é preciso atender a alguns destes princípios:
   - Que algo aconteça, seja descoberto ou inventado.
   - Que algo novo seja divulgado.
   - Que seja oferecido um serviço, uma informação que possa ser usada.

   É essencial que a informação afete um grande número de pessoas, tenha relação com a atualidade, seja inesperada, tenha interesse humano ou social e acrescente novas cifras. Também são muito valorizadas as opiniões, sobretudo se contradizem as conhecidas, e as análises com pontos de vista que saiam do óbvio (esse tema é ampliado no Capítulo 4).

3) *Ajudar, não controlar.* O jornalista valoriza quando lhe passam trabalhos científicos, monografias ou lhe recomendam páginas de internet para ampliar a informação. O ideal é que o jornalista tenha esse material previamente à entrevista pessoal, a fim de aproveitar o tempo da reportagem para dar opiniões e oferecer meios de contato rápido (número de telefone celular, endereço de correio eletrônico) para as dúvidas que possam aparecer.

   Ainda que os jornalistas científicos estejam em geral mais dispostos do que os outros a passar a matéria para ler (total ou parcialmente) antes de sua publicação, para confirmar com suas fontes que a simplificação não mudou o sentido da informação, esse controle prévio é considerado uma violação da liberdade de imprensa. Algumas empresas proíbem-no explicitamente. Em todo caso, exigir essa prática como condição para dar as informações está entre os grandes pecados capitais.

4) *Ter paciência.* O bom humor não pode se esgotar na hora de posar para fotos ou responder às perguntas, inteligentes ou não. É preciso saber que o normal é que de conversas de várias horas os jornalistas só transcrevam uma ou duas frases; que do *curriculum vitae* de 80 páginas só será publicada uma linha; que o que ao meio-dia era assunto de capa pode perder todo o interesse meia hora depois.

5) *Respeitar o jornalista.* Mesmo que a fonte tenha uma amizade próxima com o dono do jornal, deve saber que a maioria das decisões é tomada por pessoas quase anônimas, nos bastidores; portanto, é conveniente atender bem todos os jornalistas. Ligar para cumprimentar ou agradecer é recomendável. Para criticar (a menos que se exija uma errata) é contraproducente.

   Quando o médico foi escolhido para representar os interesses de uma empresa, as necessidades são outras. Segundo Gonzalo Torres Arguello (2003), da filial argentina do laboratório Roche, os requisitos para que um médico se torne porta-voz são:

(continua) ▶

(continuação)

- Ser um profissional respeitado, referência de outros médicos em sua especialidade.
- Ser um bom orador.
- Se é conhecido, ser aceito e respeitado pela mídia. Se é desconhecido, ter condições e atitudes profissionais e capacidade como interlocutor para facilitar a tarefa dos jornalistas.

Assim como os jornalistas têm técnicas para abordar suas fontes de informação, as fontes devem ter um método para o contato com a imprensa. Os jornalistas e os veículos para os quais trabalham não são todos iguais, e antes de atendê-los – ou procurá-los – é essencial conhecer a ética que os orienta. Existe uma classificação não oficial que os divide em três grupos: os que vão atrás de informação; os que vão atrás de dinheiro; ou os que vão atrás de contatos para uso próprio ou de seus parentes. Oferecer a alguém o que ele não quer é um erro fatal e definitivo.

Outras fontes

O uso das outras fontes revela ainda mais o domínio técnico do jornalista científico.

Revistas científicas e de divulgação

A informação médica de excelência, que como tal abastece as páginas de saúde dos veículos mais prestigiosos do mundo, vem de revistas científicas validadas pela revisão por pares (no jargão, *papers*). Sua importância é reconhecida pelos jornalistas que entendem como a medicina avança e como funciona o método científico (veja o Capítulo 7). Basicamente, os pesquisadores biomédicos constroem a informação com base em observações ou experimentos, comparam com o conhecido até o momento e tiram suas conclusões. O último passo é escrever um artigo com todos esses dados e publicá-lo em uma revista científica da especialidade.

As revistas diferem entre si não só pelos temas que recebem, mas também nos requisitos e controles prévios à publicação. Nas revistas médicas de importância, publica-se menos de um de cada dez artigos apresentados. Para fazer esse filtro, os artigos são lidos por dois ou três revisores externos, referências na comunidade científica na temática do estudo.

Em termos ideais, o método de revisão por pares garante uma seleção justa dos trabalhos, uma vez que só a qualidade científica condicionaria a publicação. Entretanto, algumas vozes críticas chamam esse tipo de seleção de sexista, etnocentrista, classista e sujeita a outros possíveis vieses. Há um primeiro desvio, bem documentado, de que se publicam mais resultados positivos do que negativos porque os primeiros são de maior interesse para a indústria e para a imprensa.

As revistas médicas de maior prestígio e impacto são *The Lancet*, *Jama*, *New England Journal of Medicine* (NEJM) e *Annals of Internal Medicine*. A britânica *The Lancet* pertence a um grupo editorial, a *Jama* é a grande publicação da American Medical Association (AMA), a organização médica mais importante dos Estados Unidos. O NEJM é editado por uma associação médica estatal, a Massachusetts Medical Society, o *Annals of Internal Medicine* pertence ao American College of Physicians. Outra publicação respeitada é *PLos Medicine*, revista *online* de acesso livre. A publicação nesses veículos é garantia de qualidade, originalidade e importância, ainda que não seja infalível: essas revistas também rejeitaram artigos originais de algumas pesquisas que depois valeram o prêmio Nobel a seus autores.

Existem outras revistas internacionais especializadas em determinadas áreas do conhecimento, como o *Journal of Infectious Diseases*, destinado a infectologistas, ou a revista *Pediatrics*, dirigida a pediatras. Cada área da medicina tem muitas publicações específicas, e em geral é necessário recorrer a um especialista no assunto para saber quais são as de maior credibilidade.

A informação científica se duplica, quando muito, a cada dez anos. Esse excesso de informação representa uma grande dificuldade para o jornalista, que se salva, em parte, por um tipo especial de artigo publicado periodicamente nessas revistas chamadas *Review* (veja o Capítulo 7). Ali se repassa tudo que se conhece até o momento sobre um tema específico.

Os jornalistas, mesmo os independentes, podem assinar gratuitamente essas revistas para receber os conteúdos ou acessá-las pela internet. Cumpridos os requisitos básicos, pode-se dispor de trabalhos embargados, ou seja, com antecedência à data de difusão autorizada. Nesse período prévio (geralmente de uma semana), o jornalista pode entrevistar os autores, procurar outras opiniões, redigir, gravar ou filmar, mas não divulgar. Quando algum veículo rompe esse embargo, além de perder a confiança da fonte, autoriza todos os demais a rompê-lo também, portanto a exclusividade não dura muito.

Existe uma norma que proíbe também que os autores tornem públicas as descobertas de suas pesquisas em qualquer meio antes de sua publicação em uma revista científica. Os autores são obrigados a respeitar essa regra ou perdem o direito à publicação nos meios científicos de prestígio.

Boa parte das revistas científicas nacionais tem menos fama do que as internacionais, mas trata-se de uma fonte muito valiosa de informação local, que de outra maneira se perde. O que se perde em universalidade e, em alguns casos, também em rigor científico ganha-se em relevância para a comunidade. Um surto de meningite em determinada cidade, um estudo sobre os hábitos alimentares e de atividade física das crianças de um país ou as opiniões da comunidade médica sobre determinada mudança legislativa só aparecerão em veículos locais.

As revistas de divulgação científica são uma fonte importante de apoio, sobretudo para temas muito recentes e de alta complexidade. A linguagem e a estrutura se aproximam mais do jornalístico. Algumas são escritas por cientistas, com a ajuda de comunicadores. Outras estão sob a responsabilidade total de jornalistas científicos.

A mais citada é a norte-americana *Scientific American,* que tem versões locais, *Investigación y Ciencia* na Espanha, *Pour la Science* na França, *Le Scienze* na Itália, *Scientific American* no Brasil entre outras. Voltada a um público com formação científica, tem mais de 150 anos de tradição impecável, sendo seus artigos escritos por cientistas e revisados por jornalistas. Na maioria dos países, além de versões locais das citadas, há revistas que priorizam o conteúdo local, como a argentina *Ciencia Hoy,* a brasileira *Ciência Hoje* ou a francesa *Science et vie.*

Outras reconhecidas são *La Recherche* (francesa) e *New Scientist* (britânica), que mantêm um delicado equilíbrio entre o popular e o cientificamente de vanguarda e miram o público de nível universitário.

Como ler um *paper*?

Tudo muda, e por incrível que pareça até a morte. Antes se acreditava que esta acontecia quando o coração parava. Hoje, diante da constatação de que é possível "reviver" pessoas com morte cardíaca, passou-se à definição de morte cerebral. A ciência é mutável e sua característica é a obsolescência, a perda periódica da vigência. Por isso, a data é o que se deve ler primeiro.

Isso não significa, porém, que tudo que é velho tenha de ser jogado no lixo. O conhecimento se constrói em camadas, e nem tudo que é antigo é ruim. Além disso, diferentes tendências do saber podem coexistir durante anos, até décadas. Um trabalho pode dizer que uma técnica de ponte de safena é melhor do que sua alternativa, a angioplastia; e outro, anterior, chegar à conclusão contrária. Mas há muitos anteriores e posteriores que apoiam – ou criticam – cada uma dessas técnicas. A data, apenas, não deve ser tomada como critério de valoração.

Os artigos científicos têm, em geral, a seguinte estrutura:

Título: "The genetics basis of complex human behaviors"

Autores: Robert Plomin, Michael J. Owen, Peter McGuffin.

(continua) ▶

(continuação)

O primeiro autor é o que liderou a pesquisa, sendo o que costuma conhecer melhor o assunto. O último pode ser seu chefe ou uma pessoa que conhece em maior ou menor grau o tema, mas tem mais experiência. Muitas vezes esse lugar é ocupado pelos diretores dos institutos, mesmo que não tenham interferido, por pressão, tradição ou prestígio.

Resumo: Quantitative genetic research has built a strong case for the importance of genetic factors in many complex behavioral disorders and dimensions in the domains of psychopathology, personality and cognitive abilities. Quantitative genetics can also provide an empirical guide and a conceptual framework for the application of molecular genetics. The success of molecular genetics in elucidating the genetic basic of behavioral disorders has largely relied on a reductionistic one gene, one disorder (Ogod) approach in which a single gene is necessary and sufficient to develop a disorder. In contrast, a quantitative trait loci (QTL) approach involves the search for multiple genes, each of which is neither necessary nor sufficient for the development of the trait. The Ogod and QTL approaches have both advantages and disadvantages for identifying genes that affect complex human behaviors.

É um resumo de poucas linhas que responde a perguntas básicas: por que se estudou, como e os resultados.

As outras seções são mais extensas.

Introdução ou objetivos

Define a pergunta a que se pretende responder com a pesquisa e por que é importante. Pode ser dividida em duas partes: Antecedentes ou *Background*, com um resumo de outros estudos que apoiam ou contradizem a pesquisa atual; e Propósitos, no qual se define o projeto.

Materiais e métodos

Explica a metodologia ou menciona o nome da técnica empregada. São informados aspectos importantes como o tamanho da amostra, a forma de coleta dos dados, os procedimentos estatísticos usados para a análise.

Resultados

Os dados crus (geralmente expressos em tabelas numéricas, ou na forma de gráficos) e sua análise estatística.

Discussão

Os autores descrevem sua interpretação dos dados obtidos, postulam ou refutam explicações alternativas, comparam com pesquisas anteriores e mencionam como se pode continuar a pesquisa.

Referências

Bibliografia utilizada para projetar ou analisar a pesquisa.

(continua) ▶

(continuação)

Fonte de financiamento

Nem sempre aparece, mas algumas publicações a exigem para o caso de haver conflito de interesses.

Editorial

Aparece na própria edição da revista, apenas quando o trabalho é muito importante ou polêmico. Resenha estudos similares de outros grupos ou outras possíveis explicações para os dados obtidos.

Cartas ao editor

Podem aparecer nos números seguintes, acrescentando nova informação a favor ou contra os resultados e as conclusões da pesquisa.

Citação

Ex.: Kay, A. B. 2001. Allergy and allergic diseases. *N. Engl. J. Med.* 344:30-37.

Indica o nome do(s) autor(es), do artigo e da revista (às vezes apenas sua sigla) ao lado dos dados necessários para encontrar o exemplar (volume, ano, página etc.).

Releases de imprensa

As agências de comunicação ou assessorias de imprensa trabalham com o objetivo único de conseguir que seus clientes apareçam nos veículos na maior quantidade de vezes e ocupando o maior espaço possível. Para isso, inundam os e-mails das redações com avisos de pauta ou (em inglês) *press releases*. O número de jornalistas que trabalham em assessorias de imprensa supera e muito o número de jornalistas sobre os quais devem influir. Prestar uma atenção mínima que seja à informação que chega diariamente à seção de saúde consome uma porção importante de tempo de trabalho e gera muito estresse informativo.

Para as fontes, ser considerado é um desafio maior. Não existe um modelo único de *press release*. Alguns enviam a informação redigida como se fosse uma matéria. Outros incluem informações e entrevistas com formadores de opinião já gravadas. Há quem ofereça o contato com especialistas com quem – em geral em troca de uma soma nunca revelada de dinheiro – pactuaram acesso aos veículos para opinar sobre a informação do dossiê.

O destino final dessa informação depende de muitas variáveis. A importância do assunto e a notoriedade da fonte podem ser desvalorizadas pela incapacidade do assessor de imprensa e pela inexperiência do jornalista. Os que enviam têm de conseguir que não vá diretamente para a lata do lixo. Os jornalistas, reconhecer se ali está a matéria do ano, se é "carne podre" – informação inverídica que se divulga com fins específicos – ou tem algum valor intermediário. A cobertura baseada unicamente nesses produtos informativos está condicionada pela intenção da fonte.

Quem contrata agências de comunicação? A lista dos que reconhecem a importância da opinião pública é longa. Muitos médicos e empresas farmacêuticas, mas também revistas científicas, políticos, organizações governamentais, hospitais, universidades, congressos médicos, sociedades científicas e uma quantidade crescente de ONGs, grupos de autoajuda e fundações de apoio a pacientes.

As revistas médicas norte-americanas e britânicas mencionadas são as que mais influem no processo de transmissão de informação médica ao público, justamente pela eficiência de seus serviços jornalísticos. Os temas são interessantes, as fontes são confiáveis, mas, além disso, é muito pouco comum que haja erros em seus comunicados, que sempre incluem os telefones e/ou e-mails dos autores e chegam com uma semana de antecedência. Em temas de alta dificuldade técnica, a informação chega "digerida", ou seja, explicada por jornalistas científicos. Um artigo publicado na *The Lancet* com o título "ISIS-4: um estudo fatorial aleatório para avaliar a eficácia do tratamento precoce com captopril oral, mononitrato oral ou sulfato de magnésio IV, em 58.050 pacientes com suspeita de infarto agudo do miocárdio", por exemplo, foi transformado em "Dar aos pacientes a melhor opção depois do ataque cardíaco" por sua assessoria de imprensa. Outro, intitulado "Aumento da expressão das formas mutantes do oncogene p53 no câncer pulmonar primário", conseguiu se transformar em 48 horas em centenas de matérias, com títulos como "Nova esperança de cura na guerra contra o câncer" ou "As esperanças contra o câncer aumentam" só pela eficiência do departamento de comunicação do Imperial Cancer Research Foundation, que tinha patrocinado o estudo.

Essa eficiência, sem dúvida, gera tendências: em todo o mundo predomina a informação anglo-saxã, e sobre certos temas. Os leitores de qualquer cidade argentina ou mexicana conhecem mais sobre o que acontece na Universidade de Harvard, que fica em Boston, do que sobre a de Buenos Aires ou do México. Além disso, esses serviços comunicam apenas os temas prioritários para eles, sendo possível que um avanço importante contra a doença de Chagas ou a dengue, mesmo tendo sido realizado por uma universidade norte-americana, perca seu lugar no material difundido para a imprensa em função de uma notícia menor, por exemplo, sobre a alergia a pelo de esquilo.

Os críticos dizem que os *releases* facilitam o jornalismo preguiçoso porque o divulgador deixa de ser um crítico que faz perguntas únicas diante dos dados. Mais ainda, um estudo publicado na revista *Jama* colocou o olhar científico sobre essa prática e conseguiu transformar em estatística o que era apenas suspeita: nem todos os *releases*, nem mesmo os mais sérios, são um reflexo fiel da realidade. A análise de seis meses de produção dos departamentos de divulgação das nove revistas médicas mais importantes, entre elas *British Medical Journal* e *The Lancet*, mostrou que apenas um em cada quatro (23%) incluía informações sobre as limitações do estudo que podiam modificar as conclusões (Woloshin e Schwartz, 2002). Por isso, os jornalistas mais conscientes leem primeiro o *press release* para se aproximar do tema, mas nem por isso deixam de estudar atentamente o texto original a que se refere.

Em termos gerais, diante de um *release*, assim como com as outras fontes, o jornalista deve fazer muitas perguntas. Sobre o que está escrito e sobre o que pode não estar.

Congressos, simpósios, conferências

Uma reunião científica serve para estabelecer redes entre colegas e divulgar trabalhos em elaboração. Que valor têm para as pessoas comuns os avanços apresentados em um congresso? A pergunta não admite uma única resposta. Esse tipo de encontro científico é muito importante, mas nem sempre tanto quanto o público leigo acredita.

Para apresentar um trabalho em um congresso, os profissionais têm de enviar com antecedência seu material, mas nem todos os comitês de avaliação têm o mesmo grau de exigência. Além disso, não se exige das diferentes categorias presentes em uma reunião – apresentações orais, conferências principais, pôsteres etc. – o mesmo nível de evidências nem de originalidade. Apesar disso, a cobertura jornalística pode dar a falsa impressão de que tudo é igual, de que os dados são maduros e de que as conclusões são aceitas por todos. Poucos são os jornalistas que, ao realizar a cobertura de um congresso, enfatizam a natureza preliminar das novidades.

Em outro estudo publicado na *Jama* são analisadas 252 notícias divulgadas nos veículos de imprensa, provenientes de 147 pesquisas apresentadas em cinco reuniões científicas. Pesquisaram também quantas delas tinham chegado a ser publicadas em revistas médicas três anos e meio depois, tempo suficiente para completar os trabalhos e para que estes tivessem sido enviados, avaliados e publicados. Na época, de cada quatro pesquisas, uma não tinha sido publicada ainda e uma segunda já tinha, mas em revistas de menor importância. Os números não melhoravam – bem ao contrário – no caso dos estudos que, já julgados importantes pela imprensa, tinham ocupado as capas dos jornais. Para citar um exemplo paradigmático, um artigo publicado na capa do *The New York Times* com o título "Estudo canadense mostra pela primeira vez que os exames precoces em massa reduzem as mortes por câncer de próstata" se referia a uma pesquisa apresentada no renomado congresso da American Society of Clinical Oncology. No dia da apresentação, o trabalho foi duramente criticado e houve consenso: os dados não embasavam as conclusões (Schwartz; Woloshin e Baczek, 2002).

Em muitas ocasiões, os organizadores dos congressos deveriam fazer melhor a lição de casa. Todo jornalista tem alguma lembrança sobre isso: reuniões nas quais não há um responsável para atendê-lo, exigências incompatíveis com sua atividade, restrições ridículas e até desprezo evidente ou maus-tratos. Há ocasiões em que o jornalista precisa implorar para ter acesso aos resumos. "É como se convidassem um jornalista de cinema para uma exibição privada, mas regulassem a ficha técnica", comentou comigo, furioso, um colega. Os organizadores do evento deveriam saber que os livros de resumos não servem apenas para cobrir o congresso: os jornalistas aplicados os guardam para saber a quem consultar no futuro, quando necessitem da opinião de especialistas nesses temas.

Como cobrir um congresso

Há duas regras-chave para cobrir um congresso médico. A primeira, e essencial, é usar sapatos confortáveis. A segunda é ir sabendo o que se vai ouvir.

Um congresso mundial pode ter milhares de participantes, e por isso exige maior preparação do que uma entrevista. Normalmente não há surpresas, ou seja, sempre existe alguém que pode informar de antemão quem vai anunciar o quê, ou o que se vai decidir ou propor.

O primeiro passo é entrar em contato com a assessoria de imprensa do evento, que meses antes já sabe quem são os conferencistas principais e pode sugerir como encontrar bibliografia preparatória. Além disso, o mais tardar no dia em que começa o congresso, pode ser conseguido o livro, o CD ou a senha para ter acesso aos resumos (ou *abstracts*) com os dados principais de cada apresentação científica. Como esse material é dirigido aos médicos, a terminologia é técnica. Às vezes, é necessária a ajuda de um especialista para lê-lo e ver onde está o dado mais importante. Mas o faro do jornalista é imprescindível. Em um congresso de dor, por exemplo, um especialista pode ajudar a descobrir se realmente há algo novo, mas essa novidade pode ser um medicamento anestésico de nome impronunciável em cuja escolha os potenciais candidatos a cirurgia jamais interferem, o que, portanto, tem pouco interesse para o público. Talvez convenha fazer a matéria sobre um trabalho menos importante mas mais popular, que avalie, por exemplo, a capacidade analgésica da ioga.

Antes de ir, é necessário saber se estão previstas coletivas de imprensa, quem é a pessoa encarregada de fazer os contatos para entrevistas, quais são as facilidades técnicas. Se a organização do congresso não permite obter informações prévias, há uma alternativa: mandar um e-mail para quem vai participar para solicitar que envie informação não divulgada. Quanto maior o congresso, mais necessário é ter preparado um

(continua) ▶

(continuação)

plano de trabalho. É a única maneira de uma só pessoa conseguir cobrir um congresso com 10 mil participantes.

O que fazer se não se entendeu nada de uma conferência considerada importantíssima? Uma é aceitar que daí não vai sair uma matéria e lembrar que a medicina não é outra coisa além da arte de acompanhar o paciente ao sepulcro com palavras em grego. Outra é correr atrás do conferencista, ou de outro especialista, e pedir que resuma para o público. Esse plano B nunca falha: em todo o mundo, os gravadores dos jornalistas são irresistíveis.

Empresas e outros grupos de interesse

Há um fato inegável: o capital determina o conteúdo dos veículos, e seus caminhos são múltiplos.

As empresas que procuram, e conseguem, que seus nomes, produtos ou serviços apareçam de forma positiva na imprensa não se limitam, como muitos pensam, aos laboratórios farmacêuticos multinacionais. Os nomes dos jornalistas de saúde figuram no *mailing list* de indústrias alimentícias interessadas nos que assinam textos sobre nutrição, fabricantes de aparelhos de ginástica que ficam de olho nos que fazem notas sobre qualidade de vida, hospitais que querem encher seus leitos, editoras que desejam vender seus livros e uma infinidade de outras empresas. No Natal, os jornalistas de saúde muitas vezes se surpreendem com quem lhes manda cartões ou outras atenções (eu, particularmente, recebi votos natalinos de prosperidade de uma empresa de tabaco apesar de ser – segundo seus registros – a jornalista argentina que tinha assinado mais notícias contra o cigarro).

Os laboratórios são um caso à parte. Como explica Claudia Baronni (2002), do departamento de comunicação corporativa da Merck Sharp & Dohme em São Paulo: "Para nós, que comercializamos apenas produtos com prescrição, e a legislação nos impede de fazer anúncios ou promoções diretas com o público leigo, a mídia é o único canal de comunicação com esse público. Além disso, ela nos permite chegar a nossos destinatários prioritários, os médicos". César Preti, presidente da Pfizer Brasil durante a época de ouro do Viagra em sua versão original, concorda: "Existe uma tendência nos laboratórios de se comunicar diretamente com o consumidor, criando uma espécie de diálogo para que o paciente peça o produto ao médico. O caso do Viagra é o paradigma" (Preti, 2002).

As empresas não são nesse aspecto diferentes de outros grupos de interesse como ONGs, associações de doentes ou familiares de pacientes. Todas têm muita informação e estão ansiosas por dá-las a conhecer, às vezes com nome e sobrenome, outras "off the record". Perseguem fins determinados, que em geral não escondem, e não raro transmitem sua mensagem por meio de médicos que possam ser pagos por essa tarefa e recebem o nome de porta-vozes. Outra tendência bastante recente é fazê-lo pelo testemunho das celebridades.

As ONGs são uma fonte extremamente valorizada, às vezes por sua coragem, outras por sua capacidade de conseguir informação ou contatos. Ninguém duvida hoje de que os medicamentos contra o HIV não estariam disponíveis gratuitamente em muitos países se as organizações não governamentais não tivessem feito pressão na mídia. A aids é uma das causas mais populares, ao lado do câncer, mas cada tragédia humana tem sua ONG: miastenia gravis, degeneração macular, dislexia. O "Las despechadas"[1] é um grupo argentino que reúne pacientes submetidas a mastectomia e estimula as mulheres a assumir a mutilação com bom humor para seguir em frente. Outras servem a mais de uma finalidade. O "Cures now" (Curas já) é um grupo de pacientes, cientistas, empresários, religiosos e estrelas de Hollywood a favor da clonagem terapêutica e da pesquisa com células-tronco. Para o futuro prevê-se uma explosão desses grupos, em parte devido às facilidades de difusão que a tecnologia oferece. As minorias (veja o Capítulo 8) serão cada vez menos silenciosas.

Os grupos de interesse têm muita informação boa para oferecer. Mas, enquanto as empresas costumam entregar suas pastas com sorrisos e os grupos de pacientes com lágrimas, nenhum desses gestos deveria ser considerado um sinal de veracidade. Não é demais repetir que a informação precisa ser avaliada e até controlada.

Material jornalístico (atual ou de arquivo)

O material jornalístico é registro de trabalho, não a verdade revelada. E em questões médicas, por serem tão técnicas, os editores costumam ser mais tolerantes com erros do que, por exemplo, em esportes, política ou temas urbanos. O controle sobre o que essas fontes não especializadas publicam deve ser minucioso, sobretudo no que toca a números, nomes de micro-organismos e até doenças.

Esse material tem grande importância quando se tem de cobrir a atualidade, sobretudo em eventos pontuais como a entrega de prêmios Nobel, o diagnóstico de câncer de uma estrela ou o nascimento de séptuplos com cores de pele diferentes. Mas as ques-

---

1. A palavra "despechada" significa "furiosa, colérica". Foi usada para batizar a ONG de mulheres mastectomizadas porque também pode significar "sem peitos". Em português, a ONG poderia se chamar "as despeitadas". [N. T.]

tões científicas devem ser avaliadas com reservas. Não é comum divulgarem o assassinato de uma pessoa famosa que não ocorreu, mas sempre anunciam a cura definitiva do câncer, o que ainda não aconteceu.

Às vezes a informação original está correta, mas a tradução – para dizer sutilmente – é livre. Lembro-me de ter lido uma notícia de agência produzida em Buenos Aires e publicada no Brasil na qual se dizia como tinha ficado difícil para as famílias comprar feijão. Como esse alimento não existe na Argentina, era uma metáfora excelente para a notícia, mas levaria a erros graves se fosse utilizada, por exemplo, como material de base em um artigo de nutrição.

Os jornais e revistas de massa, noticiários e programas de rádio também são – com as devidas exceções – apenas fontes orientadoras. Seu principal valor é o registro de fatos pontuais ou outros que possam ser úteis para a análise de antecedentes históricos.

Pacientes e seus familiares, usuários e consumidores

"As melhores palavras para se ouvir não são 'Eu te amo', mas 'É benigno'", diz o personagem de Woody Allen em *Desconstruindo Harry*. Divulgar assuntos médicos sem ouvir a voz dos pacientes – mesmo que eles nem sempre sejam tão claros – é contar apenas parte da história.

Antigamente desprezada, a informação oferecida por pessoas ou grupos sociais carentes de poder para se fazer ouvir é hoje central para a cobertura jornalística. Não é pertinente perguntar a um paciente se uma técnica cirúrgica é melhor do que outra, ou como se sente tomando o genérico ou a droga original, mas entrevistá-los permite dar a conhecer certos aspectos da realidade que outras fontes não veem, não querem ou não podem ressaltar. Os familiares, a quem se recorre quando os pacientes são menores de idade, mas sobretudo quando faleceram, são a voz que mostra a vida por trás dos números. Quando alguém morre, não há apenas uma doença: há órfãos, famílias desestruturadas, pais e mães sem filhos, pessoas que perderam amigos, empresas que perderam trabalhadores, escolas que perderam alunos.

Sua inclusão nas notícias às vezes é criticada pelas fontes tecnicamente mais preparadas, que alegam que mostrar tragédias humanas só serve para vender mais exemplares ou ter mais audiência. Mas, mesmo que este seja o único objetivo de muitos, por trás da tragédia podem surgir aspectos econômicos, afetivos, legais ou sociais insuspeitos ou esquecidos. "Não se deve ir pelo caminho mais fácil de responsabilizar uma mulher por não ter feito exames pré-natais ou ter-se submetido a um aborto clandestino. É preciso mostrar o contexto de pobreza, exclusão, desesperança que está por trás de cada gravidez e de cada morte", exemplifica a jornalista brasileira Marisa Sanematsu (2004), especialista na cobertura de morte materna, violência e outros problemas da mulher.

Entrevistar pessoas que sofrem exige sensibilidade e paciência especiais. Muitas vezes é necessário explicar a elas a importância da divulgação do tema, em outras é preciso dar-lhes tempo para refletir sobre as possíveis consequências da divulgação de sua intimidade (veja o Capítulo 5). O entrevistado precisa falar sobre sua vida e mencionar sua identidade sempre de forma voluntária.

Como se estabelece o contato? Às vezes é o paciente quem inicia a comunicação ligando ou escrevendo para os veículos, mas em geral o médico ou o hospital os "entregam" com consentimento prévio. As ONGs são outra porta de entrada. Mas também pela internet podem ser localizadas pessoas que depois podem concordar ou não em dar seu nome verdadeiro.

"Nunca entendi por que as pessoas aceitam que um jornalista se imiscua em sua intimidade para fazer perguntas incômodas sobre seu sofrimento", reconhece a jornalista argentina Jimena Castro Bravo (2003). "Mas posso dizer quais argumentos me ajudaram a convencer indecisos, temerosos e fóbicos à imprensa", destaca com a experiência de ter conseguido o testemunho de 350 pacientes afetados por diversos males em pouco mais de dois anos. "Ressaltar que outros que estão passando pela mesma dor podem se identificar com a história da pessoa é um; ajudar os outros a superar a dor, outro. Nesse momento, eles entendem que não se trata de uma entrevista frívola mas da possibilidade de oferecer um serviço importante. Mesmo assim, os temas mais fáceis de abordar são as doenças já superadas por seus protagonistas. Todo mundo gosta de compartilhar um final feliz."

Ao trabalhar com esse tipo de fonte, às vezes é difícil manter o equilíbrio entre ser um jornalista objetivo e uma pessoa compassiva. Estudantes norte-americanos passaram um ano com pacientes de câncer em um projeto que incluía um documentário, um livro e uma página web. A ideia era que aprendessem a falar com pessoas às vezes à beira da morte. A ideia e o dinheiro (US$ 100 mil) foram oferecidos por um homem cujo pai tinha morrido de câncer e acreditava firmemente que os veículos deveriam fazer algo mais e mostrar como a doença afeta não só o corpo como também o dia a dia. Segundo os professores, um dos maiores desafios era fazer os estudantes saírem da zona de conforto e captarem momentos que definiam melhor as situações. Mudar a versão adocicada pela realidade crua. No início da experiência, os estudantes se esqueciam da câmera quando presenciavam o sofrimento. Mas, à medida que avançaram no projeto, que incluiu 300 horas de gravação, conseguiram tomar as histórias menos pessoal e mais profissionalmente (Rosen, 2004).

A revelação da dor supõe a desaparição de parte de sua intimidade, e como a própria revelação será um momento doloroso é necessário que a pessoa tenha consciência do que vai fazer e da finalidade de suas declarações. Quem sofre corre o risco de se ver inundado pelas emoções e abrir sua intimidade além da conta, por isso muitos editores permitem que essas fontes controlem o que vai ser publicado e aceitam modificar testemunhos. Algo impensável para outras fontes.

A transmissão de sua experiência tem sempre um sentido para o doente: a satisfação de representar um grupo, de ser o porta-voz para enaltecer ou relembrar o valor de outros, para pedir auxílio a si mesmo ou para outros que sofrem como ele, para recordar um ente querido, para homenageá-lo, para sentir-se acompanhado animicamente, para desabafar, ou porque considera uma obrigação moral fazê-lo para sentir-se útil, para evitar que sejam produzidas situações negativas como as que o levaram a sofrer, para ajudar o que está sofrendo, para transmitir esperança. Sua valentia e generosidade merece um tratamento e uma atenção especiais para causar o mínimo sofrimento a ele e à sua família.

A pessoa que sofre não deve ser objeto de lástima, mas de respeito. Como ressalta a espanhola Cristina López Mañero (1998), a sociedade necessita deles porque sua presença faz que os demais tomem consciência da fragilidade humana, de seus perigos e limites, assim como da possibilidade de sobrepor-se a isso. "O doente pode transmitir essa sabedoria vital com seu exemplo." O bom jornalista é crítico diante de suas fontes, mas não se pode avaliar externamente o grau de sofrimento.

Celebridades

Os famosos são de carne, osso e alma; por isso, tudo que afirmei no tópico anterior continua sendo válido para quem abandonou a vida anônima. Mas conhecer o estado de saúde de pessoas famosas é ainda mais atraente para o público e exerce mais influência sobre ele (veja o Capítulo 5). O magnata australiano Rupert Murdoch, o prefeito de Nova York Rudolf Giuliani e o vice-presidente brasileiro José Alencar são alguns dos milhares que reconheceram publicamente seu câncer. Em sua cadeira de rodas, Christopher Reeve era, ao lado de Stephen Hawkins, um dos deficientes físicos mais famosos. Mesmo que, em função do acúmulo de nomes estelares, a aids seja a doença mais midiática da história, não há enfermidade que não tenha um porta-voz famoso. Sylvester Stallone, por exemplo, tem um filho autista e apoia causas que envolvam o autismo.

No meio artístico, os primeiros contatos são com os agentes. Como estes muitas vezes acreditam que falar de doenças arruína carreiras, colocam obstáculos. Conseguir esses testemunhos outras vezes é, ao contrário, bastante fácil. Algumas celebridades sentem que contar sua história de doença os humaniza, os aproxima de seu público e aumenta a admiração por eles.

Uma tendência recente é que as pessoas famosas sejam proativas para falar desses temas com a intenção de arrecadar fundos para a pesquisa, reduzir a discriminação ou modificar leis. Um exemplo é Lance Armstrong, o ex-ciclista norte-americano sobrevivente de um câncer de testículo, que lidera uma fundação destinada a romper o estigma que ronda o câncer. Em seu livro *De volta à vida*, justificou assim: "Sempre levarei comigo a lição que o câncer me ensinou, e me sentirei parte da comunidade das pessoas que sofrem dele. Acredito que agora tenho uma obrigação maior de fazer algo da minha vida e de ajudar a todos os que estejam lutando contra a doença" (Armstrong e Jenkins, 2003).

No início, a decisão de exibir esse aspecto da vida privada era completamente altruísta, mas suspeita-se que não seja sempre assim. É cada vez mais frequente que essas fontes, com acesso privilegiado à mídia, façam isso respondendo a um interesse econômico. Há quem pense que, se a revelação do sofrimento próprio é feita por motivo de protagonismo ou lucro, o informante. não deveria entrar no jogo porque o conteúdo de sua declaração é moralmente inválido (veja o Capítulo 6).

Mesmo assim, não há dúvida de que as celebridades, além de impulsionar as vendas dos remédios e a audiência dos programas, dão um empurrão real à promoção das doenças, imprescindível para a detecção precoce e a adesão aos tratamentos. O estado de saúde do jogador de basquete Magic Johnson foi uma grande publicidade para os medicamentos contra o HIV. Personagem muito mais atraente do que a inglesa Camila Parker Bowles descrevendo a osteoporose de sua avó e de sua mãe. Um astro do futebol americano que admitiu ser tímido a ponto de ficar doente – as notícias saíram nos jornais *The New York Times* e *Los Angeles Times* e tiveram seu espaço também na NBC – alimentou com suas palavras a campanha de um medicamento para o transtorno da ansiedade. A mastectomia da Angelina Jolie também foi divulgada na mídia em primeira pessoa. E a lista não respeita fronteiras.

Segundo Amy Doner Schachtel, especialista na busca de estrelas para despertar interesse sobre as doenças, "as empresas farmacêuticas originalmente queriam as principais estrelas. Agora procuram celebridades que tenham uma conexão genuína com o problema, de forma pessoal ou familiar" (Moynihan, 2002). Às vezes, as atividades de difusão de uma doença estão diretamente ligadas a um produto, como no caso de Pelé e o Viagra. Em outros, levantam suspeitas por estarem sincronizadas com uma campanha global apoiada por uma empresa farmacêutica.

As celebridades podem ser pagas, quando não em dinheiro, em serviços, pelos médicos que as tratam e não são mencionados ou compartilham as notícias com elas. A apresentadora de televisão argentina Marcela Tinayre reacendeu as ilusões de muitas mulheres ao se tornar mãe aos 50 anos por meio da fertilização assistida. O centro médico em que foi atendida nunca tentou se manter afastado das câmeras. O contrário aconteceu muitas vezes com o paciente rebelde por excelência, o ex-jogador de futebol Diego Armando Maradona, do qual ninguém, durante anos, queria aparecer como médico, apenas como velho amigo.

É uma exigência – legal em alguns países, apenas ética em outros – que a divulgação conte com o beneplácito dos afetados. Presidentes e outras personalidades cuja saúde é de interesse público, como o do venezuelano Hugo Chavez, constituem uma exceção a essa regra de defesa da privacidade. O segredo médico morre com a aceitação do paciente de divulgar sua história clínica.

Internet

A internet deu uma reviravolta na acessibilidade à informação. Lá se encontra de tudo: jornais e revistas, especialistas, pacientes, dados, sons e imagens. As possibilidades se superam a cada dia.

Ao digitar estas linhas, a internet estava em sua quarta geração. Depois da primeira, que durou cerca de 25 anos, particularmente no âmbito acadêmico e com letras verdes brilhantes sobre fundo escuro, passou-se à segunda, mais massiva e de maior capacidade gráfica. A principal característica da terceira, chamada Web 2.0, é a interação (Wikipédia, blogues, Facebook) e o segredo da quarta está na distribuição, por meio de *smartphones*, *tablets* e novos dispositivos. De maneira crescente, o usuário não precisa buscar informação, mas a recebe. Tudo chega até ele, da maior novidade especializada às crenças populares mais infundadas.

Com o tempo surgem também novas limitações. Alguns conteúdos só são acessíveis em certos países, em alguns aparelhos, em poucas marcas (no momento, há conteúdo apenas para a Apple, por exemplo); sobretudo, há muitos conteúdos disponíveis apenas para os que pagam para ter acesso. O registro de jornalista, porém, costuma abrir várias portas.

Passos para procurar a informação médica na internet

Os cientistas de mais prestígio se aproveitam das novas tecnologias para ter mais visibilidade. As pseudociências fazem o mesmo. A questão é como recuperar de maneira seletiva o que trafega pelas estradas da informática.

O primeiro passo costuma ser entrar em um buscador geral (por exemplo, o Google). Neles é preciso ter consciência de que o conteúdo não tem controle, pode estar desatualizado e de que o excesso de informação é desconcertante. Como em qualquer viagem, o navegante aproveita melhor com um bom guia. Ter 30 mil resultados no buscador é muito pior do que ter 30 (para alguns, a quantidade ideal) porque só neste último caso se obtém um alto nível de relevância.

Na web, as páginas não são todas iguais. Há as tradicionais e as interativas, reforçadas com blogues, podcasts, acesso direto a links ou redes sociais. Algumas oferecem rankings e comentários, outras não hierarquizam a informação. O primeiro passo para uma busca de sucesso é, segundo o professor de jornalismo digital da Universidad de Navarra Ramón Salaverría, "desligar a máquina e pensar" (Salaverría, 2003). A tela cinza é o melhor estímulo para deter o tempo, avaliar o que se quer, a estratégia que se vai seguir para encontrar, quais as palavras-chave, as melhores fontes, e avaliar que caminho pode levar a um beco sem saída. A precisão das palavras-chave é essencial. Escrever "pedras" em vez de "cálculos" renais, por exemplo, pode estragar toda a busca.

Insubstituível para ter acesso a material de base (artigos, projetos, referências), a internet exige mais perspicácia do usuário nos de maior elaboração. As histórias de sucesso podem superar em número as de fracasso simplesmente porque há mais pessoas tentando divulgá-las, e não porque representem a realidade.

Há buscadores exclusivos para certos suportes de informação, como imagens ou sons. Para encontrar pessoas – que possam ter algum conhecimento especial ou sofrer de determinada doença –, os fóruns podem ser uma via de entrada nas redes sociais, às vezes mais confiáveis quando exigem a presença de um moderador. As plataformas de informação científica, cujo objetivo é divulgar o trabalho dos pesquisadores, são cada vez mais numerosas e completas. Oferecem conteúdo em diferentes canais (notícias *online*, envio por e-mail, RSS, redes sociais etc.).

Fazer uma lista completa e atualizada das melhores páginas de saúde é impossível porque, entre outros motivos, ela se torna rapidamente obsoleta. Algumas que tenho usado são:

Fontes gerais

* Eurekalert www.eurekalert.org:
  Especializada em ciência, tecnologia e medicina. Administrada pela American Association for the Advancement of Science (AAAS), entidade que edita a revista *Science*.

* Medscape www.medscape.com
  Dirigida a médicos e pesquisadores, é de leitura mais difícil para jornalistas.

  Medline. www.ncbi.nlm.nih.gov/pubmed
  Da biblioteca nacional de medicina dos Estados Unidos (US National Library of Medicine).

* Virtual Medical Library www.ccspublishing.com/
  Da North American Medical Society.

* WebMD my.webmd.com/
  Relacionada com o Medscape, mas dedicada ao público geral. Seu forte é a qualidade de vida.

* Reuters Health www.reutershealth.com/
  Da agência de notícias Reuters, atualizada várias vezes por dia.

* SciNews/MedNews www.newswise.com
  Criada especificamente para jornalistas especializados em ciência e medicina.

* CDC www.cdc.gov
  Do Centers for Disease Control and Prevention, dos Estados Unidos. Ideal para quem busca estatísticas ou informação sobre doenças regionais de todo o mundo.

* NIH www.nih.gov/health
  Dos National Institutes of Health, dos Estados Unidos. Funciona como *link* para outros órgãos oficiais de saúde dos Estados Unidos.

* Sage publications www.sagepub.com
  De um grupo independente que dá acesso gratuitamente a muitas revistas.

Buscas específicas (por doença, deficiência etc.)

* www.nci.nih.gov/
  Do National Cancer Institute, dos Estados Unidos.

* www.mdanderson.org
  Do MD Anderson Cancer Center, dos Estados Unidos.

* www.diabetes.org
  Da American Diabetes Association, dos Estados Unidos.

* www.discapnet.es
  Da Organización Nacional de Ciegos de España (Once).

* www.unaids.org
  Organização das Nações Unidas para o HIV-aids. Informações epidemiológicas.

* www.who.int
  Da Organização Mundial de Saúde. Para doenças de viajantes.

Por especialidade médica

* www.americanheart.org
  Da American Hearth Association, a associação norte-americana da área de cardiologia.

* www.funcargen.com.ar
  Da Fundación Cardiológica Argentina.

* www.sap.org.ar
  Da Sociedad Argentina de Pediatría. Estatísticas e publicações com informações do país.

* www.indiana.edu/~kinsey/reference.html
  Do The Kinsey Institute, especializado em sexologia.

* www.fiocruz.br
  Da Fundação Oswaldo Cruz (saúde pública, medicina tropical).

Por temas

* www.fda.gov
  Da US Food and Drug Administration, dos Estados Unidos. É o órgão-modelo para muitos outros países, sobretudo os latino-americanos.

Por revistas

* *New England Journal of Medicine* www.nejm.org/
* *Jama* www.ama-assn.org
* *British Medical Journal* www.bmj.bmjjournals.com
* *Science Magazine* www.sciencemag.org/
* *Nature* www.nature.com/
* *New Scientist* www.newscientist.com
* *Discover* www.discover.com
* *Scientific American* www.sciam.com

Armadilhas digitais

Qualquer curandeiro, com um PC e um modem, pode dar conselhos médicos em um blogue ou pelo Twitter. É o mesmo que fazem, teclando da mesma maneira, as maiores autoridades mundiais. A vida não pode depender da conversa entre duas máquinas.

A falta de veracidade deve ser sempre alvo de suspeitas. É a atitude mais saudável. James Anderson, estudioso do impacto dos computadores sobre a medicina, destacou certa vez 60 sites que sugeriam tratamentos para a diarreia infantil comum: 80% deles continham erros. "Muitos serão operados por médicos, mas não necessariamente pelos especialistas de que se necessita", afirmou Anderson, professor de sociologia médica da University of Purdue (Web Medicine, 2000).

As muitas análises da qualidade da informação médica obtida por meio dos buscadores gerais quase sempre dão resultados alarmantes. Uma equipe de pesquisadores da University of Toronto, do Canadá, avaliou a qualidade informativa na internet com base em 79 estudos independentes sobre o tema. Sete em cada dez tinham chegado à mesma conclusão de que "a qualidade é um problema", segundo anunciaram os pesquisadores na revista *Jama* (Eysenbach, 2002; Baker, Wagner e Singer, 2003).

Em algumas páginas, os desvios têm origem na falta de controle editorial estrito. Em outras são divulgados dados e opiniões absolutamente tendenciosos, por motivos econômicos. A American Medical Association recomenda desconfiar das páginas de internet nas quais não figurem claramente os dados de seus autores e colaboradores, assim como as referências bibliográficas. Mas esse não é um método infalível. Na realidade, o conteúdo deveria ser avaliado pelo nível de evidências, ou pela força destas para apoiar as recomendações. E isso não é nada fácil.

Para resolver esse problema, em 1996 apareceram os primeiros códigos de conduta das páginas de saúde, e em 2010 já havia mais de uma centena deles. São instrumentos de ajuda aos usuários para criar um padrão, comparar ou medir a qualidade da informação. Com o passar dos anos, essas ferramentas foram se diversificando (Bernstam, 2005; Fuentes e Ontoso, 2009; Deshpande e Jadad, 2009), mas se tornaram pouco úteis, já que os sites de informação médica abrangem de páginas pessoais de pacientes até grupos de discussão, revistas com referências e páginas de empresas, com publicidade explícita ou não. Já são muitos os que pensam que esses selos, guias de usuários, certificados e acreditações não têm grande utilidade.

À medida que o uso da internet avança, aparecem novas questões. Hauke Riesch, da University of Cambridge, enfatiza a realidade mutante das notícias, mais exatamente a informação que aparece e desaparece sem deixar rastros. "Os artigos às vezes mudam ou realmente desaparecem dias ou semanas depois de sua publicação *online*. É uma forma de reagir a críticas ou erros, mas sem nenhum aviso e com novas informações colocadas em seu lugar." Assim, aquilo que uma pessoa lê, comenta, opina ou no que se baseia para tomar decisões pode ser diferente do material lido por outra. Riesch toma como exemplo notícias referentes à segurança da vacina contra o papilomavírus (HPV) publicadas em 2009 na Grã-Bretanha e se pergunta em qual das versões se fundamentou o debate público (Riesch, 2011). A facilidade técnica de corrigir erros *online* se transforma assim em um agente de distorção da realidade.

Como na escolha de um médico, o usuário precisa criar um critério pessoal. E, além disso, ter sorte.

O desafio de informar com base em fontes distintas

Se o ministro da Saúde afirma que há 5 mil doentes de aids, e uma ONG diz que há 50 mil, o que se deve informar? "Já existem algo entre 5 mil e 50 mil doentes de aids?" Seria preciso, respeitaria as fontes, mas não informaria.

A boa prática jornalística exige consultar diferentes fontes, comprovar os dados, comparar versões, perguntar sobre os interesses envolvidos, interrogar sobre os possíveis efeitos da publicação e ponderar cada dado adequadamente. Como se fosse fácil.

Em uma conferência sobre mortalidade materna realizada em Salvador, a jornalista Marisa Sanematsu (2004) enfocou o problema: "Se o jornalista recebe a informação de que a taxa oficial é de 75 mortes para cada 100 mil nascidos vivos, e vai – como deve fazer todo jornalista sério – checar esse número, descobrirá que a taxa pode variar entre 51 e 260/100 mil nascidos vivos. E em outro lugar encontrará que é de 69, mas que devido à subnotificação há um fator de correção de 1,67, e outras estimativas podem variar entre 140, 160 e 277. O que fazer com esses números? O número total de mortes também varia segundo as fontes, e vai de 1,8 mil a 8,7 mil por ano. E são números divulgados por organizações sérias, como a OMS, a Unicef, a UNFPA. Alguém tem de explicar a esse jornalista, para que ele possa informar seus leitores, por que esses números estão todos certos e ao mesmo tempo podem estar todos errados. A imprensa precisa de fontes disponíveis e acessíveis – pesquisadores, ativistas, representantes do governo – que possam explicar esses números, fazer análises e comentários em linguagem fácil e direta."

Nem tudo que fornecem as fontes é dado numérico. Informar exige também procurar os personagens, conhecer suas dúvidas e angústias, descer a ladeira que conduz às pessoas e – assim – encontrar o tom que enriqueça a matéria. Viver a realidade, em suas múltiplas facetas, e dela extrair a notícia.

Esse caminho está cheio de obstáculos. Em primeiro lugar, os jornalistas não dão o mesmo peso a todas as opiniões. Quando pedi a um grupo de editores brasileiros que fizessem um *ranking* de credibilidade de suas fontes, os cientistas ocuparam o pódio acompanhados de perto por médicos e ONGs (Tabakman, 2003). No outro extremo estavam – como é habitual – os políticos. Mas as simpatias pessoais nem sempre conduzem a bons caminhos.

Imaginemos que uma ONG apresente à redação a seguinte notícia: os pacientes que recebem determinado medicamento gratuitamente têm evolução pior do que os que pagam do próprio bolso um produto semelhante, mas de outra marca. A tendência dos jornalistas é acreditar nas ONGs e duvidar do governo. Mas essa não será a primeira vez que uma organização do tipo seja manipulada para representar interesses empresariais, sobretudo se eles perderam uma licitação milionária. Como diz o espanhol Gabriel Galdón López (1999), "se é esperado que as notícias cheguem, não se poderá evitar que muitas delas correspondam a interesses particulares alheios ao interesse geral, que não se tenha tempo de conhecer sua entidade e seu sentido, sua adequação à finalidade, que haja realidades significativas que nunca sejam informadas. Acontecimentos visíveis, panos de fundo ocultos".

O comunicador, como todo ser humano, precisa acreditar. Mas isso não o ajuda em sua profissão. O professor de jornalismo Wilson da Costa Bueno (2001, p. 678), da Universidade de São Paulo, não gosta de eufemismos: "Nem sempre os interesses da população são, em determinados momentos, o critério mais importante que orienta as empresas e os governos com a cumplicidade dos representantes da ciência. Mas estas são exatamente as fontes básicas de comunicação para a saúde e é imperioso descobrir suas intenções e compromissos. Vale a pena repetir o lema 'Não existe almoço grátis'. É preciso investigar sempre quem paga a conta e o que se serve à mesa".

Se essa recomendação serve para toda a imprensa, o jornalista de saúde tem, além disso, de enfrentar o desafio de não entender grande parte da informação de que necessita e, ao mesmo tempo, aprender a interpretá-la. Não se limitar a ser um coletor de dados, mas evoluir no sentido do processamento, porque só a análise e o cruzamento de dados acabam com a inocência. Foi assim que, em 2009, o *The New York Times* aprofundou a informação tendenciosa da qual os médicos dispunham havia muito tempo para formar sua opinião sobre a terapia de reposição hormonal para a menopausa (Singer, 2009). Anos antes, o *Wall Street Journal* tinha comentado o tema em um de seus blogues, naquele caso sobre remédios para hipertensão. Essa pesquisa-modelo sobre como empresas fornecedoras de escritores de publicações técnicas influem sobre a "verdade" médica não poderia ter sido feita sem uma análise profunda e sem julgamentos prévios sobre as metodologias de difusão do conhecimento científico.

Philip Meyer, professor da University of North Carolina e autor de *Precision Journalism*, empurra seus alunos no sentido da ciência com o objetivo de que "o jornalismo deixe de ser um ofício para se transformar em profissão". Mas há um fato verídico. Mesmo os melhores jornalistas foram induzidos a divulgar informação errada.

Foi notícia: um erro que veio a calhar

Há alguns anos, o diretor de uma revista para a qual eu trabalhava me pediu uma matéria sobre "comida *diet* ou algo assim". Ele havia definido apenas que a matéria teria cinco páginas, deixando a pauta em segundo plano. O verão estava chegando e as mil e uma formas de ter a silhueta desejada apareciam tentadoras em todas as capas da concorrência.

Escrever sobre dietas não é o sonho de um jornalista científico. Então fui para a minha mesa e pedi à minha colega Luciana Díaz que compartilhasse comigo esse infortúnio. Começamos a preparar o assunto.

O primeiro movimento automático foi ligar para um especialista, um de meus nutricionistas de cabeceira, para perguntar se havia alguma novidade na área. "Diga a seu

(continua) ▶

(continuação)

chefe que ele é um idiota. Ninguém emagrece comendo *diet*", me disse. Estava claro, pelo menos para mim, que eu nunca teria coragem de transmitir a mensagem. O problema era meu porque a matéria de cinco páginas ameaçava cair em um buraco negro.

Naquele momento, Luciana já tinha saído da redação e ido à Secretaria do Consumidor, que ficava a poucas quadras da redação, em busca de informações sobre o que, em meu plano inicial, seria um boxe de oito a dez linhas: um glossário explicando exatamente o que queria dizer *diet*, *light*, dietético, baixas calorias e *low fat*. "Um fracasso", me disse ao voltar. "Essas palavras não querem dizer nada, não há lei para os nomes dos produtos. Na Argentina só há legislação sobre a palavra "dietético", que quer dizer "diferente da fórmula original". E diferente pode ser, por exemplo, com menos sal."

Enquanto nos servíamos de café para adoçar nossa derrota, os dois telefones começaram a tocar ao mesmo tempo. Nosso trabalho de apenas duas horas começava a dar frutos inesperados. Enquanto esperava que meu nutricionista respondesse à minha ligação, eu tinha aproveitado o tempo para contatar uma consultora de mercado para saber quanto os argentinos gastavam com comida *light*. Meia hora depois, a informação solicitada me chegou e guardei-a para ler mais tarde. Mas essa empresa, que obviamente agia em favor dos próprios interesses, não tinha nos dado esses dados de forma totalmente gratuita. Não eram tão inocentes a ponto de querer nos cobrar pela informação, mas com a novidade de que a revista mais lida do país estava fazendo uma matéria sobre comida *diet* tinham se comunicado rapidamente com seus clientes. Tinham se passado apenas 120 minutos e várias empresas alimentícias já estavam nos ligando para avisar que iam mandar pastas (não solicitadas) sobre seus produtos "diet". Algumas, inclusive, ainda que de maneira bastante simpática, até insinuavam que a continuidade de seu trabalho dependia de nossa decisão de colocar uma foto ou dar o nome de um produto em algum lugar da matéria.

Bastou unir nosso aparente fracasso com a voracidade comercial das empresas do setor e chegamos a uma denúncia. Intitulamos "O grande engodo da comida *light*". Pelo menos na Argentina, a comida *light* era um simples argumento comercial, e suas receitas às vezes tinham apenas 10% menos calorias do que a versão tradicional do produto. Nada que mudasse o ponteiro da balança antes de o verão chegar.

Uma busca rápida na internet nos permitiu também encontrar uma pesquisa recente que apoiava com números o olho clínico de meu nutricionista de cabeceira. O artigo, publicado em uma revista científica de máximo prestígio, descrevia uma pesquisa feita com dois grupos de pessoas: um que comia apenas comida *light* e outro que não. Depois de certo tempo, a perda de peso tinha sido a mesma! (Atribuía-se a uma questão psicológica: quando alguém passa geleia *light* sobre uma torrada, coloca muito mais do que se acha que o produto engorda, e as calorias acabam sendo as mesmas.)

(continua) ▶

(continuação)

A reportagem com várias fontes tem diversas etapas. Sempre há uma ideia inicial, que dá início à pesquisa e leva a uma primeira exploração. Essa fase é necessária para a análise do que falta, do como se consegue e das melhores fontes para isso. No transcurso da pesquisa costumam aparecer novos vazios, outras fontes e não poucas surpresas que obrigam a mudar o enfoque da matéria. O curioso é que às vezes não é difícil conseguir os dados. Apenas é necessário pesquisar o que está diante dos olhos de todo mundo.

O olho clínico, ou as fontes sem evidências

MATÍAS LOEWY

Farmacêutico e jornalista médico
Editor da revista Newsweek *Argentina*

No verão de 2004, entrevistei um médico que comia seis besouros por dia no café da manhã com a esperança de aumentar sua imunidade. "O senhor não se preocupa com o fato de que a eficácia do tratamento nunca foi comprovada por estudos clínicos?", perguntei a ele com um gesto de repugnância. "Na verdade, eu não sou de questionar muito essas coisas", retrucou o médico, a 180 graus da decantada "medicina baseada em evidências" (segundo a qual toda prática médica deve estar sustentada nos benefícios documentados) ou da metodologia científica aplicada para validar terapias.

De outra vez encontrei certo oncologista que tinha "curado" um câncer de pulmão de um famoso político argentino. O método que propunha tinha se mostrado ineficaz nos ensaios clínicos publicados na Europa, mas ele descartava os estudos e garantia que aqueles resultados pobres se deviam a uma suposta conspiração do *establishment*. "Noventa e nove por cento de meus pacientes se curam ou melhoram sua qualidade de vida", oferecia como prova. Por

teimosia, o político acabou falecendo poucos meses depois... talvez porque tenha tido a má sorte de cair no 1% restante.

Outro graduado de uma faculdade de medicina disse que os florais "produzem uma vibração semelhante ao estado de normalidade, que é o estado vibratório do Eu Superior". Uma psiquiatra especializada em terapias naturais sustenta que a essência de bergamota é antidepressiva e a rosa acalma a ira; um pediatra diz que o mais importante do ato médico é a relação terapeuta-paciente, sendo secundário o que o terapeuta indica (um antibiótico, um copo d'água ou um beliscão nas costas), desde que não prejudique o paciente. Um médico homeopata se permite duvidar da necessidade de vacinar crianças sadias e bem nutridas.

Por que cito esses casos? Porque o médico costuma ser visto como a encarnação social da ciência. O jornalista que percorre seus primeiros passos corre o risco de suspender seu ceticismo e receber essas observações ou comentários como verdades objetivas reveladas.

O físico e filósofo argentino (radicado no Canadá) Mario Bunge diz que a medicina não é uma ciência básica como a biologia nem uma arte como a poesia e a pintura: "É mais uma técnica parecida com a engenharia e a administração de empresas. Não se propõe a encontrar leis básicas, mas a utilizar o conhecimento delas para tratar casos patológicos".

Não só isso: muitos médicos apoiam porções diversas de sua prática em um terreno difuso que inclui o olho clínico, a experiência pessoal, casos anedóticos, teorias obscuras e dogmas rígidos – aspectos que estão tão perto do empirismo da ciência como um psicanalista lacaniano de Buenos Aires está de um psicólogo experimental norte-americano. Alguns são capazes de estimar porcentagens de cura com o rigor de um poeta e desdenhar a necessidade de provar os benefícios de suas terapias como se fosse um luxo desnecessário. Suprem a desumanização da medicina oficial com doses generosas de pensamento mágico. Pode ser que a maioria aja de boa-fé, mas também há aventureiros ou inescrupulosos movidos apenas pelo afã do lucro.

É verdade que os pacientes são singulares e a ciência oferece padrões estatísticos gerais. Que há matizes da consulta e do ato médico que dificilmente podem se encaixar bem no protocolo de um projeto científico ou em um algoritmo rígido de tratamento. Que o componente mágico ou placebo influi no processo de cura. Que as leis da ciência, por definição, são provisórias e sujeitas a mudança.

Mas, diante de suas fontes, os jornalistas especializados em ciência ou medicina deveriam exercer o mesmo ceticismo praticado por colegas de outras áreas, como a política ou a economia. Exercer o julgamento crítico como se fosse o mais treinado dos músculos. Relembrar que nossa função é checar a informação e colocá-la em contexto, não só transmitir ou descer ao discurso vulgar feito intérpretes acríticos.

Também precisam ser capazes de identificar em suas fontes a integridade ética e intelectual, reparar na presença de conflitos de interesses, não esquecer o marco econômico-social e aderir à ideia de que nem todo conhecimento tem a mesma qualidade de outro. Uma colega me disse dias atrás que alguns médicos se sentem detentores de um saber tão específico e diferente do resto dos saberes que ninguém que não seja médico pode se referir a ele. "Advertem sobre os perigos, mas não delegam nenhum saber porque o consideram intransferível", acrescentou.

O jornalismo médico pode duvidar de muitas coisas, menos de que nunca vai ficar cansado com seu trabalho.

3 COMO EXPLICAR E ATRAIR

Os desafios que surgem ao contar um fato médico, os recursos literários e visuais mais convenientes e os erros mais comuns e perigosos.

Estratégias, recursos de divulgação e os erros mais comuns

O jornalismo científico tem uma variedade cada vez maior de canais de divulgação. Além dos tradicionais meios impressos, hoje a internet traz uma maior demanda de conteúdos hipermultimídia (hipertexto com multimídia) e a possibilidade de inserção em mídias sociais. Mas uma verdade se mantém: quanto maior o trabalho de um jornalista para elaborar a informação, menor o esforço do leitor para entendê-la.

É mais fácil escrever que o vírus da varíola mede 300 nanômetros, e colocar com letras miúdas que um nanômetro mede 10^{-9} metros, do que transmitir ao público a ideia de que se o vírus fosse do tamanho de uma laranja a pessoa infectada seria um gigante de 560 quilômetros de altura. É mais fácil dizer que a aspirina pode causar úlcera do que encontrar uma pessoa que sofra desse mal para relatar sua história. O resultado, no entanto, não é o mesmo.

As novas tecnologias evidenciam também que é mais fácil dar uma informação completa e clara com muitas palavras do que fazê-lo com poucas.

A necessidade de explicar os termos da área é talvez o maior diferencial do jornalismo de saúde. Quando os jornalistas se afogam na informação técnica e os médicos demonstram não ter consciência da importância da comunicação pública, o leitor é quem paga o preço. Nas palavras do jornalista brasileiro Julio Abramczyk (2001), "os médicos e os meios de comunicação não mantêm uma convivência fácil. Os primeiros consideram difícil dar entrevistas aos jornalistas, que, por sua vez, se perdem na linguagem especializada do entrevistado. A solução para os dois casos é simples: perguntas diretas e respostas simples, em linguagem acessível. Não é o que ocorre, infelizmente, na maioria dos casos".

Os desafios que se impõem na hora de contar um acontecimento médico não se limitam à compreensão. As pessoas têm de ser conquistadas. Além do mais, o discurso jornalístico pressupõe a vontade de quem informa de influenciar seu interlocutor. Na linguagem das redações, dizem que uma matéria sempre "vende" algo: um remédio, uma tendência, uma necessidade, uma ideia.

Um bom comunicador é reconhecido por sua capacidade de:

- Expor-se de forma atraente.
- Explicar de maneira direta e acessível à maioria.
- Economizar dados sem deixar de lado o importante.
- Reconhecer o impacto de cada uma de suas mensagens.

A facilidade com que se lê um texto depende, em grande parte, da clareza de ideias do redator. Se ele sabe sobre o que escreve, as possibilidades de que o seu texto seja claro aumentam. Caso contrário, até o mais interessado leitor abandonará o texto.

Um truque que funcionou comigo na hora de treinar principiantes de maneira rápida era sugerir-lhes que, depois de entrevistar um médico ou ler um artigo científico, antes de colocar as mãos em um teclado, fizessem um exercício de imaginação. Eles contariam mentalmente a matéria a suas avós (supondo que elas tivessem um nível de conhecimento e interesse científico menor do que o do jornalista). Assim, em poucos minutos, eles conseguiam organizar a mente e fazer aflorar o essencial.

Os médicos, ao contrário, se não são claros não é porque não entendem, e sim porque se dirigem imaginariamente a outros médicos. O que terá passado pela cabeça daqueles que tomavam café da manhã em frente à tela do computador lendo o jornal *El País Digital*, de Montevidéu, Uruguai, quando depararam com a seguinte matéria?

Pode existir relação entre glaucoma e a infecção por *Helicobacter pylori*

A erradicação da bactéria *Helicobacter pylori* pode ser benéfica para o glaucoma. Os parâmetros de glaucoma (pressão intraocular e campo visual) melhoraram nos pacientes em que a erradicação foi bem-sucedida, mas não em outros pacientes.

Outros artigos que parecem ter sido escritos para as fontes (Congreso, 2002):

Congresso de dermatologia pediátrica apresenta novos fármacos contra eczemas

Barcelona. (Redação) – Duas novas pomadas contra eczemas são uma das principais novidades do congresso da Sociedade Europeia de Dermatologia Pediátrica que começa hoje em Barcelona. A nova geração de fármacos, o *pimecrolimus* e o *tacrolimus* – comercializados, respectivamente, como Elidel pela Novartis e Protopic pela Fujisawa –, são imunossupressores, mas não são feitos com cortisona, o que evita efeitos colaterais (atrofia de pele, estrias, descalcificação...). Esses cremes são recomendados para as áreas sensíveis, embora tenham o inconveniente de ser muito mais caros do que as pomadas habituais.

Talvez esse texto tenha deixado os presidentes das empresas farmacêuticas felizes, embora, seguramente, poucos leitores passaram do primeiro parágrafo. É bom lembrar o lema do *The Wall Street Journal*: "Não escrever sobre temas de bancos para banqueiros, escrever para os clientes, que são muitos mais numerosos".

Os problemas se potencializam nos meios digitais, especialmente aqueles cujas plataformas promovem a constituição de redes que convidam ao debate. A distribuição em massa de uma informação se dá de modo simultâneo à comunicação entre indivíduos, que, por sua vez, podem distribuí-la de novo de forma massiva por meio de suas próprias redes sociais. Assim, é cada vez mais difícil para o emissor imaginar o seu receptor.

Informar é dar forma. O reflexo pretendido da realidade é sempre uma distorção, e mais ainda em relação aos conhecimentos especializados. Ao comentar como as ideias econômicas chegavam ao público, o norte-americano ganhador do prêmio Nobel Robert Solow ressaltou: "No momento em que uma doutrina como o monetarismo chega às ruas, inclusive a Wall Street, é uma doutrina muito mais rudimentar do que a teoria básica que alguém pode ensinar a seus alunos utilizando um livro de macroeconomia. É tão rudimentar que, para sermos justos, teríamos de dizer que ela se torna uma doutrina diferente".

No caso da comunicação técnica (primária), a língua se mostra inequívoca e exata para designar objetos, fatos e relações. Daí sua rigidez. Por isso o jornalista precisa usar toda a sua inteligência e habilidade e fazer todo o esforço necessário para afastar-se da chamada linguagem dos especialistas. Esse objetivo não foi alcançado pelo autor do seguinte texto sobre um tema tão humano como a dor, publicado na revista que acompanha o jornal *Folha de S. Paulo*: "Aqueles que são vítimas de dores crônicas normalmente exibem sintomas neurovegetativos, como falta de apetite e sono, irritabilidade, depressão e agressividade". E depois de algumas linhas o *Homo cientificus* ataca novamente: "Se uma dor aguda persiste por muito tempo, pode gerar modificações na neuroelasticidade das células nervosas, enviando sinais de dor sem receber estímulos para tal" (Arruda, 2002).

Acreditar que o uso de palavras difíceis acrescenta credibilidade ao texto é, no mínimo, ingênuo. Simplificar o complexo é a cortesia da inteligência.

Uma vez escolhido o tema a ser divulgado, deve-se ir além do básico "quem, o quê, quando, onde, por quê e como" que ensinam as faculdades de comunicação. É preciso começar a interferir nele, mostrando as entrelinhas, o menos evidente, o significativo. Modelar a informação, apagando o irrelevante e ampliando os aspectos que coincidam com o universo do receptor.

Podemos citar outro exemplo de dissonância entre texto e receptor encontrado na coluna de saúde da revista *Ícaro*, distribuída aos passageiros de uma companhia aérea. A matéria, sobre sequelas de acidente de moto, oferecia como única referência os motoqueiros. Em todo caso, já era evidente que o autor – um neurocirurgião – desconhecia quem era o leitor da publicação, a julgar pelo título da matéria: "Lesões de plexo braquial em acidentes de motocicleta" (Siqueira, 2004). Só para passageiros a caminho de um congresso médico.

O principal desafio é, no entanto, atrair e manter a atenção em temas mais complexos, que não estejam ao alcance da experiência humana. A agência EFE transmitiu a seguinte notícia: "Um grupo de cientistas identificou o mecanismo molecular que permite ao embrião humano agarrar-se ao útero". Antecipando-se ao leitor que perguntaria "E a mim, o que interessa isso?", explicou-se que "com isso poderiam diagnosticar certos tipos de infertilidade ou a iminência de um aborto". Também atribuía a um dos autores um exemplo bem gráfico: "É como uma bola de tênis que percorre uma superfície coberta de cola. O deslocamento do embrião pela parede uterina é impedido por essa ação adesiva". As palavras técnicas apareciam no quarto parágrafo e ocupavam poucas linhas. "A pesquisadora e seu grupo de estudo descobriram que antes de a implantação começar as células externas do embrião, ou blastócitos, geram uma proteína chamada L-selectina, ao mesmo tempo que o útero começa a receber carboidratos. A L-selectina se funde a esses carboidratos, de forma que a aderência vai freando progressivamente o avanço do embrião pela parede uterina. Quando o embrião é contido e adere firmemente à parede uterina, estabelece-se o fornecimento de sangue pela mãe através da placenta". E imediatamente acrescenta: "Os pesquisadores acreditam que esse mecanismo ajudará a solucionar os casos recorrentes de interrupção da gravidez causados pela má implantação do embrião, e, inclusive, que aumentará o sucesso das fertilizações 'in vitro', já que será possível selecionar os embriões que não apresentem problemas na produção da L-selectina".

Para escrever isso não basta entender o mecanismo da L-selectina: é necessário conhecer as perguntas que as pessoas fazem e se apropriar delas. Isso exclui as generalizações. Parece óbvio, mas essa regra do jornalismo não é respeitada, nem mesmo em temas menos complexos. Em uma matéria sobre doenças infecciosas, não é suficiente recomendar "medidas de higiene" se não indicá-las. Uma matéria sobre prevenção de doenças cardiovasculares deve especificar se "exercícios regulares" são realizados três vezes por semana, todos os dias ou nos fins de semana.

Outro princípio básico é aceitar que o leitor não tem obrigação de saber o que alguém acredita que todo mundo já tenha ouvido antes. Uma matéria publicada na página de ciência de um jornal informava sobre a morte da terceira vítima de leishmaniose visceral na região de Araçatuba (Morre a terceira..., 2003). Essa doença é mundialmente conhecida como a gripe? Duvido. A mesma matéria disse que Araçatuba é a única região do estado de São Paulo com casos da doença. Apesar disso, o texto não dava nenhuma informação básica: o que é e como evitar.

Para facilitar a compreensão às vezes é necessário recorrer a explicações ou definições; em outras, a transformações, com o emprego de metáforas e outros recursos literários que vinculem o discurso técnico à linguagem cotidiana. Para dar vida à mensagem, pode-se usar piadas, analogias, descrições, comparações, detalhes sensoriais. As pequenas histórias dentro da história são capazes de suavizar uma parte muito densa ou de criar interesse quando há o risco de que este diminua.

Algumas comparações já se tornaram clássicas, como aquela que descreve as células do sistema imunológico como carros de polícia que circulam pelo corpo buscando sinais de problemas. Ao explicar sua pesquisa, um cientista afirmou: "Uma célula cancerosa pode ser imaginada como um trem fora de controle. Pode haver mil maneiras de detê-lo: fazê-lo descarrilar, remover os parafusos das rodas, cortar o combustível. Nós vamos estudar uma dessas estratégias e temos esperança de que possamos deter o trem". Uma ideia que parece clara, sobretudo se comparada à pesquisa que ele tentava descrever: o estudo de como uma proteína chamada "BRE1" afetava outra proteína, chamada "RAD6", que por sua vez era capaz de modificar o DNA e, em consequência, transformar uma célula saudável em tumoral.

Existem jornalistas que gostam de personificações. Para explicar as propriedades de uma substância extraída de uma planta utilizada na medicina popular brasileira, Reinaldo José Lopez (2003) escreveu:

Molécula vegetal pode ajudar transplante

Estudando os efeitos das fisalinas no organismo, a equipe verificou que elas eram capazes de deixar os linfócitos e os macrófagos, principais células do sistema de defesa do organismo, de mãos atadas. Sob a ação dessas substâncias, essas células combativas ficavam impedidas de se ativar ou multiplicar.

O objetivo é, no final das contas, conseguir efeitos extraordinários com palavras comuns, que todo mundo entende. Estima-se que uma pessoa culta use 1,5 mil palavras, mas entenda 5 mil. Pessoas de nível cultural mais baixo conhecem 1,5 mil, apesar de usarem somente 500. Por que desperdiçá-las?

A maioria dos jornalistas especializados considerados corretos, porém, se limita a "traduzir" a informação e tenta não cometer erros. Não é suficiente. Se quiser ser lido, e com interesse, falta um último ponto: "Nossa escrita tem de soar, tem de cantar, tem de chorar, tem de rir, tem de suar, tem de dar calor e dar frio, tem de cheirar, tem de dançar, tem de correr, tem de saltar, tem de frear, tem de arrancar, tem de transmitir vida", enumera José Francisco Sánchez, professor da Faculdade de Comunicação da Universidad de Navarra, Espanha (Sánchez, 2002).

Ele não se cansa de dizer que a prosa deve conseguir transmitir vividamente imagens, movimento e sons, articulados em histórias. Escrever sobre fatos e acontecimentos reais não impede que o jornalista estimule a imaginação do leitor para que este possa evocar a realidade e absorvê-la com seus cinco sentidos. O jornalismo é feito por, para e com pessoas. Nas palavras de Sánchez: "Temos de ver as histórias que estão por trás das pessoas e as pessoas que estão por trás das histórias" (Sánchez, 1996).

Só assim os fatos e números terão vida, contexto e significado. "Um dia, quando tinha 34 anos, saí de casa para trabalhar e quando acordei estava na UTI", declarou nas páginas da revista *Noticias* o argentino Horacio Romero, mostrando melhor do que qualquer estatística que o seu mal – que motivou um transplante de coração, foco da matéria – poderia acontecer a qualquer um, em qualquer momento, com qualquer idade (Tabakman e Diaz, 1996). "A cocaína é a única droga que desampara a alma, porque arranca a linguagem aos pedaços", confessou o paciente em recuperação Daniel Ballester, com uma força que nenhum especialista conseguiria expressar (Ballester, 1997). "Comi brigadeiro apenas uma vez na vida, quando tinha 10 anos. Por causa disso, passei um dia inteiro na cama sem conseguir me mexer", sintetizou o diabético Alexei Angelo Caio na *Veja* (Pastore e Neiva, 2003).

Um relato puramente factual omite muito: os desejos e as privações, os ideais e os interesses. Esconde as paixões, ou seja, deixa de mostrar a realidade.

Não existe uma única maneira de contar histórias médicas. Felizmente. O texto pode conter somente informação, ou informação e opinião; pode apresentar o essencial a princípio e logo se desenvolver, ou basear-se em uma estrutura cronológica, intercalando os dados em uma trama. Cada meio tem suas regras ou, pelo menos, tendências não muito fáceis de mover, mas é preciso trabalhar em uma ou outra fórmula para o que Sánchez chama de "a deusa do jornalismo escrito": a clareza. "Todos sabemos muito bem que o leitor não está disposto a estudar nossos textos: só quer lê-los. E além do mais nos dedica pouco tempo e lê, com frequência, no metrô, em um bar, no tempo livre entre uma atividade e outra, com a televisão ligada ou ouvindo rádio. Isso significa que não só temos de lutar para captar sua atenção como também para mantê-la" (Sánchez, 2002).

Um pecado mortal é divulgar o que não interessa a ninguém. Publicar mais de 10% do que se sabe é falta de critério para decidir o que é importante. O excesso de citações é outro defeito frequente. Mas não é necessário haver um excesso de transcrição exata de frases alheias para caracterizar o mau jornalista. Às vezes, este procura colocar entre aspas o que ele mesmo pensa, usando essa suposta fala de autoridade como escudo, livrando-se de suspeitas.

Existem ocasiões nas quais os temas científicos podem tornar-se mais digeríveis com um tratamento humorístico, ainda que seja evidente que a medicina é uma área tão difícil quanto delicada. Os ingleses, que conhecem bem o humor elaborado, têm um guia de saúde escrito como um manual de automóveis, no qual os homens são incitados a ir ao "mecânico" para uma revisão. O capítulo "Manutenção de rotina" fala de prevenção; o de "Combustíveis e escapamento" é sobre problemas digestivos. O médico brasileiro Mauricio Wajngarten, diretor de cardiogenética do Instituto do Coração de São Paulo, retomou a ideia no livro *Coração, manual do proprietário*. Ali, sugere "como testar sua máquina", "como identificar sinais de desgaste no equipamento" e dá a fórmula para o "melhor aproveitamento do coração" (Wajngarten, 2002). Também se pode apelar ao humor usando a linguagem visual. A foto clássica de deputados ou senadores adormecidos nas sessões parlamentares é uma das maneiras possíveis de ilustrar um artigo sobre os distúrbios do sono.

Já foram publicadas muitas receitas sobre como escrever bem, embora o verdadeiro talento não precise de nenhuma delas. O ambicioso *As melhores dicas de escrita que o mundo já viu* (em tradução livre), compilado pelo Center for Community Journalism, dá conselhos que vão de ler somente a primeira frase para verificar se sente vontade de continuar a ler o texto em voz alta para verificar se não há frases muito grandes ou difíceis. Outra estratégia é grifar todas as vírgulas com marca-texto para, visualizando o texto a distância, identificar as orações com excesso de preposições. Um bom texto, sugerem alguns autores, é o que tem equilíbrio entre frases curtas e longas. Outros recomendam alternar informações novas com as mais conhecidas, para que o leitor possa mover-se sem problemas (Mitchell, 2011).

O uso de números merece atenção à parte (veja também o Capítulo 7). Em primeiro lugar, parece evidente que se são oferecidos números eles precisam ter embasamento. O que não ocorreu no informe especial divulgado pelo *Clarín* digital, intitulado: "Viver 150 anos. A expectativa de vida pode duplicar no século XXI".

Depois desse título concreto, a única evidência que o autor oferecia era a de um rato anão, geneticamente modificado com a finalidade de não reagir ao hormônio do crescimento, que havia alcançado uma longevidade equivalente a 200 anos da escala humana (Vivir 150..., 2004). Essa situação, em que se colocam números nos títulos e ninguém sabe muito bem por que, é bastante comum. Parece uma exigência formal a cumprir, uma moda, independentemente do que diga o corpo da matéria (na qual o conceito numérico pode aparecer por aproximação).

Além de ter base, outro requisito que se poderia exigir das afirmações numéricas é que façam sentido. Durante a crise econômica que a Argentina enfrentou em 2003, muitas matérias afirmavam que, com os problemas monetários, os ataques cardíacos ou as crises de pânico tinham aumentado. Mas esses números só refletiam estatísticas coletadas em hospitais públicos que, na realidade, registravam mais doentes de todas as patologias porque muita gente, ao perder o emprego, perdeu também o acesso aos centros privados de saúde. Se esse tipo de matéria tivesse levado em conta os hospitais mais caros, que perderam centenas de pacientes da noite para o dia, talvez a conclusão fosse: "Com a crise, as pessoas estão 30% mais saudáveis".

Às vezes, é a própria fonte que fomenta aquela definição de estatística como a "arte de mentir com números". Mas, na maioria dos casos, o único culpado é o jornalista.

Isolados, os números podem ser um sintoma de preguiça interpretativa. Durante a Conferência Mundial sobre a Aids de Bangcoc, o jornal *Clarín* da Argentina elaborou uma matéria com informações provenientes de três agências de notícias, mas não conseguiu uni-las adequadamente. Enquanto uma parte do texto dizia que "28 milhões de trabalhadores foram mortos pelo vírus em 2005", parágrafos abaixo asseguravam que "a aids infectou, desde o começo da epidemia, em 1981, 36,5 milhões de pessoas entre 15 e 49 anos, que poderiam estar contribuindo com a economia do seu país. Desse total, cerca de 2 milhões de pessoas deverão abandonar o emprego em 2005 devido à doença" (Devastadores, 2004).

Na saúde, as estatísticas são, sem dúvida, muito úteis. Porém, como fazer para que a mensagem chegue corretamente? Depende do objetivo. Os guias sobre comunicação de ciência e saúde, preparados pelo Social Issues Research Centre (Centro de Investigação de Temas Sociais) da Grã-Bretanha, recomendam que, ao se mencionar um risco – por exemplo, o de contrair uma doença –, o dado seja comparado a um risco conhecido ou mais fácil de imaginar pelo grande público, como a probabilidade de ser atingido por um raio ou de ser atropelado ao atravessar determinada avenida. O objetivo é dar um parâmetro que tenha significado (Social..., 2001).

A jornalista Marisa Sanematsu, consultora de comunicação sobre temas de saúde da mulher, ressalta outros pontos: "Para informar a situação real da morte materna em um país, divulgando números atualizados e provenientes de fontes confiáveis, é importante apresentá-los comparados às taxas de outros países. Também é preciso enfatizar o problema da subnotificação, porque há regiões com taxas baixas, mas a imprensa deve ter o cuidado de explicar que não se trata de uma boa qualidade de assistência, e sim de falta de dados" (Sanematsu, 2004).

Os números podem dizer muito ou não dizer nada. "Em determinado momento, as estatísticas ajudam a não pensar, a não chegar à essência", reflete a jornalista Dorrit Harazim. Ela conta a história de um presidiário que havia passado mais da metade da vida encarcerado no antigo presídio do Carandiru, em São Paulo, e conhecia o exterior quase exclusivamente pela televisão. Quando a jornalista lhe perguntou o que imaginava que encontraria ao sair da prisão, ele respondeu: "Nestes anos o mundo melhorou uns 74%" (Harazim, 2002).

Comunicar incertezas

A comunicação dos resultados de uma investigação científica é ainda mais complexa. Expressar uma possibilidade como tal, mas sem perder a força da mensagem, é muito difícil. As suposições incertas não atraem a atenção do leitor.

É interessante analisar como dois jornalistas de grande prestígio internacional escreveram sobre avanços muito similares em um meio que se caracteriza pela seriedade e pela cautela, o *The New York Times*.

Test on mice block a defense by cancer
[Testes em ratos bloqueiam as defesas do câncer]
Nicholas Wade

"Muitas drogas funcionam bem em um primeiro momento contra o câncer, mas, de forma muito rápida, as células tumorais desenvolvem resistência. Uma ideia para resolver esse problema foi provada, pelo menos em ratos de laboratório, e poderia ser adequada para o tratamento do câncer em seres humanos." (Wade, 1997)

Hope in the lab: a special report – A cautious awe greets drugs that eradicate tumors in mice
(Esperança no laboratório: reportagem especial – Boas-vindas cautelosas para as drogas que erradicaram tumores em ratos)
Gina Kolata

"Dentro de um ano, se tudo correr bem, os primeiros pacientes com câncer receberão injeções de duas novas drogas que podem erradicar qualquer tipo de câncer sem efeitos colaterais evidentes, ao menos em ratos." (Kolata, 1998)

(continua) ▶

A SAÚDE NA MÍDIA

(continuação)

Em nenhum dos dois casos pode-se dizer que os jornalistas mentiram. Mas a primeira matéria foi publicada na página 28, e a segunda na capa. No dia seguinte à publicação do primeiro artigo, as ações da empresa envolvida subiram 28%; depois do segundo, se multiplicaram por cinco.

Sem dúvida, o mais honesto seria escrever: "Em uma descoberta que talvez nunca tenha aplicações em humanos, investigadores anunciaram..." Mas isso jamais seria publicado.

Colunas e blogues de perguntas e respostas

Sempre foram uma seção clássica de revistas femininas, suplementos juvenis e programas de rádio. A modernidade, por sua vez, não as fez desaparecer. Simples na aparência, as colunas ou blogues de perguntas e respostas, que fazem referência a problemas específicos de saúde, apresentam peculiaridades de forma e conteúdo.

Esse formato oferece ao autor a facilidade de partir de certo tema, sem a necessidade de buscar o gancho jornalístico. Mas os médicos que intervêm na resposta têm grande tendência a diagnosticar e, inclusive, a receitar. Isso é o que se deve evitar.

A maioria não encontra um equilíbrio entre linguagem técnica e informal e não distingue "o popular do vulgar", apontam os autores do livro brasileiro *A mídia como consultório*. Os autores observam outro problema: a linguagem dos adolescentes invade os adultos que respondem a suas perguntas (Agência..., 2003).

Ao ser divulgada por um veículo de massa, a resposta chega a muitas pessoas em situação similar, mas não idêntica. Além disso, mais do que nunca, é necessário levar em conta o conteúdo emocional da questão, já que por vezes o objetivo dos interessados não é absorver um novo conhecimento, e sim acalmar angústias.

Títulos e outros destaques

"Xuxa vai morrer." Com essa frase, que anuncia o final da popular animadora, adorada pelas crianças, os jornalistas brasileiros exemplificam como fazer um título verdadeiro (por acaso a loira é imortal?) que venda muitos exemplares.

Brincadeiras à parte, o título é um aspecto recorrente nas queixas, tanto de leitores como de fontes.

Os títulos servem para atrair a atenção do leitor e seduzi-lo para continuar lendo o conteúdo. Por isso, a crítica mais frequente aos títulos é que prometem mais do que o texto oferece.

"Um exame permite diagnosticar o mal de Alzheimer"

É realizado com uma amostra de sangue

(*La Nación*)

Linhas abaixo lê-se: "Segundo um trabalho apresentado no último congresso [...] contar com um teste de laboratório seria uma ferramenta significativa no processo de detecção de doenças neurológicas". Ou seja, não vá pedir ao seu médico, pelo menos nos próximos cinco anos.

Um exemplo parecido deu o jornal carioca *O Globo*:

"Microbactéria **pode** substituir o preservativo e prevenir a aids"

Mas o primeiro parágrafo diz:

"A substância **poderia** ser usada no primeiro microbicida vaginal – em forma de gel ou creme – contra o HIV."

Algumas linhas abaixo, o leitor ficava sabendo que os testes haviam sido feitos com 13 macacas, tendo três delas contraído o SIV (vírus similar ao HIV que infeta os macacos), inclusive depois do tratamento. Deixava claro: "O próximo passo será experimentar a substância em um número maior de macacas. Só depois poderá ser testada em seres humanos".

A agência Reuters deu a mesma notícia sob o título:

"Preservativo invisível poderia bloquear a aids"

O uso do condicional é adequado e a metáfora do preservativo invisível é efetiva (mas, potencialmente enganosa, já que o sistema não pretende impedir a gravidez). Mais abaixo, o que era mera possibilidade no título se transforma em certeza na linha fina.

"Alternativa à proteção tradicional **oferece** opção para as mulheres."

E a realidade aparece no texto.

Um gel contendo anticorpos contra o vírus da aids protegeu macacas da infecção, em um experimento que sugere que um produto assim poderia funcionar em humanos como uma alternativa aos preservativos.

A revista brasileira *Istoé* noticiou assim:

"Entrada proibida"

*A descoberta de uma substância **com o poder de impedir** a transmissão do HIV na relação sexual aumenta a esperança de maior proteção às mulheres.*

A matéria assinada por Lia Bock e Mônica Tarantino (2002) cita um dos autores do trabalho, John Moore, da Cornell University (EUA), dizendo: "Houve uma única exposição ao vírus, mas existe a possibilidade de que esta proteção seja permanente".

O manual de redação do jornal espanhol *El País* destaca que os títulos devem ser inequívocos, específicos, acessíveis para todo tipo de leitor e alheios a qualquer tipo de sensacionalismo, fáceis, sem que a clareza simplifique sua brevidade. Não devem exceder 13 palavras, nas quais tem de estar contida a essência da notícia (Grijelmo, 2002). Regras importantes que não parecem ter sido muito difundidas.

Os títulos, assim como a linha fina, o olho e outros destaques, constituem o primeiro nível de leitura para que o leitor se informe sem a necessidade de continuar a leitura e, além disso, seja atraído para o texto. Qual é a sedução do seguinte título publicado em uma página inteira?

"Grupo revela a essência das células-tronco"

Ou a "notícia" deste (*La Vanguardia*)?

"O cardiologista Valentin Fuster aposta na prevenção para evitar doenças cardiovasculares." (El cardiólogo..., 2006)

Valentin Fuster é um médico catalão que dirige o Cardiovascular Research Institute do hospital Mount Sinai de Nova York. Qualquer coisa que Fuster diga tem espaço jornalístico em Barcelona, mas é um exagero recorrer a ele para dizer que é preciso "prevenir" para "evitar".

Vejamos, por exemplo, uma matéria intitulada:

"Novo estudo relaciona estrógeno ao câncer de ovário"
EUA divulgam mais um alerta em relação à terapia de reposição hormonal

No espaço do olho colocaram:
Pesquisa envolveu 44.000 mulheres.

A linha fina parece anunciar um alerta sanitário oficial, quando na verdade se trata de uma pesquisa científica. Mas o mais criticável é o texto do olho. Não teria sido melhor aproveitar esse espaço para informar algo mais útil e concreto? Como mulher, teria gostado de saber qual é o risco real, depois de quantos anos de tratamento, quão perigoso ou rápido é esse tipo de câncer. O editor também poderia ter informado algo sobre a terapia mais comum, que é a combinada (estrógeno com progesterona).

Em defesa dos que trabalham nas redações, tenho a dizer que os leitores e as fontes desconhecem a dificuldade de enquadrar um título com todas essas condições na atual ditadura do *design* gráfico. Como fazer para pensar em tudo quando a página já está desenhada, o tipo de letra decidido e pedem ao editor que escolha um título de "três linhas de oito caracteres" ou "duas linhas de 25" em menos de um minuto? Mas o que da porta para dentro é uma decisão tomada em um piscar de olhos e negociada em função de uma dificuldade técnica da porta para fora é visto como falta de rigor ou manipulação da informação.

As matérias e, sobretudo, os títulos nunca agradam a todos. Quando escrevi uma notícia sobre a variedade do vírus herpes que provocaria um tumor chamado sarcoma de Kaposi, decidi intitular, mesmo sabendo que geraria polêmica, dessa forma: *El vírus del cáncer gay* (Tabakman, 1998). Por quê? Tinham me explicado que o vírus infecta 10% da população, mas produz tumores unicamente em homens que têm relações sexuais com homens. E mais, o paciente zero da epidemia atual foi um homossexual canadense que trabalhava como comissário de bordo e mantinha uma vida sexual promíscua. Qual a repercussão desse título? Da parte dos leitores, não pude saber. Não tivemos cartas à redação. Um colega de redação me disse que entre os seus amigos *gays* foi retomada a discussão eterna dos que pensavam que ser *gay* é ser biologicamente diferente, contra os que atribuíam a orientação sexual a uma origem cultural. Enrique Mesri, diretor do laboratório da Cornell University, a quem eu tinha entrevistado para a matéria, enviou um e-mail me parabenizando pelo texto e acrescentando no final: "O título foi exato e impactante, mas politicamente incorreto". Como escreveu Freud ao seu biógrafo Stefan Zweig: "Ninguém gosta do seu próprio retrato, ninguém se reconhece nele" (Dines, 2004).

Textos curtos

Existe um provérbio que diz que as matérias deveriam ser como uma saia de mulher: suficientemente longas para cobrir o essencial e suficientemente curtas para prender a atenção. Antecipado pela televisão e pelo rádio, o *design* gráfico atual também segue essa tendência que impera no meio digital. Na revista *Noticias*, da Argentina, constatamos que a página mais lida da seção de medicina era aquela em que cada nota não excedia oito a dez linhas. Os formatos breves se mostram eficazes para atrair o leitor apressado, que não dispõe de tempo para uma leitura tranquila, e para fomentar a leitura naqueles que carecem de tal hábito. Escrevê-los é mais difícil do que redigir textos longos, e nem sempre se pode concordar com as dificuldades. Não é certo escrever "aids" (4 caracteres) no lugar de "infecção por HIV" (17 caracteres) porque não são a mesma coisa. Não se pode deixar de checar os dados ou de investigar profundamente um tema porque vai ocupar pouco espaço. A chave para escrever boas histórias curtas não reside na compreensão, e sim na seleção.

Dez regras para escrever bem, de modo claro e atraente

1. *Informação*. Dosar até chegar ao equilíbrio entre saberes novos e conhecidos.

2. *Clareza*. Quando estiver em dúvida, explicar até o que parece óbvio.

3. *Palavras*. Entre dois termos, escolher o mais simples. Usar a linguagem das ruas, mas de uma rua de gente instruída.

4. *Frases*. Breves, simples, diretas, com poucas subordinações e somente uma ideia. Tudo que se puder dizer em uma linha não deve ser dito em duas. Citações: poucas, breves e relevantes.

5. *Detalhes*. A overdose de informação gera confusão. Um número exato demais pode significar menos do que um menos preciso, porém mais ilustrativo.

6. *Narração*. Parágrafos que não passem de oito ou nove linhas. Ressaltar os pontos de impacto sobre a vida do leitor, de sua família ou comunidade.

7. *Precisão*. Os erros, ainda que pequenos, corroem a confiança. Se a única informação que o leitor conhece está errada, ele pensará que tudo está errado. Jamais dê por verdadeiro algo que não seja considerado como tal.

8. *Fontes*. Citá-las sempre que possível, evitando as anônimas se não tiver um bom motivo para sua presença.

9. *Ética*. Pensar no segundo significado das palavras, respeitar as fontes e os leitores. Usar o humor sem ofender.

10. *Releitura*. Ao final do trabalho, releia-o com os olhos do leitor.

Texto na rede

Já existe muita bibliografia específica sobre esse tema; para resumir, o conteúdo deve ser lido rapidamente em uma tela e ser:

1. *Persuasivo*. O texto para meios digitais é descendente direto da linguagem publicitária.

2. *Direto*. Os textos são mais curtos do que no papel e é preciso chegar ao ponto essencial sem rodeios.

3. *Fácil de navegar*. Com ferramentas para sair e voltar sem perder o que já foi lido.

Palavras e metáforas perigosas

Em junho de 2001, o médico e ministro da Saúde da Argentina, Héctor Lombardo, anunciou publicamente, em uma entrevista radiofônica com o também médico e jornalista Claudio Zin, que o presidente Fernando de la Rúa, de 63 anos, tinha arteriosclerose. Seis meses depois, a ineficiência e consequente impopularidade de seu governo obrigaram De la Rúa a fugir em um helicóptero.

A entrevista de Zin tinha sido jornalística, mas a formação comum entre entrevistador e entrevistado a transformou, de alguma maneira, em uma conversa entre colegas. Para os médicos, arteriosclerose tem um único significado: enrijecimento das artérias. Mas, popularmente, essa palavra é sinônimo de senilidade, falta de lucidez e, portanto, incapacidade para governar o país. Nos dias seguintes, as explicações técnicas não serviram de nada para deter a agitação social e os mercados. Arteriosclerose, a palavra maldita.

Cientistas e jornalistas estão divididos por uma linguagem comum. Palavras tão simples como "arteriosclerose", "teoria" ou "erro" são usadas de maneira distinta nos dois mundos. Nas ruas, teoria é sinônimo de ideia, especulação; na ciência, para esse significado se usa a palavra "hipótese", e uma teoria deve ser capaz de fazer previsões que sejam observáveis ou comprováveis. Os médicos usam a palavra "epidemia" para um número de casos maior do que o esperado, mas, para o público, é uma doença avançando em passos gigantescos. "Evidência" é outra palavra de significados múltiplos: para alguns, é um conceito estatístico; para outros, uma prova irrefutável. O conhecimento científico é representado por linguagem específica e técnica, mas isso não o exime de representar, para o grande público, uma metáfora. Ou várias, quando esse grande público é variado em seus interesses e conhecimentos.

A metáfora é, por sua vez, um veículo formidável para popularizar conceitos científicos complexos, porque evoca significados comuns. Mas o impulso criativo deve ser atenuado por uma dose de reflexão, porque as metáforas influem na maneira como uma informação é percebida.

"É quase impossível viver no reino dos doentes sem se deixar influenciar pelas metáforas sinistras com que pintam sua paisagem. Esclarecer essas metáforas e nos libertarmos delas são os objetivos a que dedico este livro", escreveu a ensaísta Susan Sontag (1996) em *Doença como metáfora*. Sontag, que tivera câncer, afirmou: "Enquanto tratarmos a doença como uma ave de rapina, perversa e invencível, e não como uma mera enfermidade, a maioria dos pacientes de câncer ficará desesperada ao saber do que padece. A solução não está em não lhes dizer a verdade, e sim em corrigir a ideia que se tem dela, desmistificando-a".

Um jornalista que ler Sontag provavelmente jamais repetirá a frase (nada original, certamente), da *guerra contra o câncer*. A escritora deu ênfase às metáforas bélicas que costumam dominar as matérias jornalísticas, nas quais as células cancerosas não se multiplicam e sim "invadem" ou "colonizam", o corpo reage com "defesas" às vezes debilitadas e a radioterapia "bombardeia" o paciente para "matar" as células inimigas. "Na 'guerra contra o câncer', a única coisa que falta é a contagem de mortos", disse Sontag, que acredita que quando o dialeto militar acabar o câncer se livrará de parte dos seus mitos.

Seguindo sua linha de pensamento, o salto entre demonizar a doença e, consequentemente, o paciente é pequeno. As metáforas militares contribuem para estigmatizar certas enfermidades e, portanto, os próprios doentes. "Eu mesma tive câncer, e o que mais me enfurecia era ver até que ponto a própria reputação da doença aumentava o sofrimento daqueles que padeciam dela", disse Sontag (1996). "Infelizmente tinha comprovado algumas vezes que os truques metafóricos que deformam a experiência de padecer de câncer têm consequências muito concretas: inibem as pessoas, impedindo-as de procurar ajuda a tempo ou de fazer os esforços necessários para conseguir tratamento competente. Fiquei convencida de que metáforas e mitos matam."

O apelido "peste rosa" dado à aids em muitos países na década de 1980 teve grande influência na disseminação do vírus entre heterossexuais. Esse nome surgiu pelo fato de os primeiros casos da doença descritos nos Estados Unidos envolverem homossexuais masculinos. Consequentemente, as pessoas que só tinham relações íntimas com o sexo oposto acreditaram que não precisavam se prevenir. O vírus invade o corpo, mas o mito invade a sociedade inteira.

A metáfora mais usada no jornalismo de saúde é, sem dúvida, "pílula mágica". Isso exemplifica, como aponta a socióloga Dorothy Nelkin (1990), um dos paradoxos do jornalismo científico. Nos textos, frequentemente se entrelaçam o real com o intuído, o racional com o emocional, a desilusão com o entusiasmo... "A racionalidade científica é considerada a base da nossa sociedade de conhecimento, mas, ao mesmo tempo, são investidos poderes mágicos à ciência, rodeando-a de mistério."

O destino e a influência de uma metáfora são impossíveis de prever. Quando nasceu Louise Brown, a imprensa do mundo inteiro a batizou de o primeiro *bebê de proveta*. A frase, fria a ponto de arrepiar os cabelos, foi repetida à exaustão. Hoje, nenhuma mãe que teve filhos por fertilização assistida os chama assim. Não é raro, em contrapartida, que quando os "bebês de proveta" são meninas elas sejam batizadas de Milagros em países de língua espanhola.

Por trás das metáforas que a imprensa usa (e das quais abusa), é interessante observar as preocupações da sociedade em dado momento de sua história, e como a ênfase é colocada em aspectos que, com o tempo, deixam de interessar. Naquele distante 1978 em que Louise Brown chegou ao mundo, a revista *Time* não deixou de se referir ao hospital como a "granja de Orwell" (Medicine..., 1978). O *The New York Times* também falava no "bebê feliz", em alusão ao livro *Admirável mundo* novo, de Huxley (McCormick, 1978). Mas a ficção sufocou a realidade, provocando uma nuvem de fumaça. Como destaca Nelkin, poucas vezes foram enfatizados problemas que se tornaram reais futuramente, como a indústria dos nascimentos, a baixa taxa de sucessos da técnica, o alto custo dos procedimentos e as consequências dos fracassos contínuos (Nelkin, 1990).

O que acontece com as imagens, os mecanismos descritivos e as frases-gancho que a imprensa usa diariamente? A seleção das metáforas e, inclusive, dos adjetivos pode banalizar um fato ou torná-lo importante, dar um caráter de rotina a um assunto ou glorificá-lo.

Quem comunica, seja jornalista ou entrevistado, deveria estar consciente, em todos os momentos, de que transmite valores. Por acaso é a mesma coisa falar sobre sequelas ou possíveis complicações de uma cirurgia e afirmar que é o preço que se paga por ela? A resposta claramente é "não", porque a metáfora econômica coloca todo o peso sobre a vítima. Palavras como "tragédia" ou "apocalipse" tampouco são inocentes.

Os médicos decidiram abandonar o nome "lepra" e passar a chamar a doença de "hanseníase" pura e exclusivamente para libertá-la de sua conotação negativa. Os especialistas em marketing recomendaram ao laboratório que criou o Viagra deixar de falar em disfunção erétil e começar a referir-se a desempenho sexual, porque nenhum cliente seria feliz ao ver a si mesmo como impotente.

A própria saúde pode ser definida de várias formas: como ausência de doenças, capacidade de realizar as tarefas do dia a dia ou estado de bem-estar físico, mental e espiritual. A ideia de doença também foi mudando com o tempo, apesar de não estar, necessariamente, melhorando. Passou de um castigo para o pecador para um resultado da vontade. Muitas matérias jornalísticas têm afirmado, de maneira superficial, que as pessoas ficam doentes porque, em seu subconsciente, é isso que desejam. Opiniões como essa atribuem ao próprio doente a dupla responsabilidade de adoecer e se curar.

A pretensão de divulgar fatos sem juízo de valor é utópica. Por isso, todo ato de comunicar pressupõe um profundo compromisso.

Foi notícia: a pílula mais mágica

"O substantivo Viagra passou a ser instantaneamente reconhecido pela maioria dos homens e mulheres, migrando de categoria gramatical e tornando-se adjetivo, verbo e advérbio com conotações diversas, dependendo das circunstâncias", aponta Conceição Aparecida Sanches. Sua opinião não é algo solto no ar. Para fazer essa afirmação em sua tese de mestrado, a pesquisadora brasileira analisou a tradução do discurso da comuni-

(continua) ▶

(continuação)

cação primária, técnica, para a secundária, ou de divulgação, no primeiro ano de lançamento do remédio. Ainda que a análise tenha se baseado apenas em algumas revistas e jornais do Brasil (as semanais *Veja* e *Istoé* e o diário *Folha de S.Paulo*), é provável que suas conclusões sejam estendidas a muitos outros veículos do mundo.

A comunicação secundária enquadra a informação em uma ótica na qual o cidadão comum está habituado a fazer suas representações do mundo. O objetivo é tornar a informação mais atraente e compreensível ao público leigo. Ali, nos meios de comunicação de massa, o Viagra é: pílula do sexo, corrida ao prazer, o que faz subir as coisas, pílula da felicidade, fim do jejum, indústria do orgasmo, autoajuda sexual, satisfação garantida, a maçã de hoje, a pílula milagrosa, diamante azul, cálice sagrado da medicina, se engole como pipoca, o melhor amigo do homem, redenção, solução mágica, derruba medos, pílula da potência, solução azul, entre outras representações.

Ainda que a cobertura sobre o Viagra se apresentasse com caráter informativo, no discurso jornalístico apareceram figuras de retórica que representavam ideias diferentes. Como se vê, das referências analisadas, são poucas aquelas que fazem menção exclusiva ao sexo. Em muitos casos a pílula é mostrada como alimento para enfrentar a fome; em outros, apresentam-na como auxílio para o desamparo, luta contra a fraqueza, meio de alcançar a riqueza, sem contar os exemplos que a "vendem" como produto para lutar contra o tempo, ou a velhice. "Procurando encontrar o significado dessas categorias dentro do ideal vigente, chegamos à conclusão de que Sexo, Superioridade, Alimento, Ajuda, Luta, Juventude e Riqueza são atributos de pessoas de sucesso, prósperas. Por consequência, a falta de prazer se relaciona com a pobreza", deduz a pesquisadora.

Sanches vai mais além – quer entender por que isso é assim. E ensaia uma explicação: como, historicamente, o ato sexual está unido à ideia de monogamia imposta pelo casamento, pelo desejo de procriação e pela necessidade de acumular bens para manter a família, consequentemente, na visão de Sanches, ao homem que não dispõe das condições para a realização do ato cabe, tradicionalmente, o apelido de fraco, impossibilitado de constituir família, pobre e digno de pena. "Na sociedade capitalista, patriarcal e machista não existe lugar para os portadores de disfunção erétil, mas é necessário oferecer a essa camada significativa da população a expectativa de superação dessa situação. O Viagra, no ideário vigente, surge como solução para os sentimentos de impotência, inferioridade, fome, desamparo, debilidade, velhice e pobreza, que não se articulam, necessariamente, com o quadro patológico da disfunção erétil", ressalta a autora.

E marca mais um ponto. Se é a ciência que restitui ao homem a possibilidade de sexo e prazer, essa possibilidade chega – ressalta Sanches – como se fosse mágica. Uma magia sem rezas, que pode ser comprada e tem garantia da fé que inspira a ciência e a bênção do mercado (Sanches, 2001).

Quem está do outro lado? A importância de entender o público

Os jornalistas, em geral, não conhecem seu público. Partem de uma ideia confusa e bem simples que é a de pensar que são iguais a ele, e desconfiam de todo debate que se oponha às suas crenças.

"Um dos mitos é acreditar que nosso leitor adora ler", reflete o brasileiro Laurentino Gomes, diretor editorial adjunto do grupo Abril. "Ler é, todavia, uma obrigação para a maioria das pessoas. Neste início de novo milênio, a concorrência entre os meios não é pelo bolso dos leitores, e sim pelo seu tempo. O tempo é a mercadoria mais valiosa" (Gomes, 2002).

Os jornalistas são diferentes da maioria dos leitores de jornais, de espectadores de televisão ou ouvintes de rádio. Por exemplo, os jornalistas costumam ser mais jovens, ter melhor formação e maior vocabulário, ler mais e ter interesses mais variados do que seu público.

Nos Estados Unidos, Carol Rogers pesquisou a maneira como o público interpretava a cobertura midiática sobre a aids durante uma conferência internacional acerca do tema. Os participantes do estudo viram um noticiário de televisão, ouviram um boletim de notícias pelo rádio ou leram uma matéria do jornal *The Washington Post*. Naquele momento, 1996, a comunidade científica e o público em geral já compreendiam bem as causas da aids e as formas de transmissão do vírus HIV. Já havia tratamento, e as dúvidas médicas estavam relacionadas ao momento em que convinha começar a usar as novas terapias de combinação de medicamentos, aos possíveis efeitos em longo prazo, a quem iria pagar por eles e às possibilidades de se desenvolver uma vacina. As matérias falavam do sucesso dos coquetéis de medicamentos em pacientes com aids, dos efeitos colaterais, dos custos do tratamento e da prevalência da infecção por HIV em homens jovens homossexuais.

Segundo relataram os participantes dos grupos de estudo, as matérias careciam de informações básicas que eles consideravam necessárias para entender seu conteúdo. Em outras palavras, sentiam que as matérias supunham um nível de conhecimento por parte do público que eles não tinham. "Era necessário fazer muitas suposições: que é mais barato não usar os novos medicamentos, que pode ser que não se desenvolva resistência a alguma das outras opções, me restaram dúvidas se o que eles diziam sobre os novos medicamentos não acontecia com alguns dos outros tratamentos menos eficazes. Gostaria que tivessem me dado uma orientação melhor."

Outro participante mencionou: "Tinha curiosidade sobre os efeitos colaterais. Diziam claramente que eles existiam, mas não informavam quais eram. De fato, me surpreendeu a forma breve com que trataram o tema, colocaram uma pessoa para falar uns dois segundos. Creio que outras pessoas mencionaram que isso trazia uma imagem bem ruim, e teria gostado de ouvir mais sobre o tema".

Os participantes não entendiam muitas coisas e tinham várias dúvidas. Queriam, por exemplo, mais informações sobre o custo dos tratamentos. Por que não os administram primeiro, se parecem tão eficazes? Será que se trata de um assunto econômico? O público sentia falta de uma explicação abrangente que lhe permitisse encontrar um sentido. "Me sentia como se só tivessem me dado parte da informação. Não estava seguro das implicações que havia" (Rogers, 1999).

Os jornalistas médicos, sem dúvida, devem fazer um esforço maior para se colocar na cabeça do público para quem trabalham. As maiores empresas jornalísticas fazem pesquisas frequentemente, mas as perguntas são bastante gerais e pouco ambiciosas. Perguntas e comentários sobre as notícias em blogues e e-mails podem gerar informações preciosas. Nesse caso, por sua natureza, a opinião de algumas dezenas de leitores, chamados "heavy users", não deve ser tomada ao pé da letra. Tampouco desprezada.

Como escrever para convencer os jornalistas

Há quem acenda velas, faça promessas ou ameace com represálias. Há quem mande presentes, inunde a caixa de correio ou ligue centenas de vezes. Essa variedade de estratégias para atrair a atenção dos jornalistas se deve a uma única razão: é impossível prever a capacidade de um *release* de se converter em matéria jornalística.

Existem, porém, técnicas racionais e sérias para que as fontes aumentem suas chances de alcançar o objetivo de difundir sua mensagem. Variam de um tema a outro, de um meio a outro e até de um jornalista a outro. As regras gerais, no entanto, são amplamente dominadas pelas empresas especializadas que oferecem esses serviços. Por isso, oferecemos aqui apenas uma ajuda.

Um *release* escrito para jornalistas deve ser:

1. **Claro:** uma leitura rápida deve permitir identificar a notícia e por que ela é importante, deixando para os anexos detalhes técnicos ou metodológicos.
2. **Completo:** é adequado incluir descrição da notícia, antecedentes e contexto. Quando for possível, contribuir com material adicional de qualidade e comentários de terceiros. Textos claros, relevantes e eloquentes.
3. **Organizado:** a facilidade de leitura é a chave. Se alguém for mencionado, devem estar indicados seu cargo, local de trabalho, currículo resumido ou um *link* para informações importantes, e-mail e telefone. Pesquisas científicas devem trazer a referência bibliográfica.

4. **Equilibrado:** a via do exagero é o caminho mais rápido para perder a credibilidade.
5. **Preciso:** o verdadeiro perigo de um *press kit* é que um erro pode ser amplificado para todos os veículos. Revisá-lo exaustivamente.

Foi notícia: mulheres, já para a cozinha!*

No dia 23 de agosto** publicamos um estudo na revista *The Lancet* no qual informávamos que os homens e as mulheres mais dóceis ou submissos (no original, em inglês, *submissiveness*) eram menos propensos a sofrer um infarto de miocárdio. Quando se controlavam fatores demográficos e médicos, a associação entre personalidade e doença cardíaca permanecia significativa, acima de 5% para mulheres, mas não para os homens.

Antes da publicação, discutimos como lidar com os interesses da imprensa. Primeiro, sabíamos que o termo "submisso" tinha significados distintos e optamos por explicar que se referia a pessoas que aceitavam outros como líderes. Decidimos que o termo "dócil" (no original, em inglês, *meek*) podia ser um sinônimo popular apropriado. Segundo, decidimos enfatizar que o efeito sobre a doença cardíaca era pequeno, que nosso estudo devia ser repetido e que a associação foi encontrada apenas em uma única doença. Terceiro, repetimos que o efeito foi encontrado em homens e mulheres, mas nos homens estava relacionado a fatores de risco típicos. Quarto, aproveitaríamos a publicidade para explicar que os fatores de risco típicos para doenças cardíacas eram importantes.

A British Heart Foundation, que havia financiado o estudo, nos passou o *release* para analisar. Descrevia o estudo com precisão, num estilo popular, com algumas citações nossas sobre as implicações do estudo. Em geral, gostamos, apesar de termos ficado um pouco preocupados com a menção, na primeira linha do texto, do efeito em mulheres.

A resposta dos veículos

The Daily Telegraph: "Put down that rolling pin, darling, it's bad for your heart..." (Abaixe esse rolo de macarrão, querida. Faz mal para o seu coração). Apesar do título, a matéria escrita pelo jornalista de saúde David Fletcher era excelente, resumia o estudo claramente, mencionava os fatores de risco clássicos e tinha uma mensagem de promoção à saúde. Outras boas matérias saíram no *Times*, no *Express* e no *Herald*. Porém, um de nós recebeu uma ligação de um jornalista de uma agência de notícias que começou dizendo: "Então as feministas estão latindo para a árvore errada? Deveriam voltar à cozinha?"

(continua) ▶

(continuação)

Apesar da nossa insistência de que não era essa a mensagem, fomos citados dizendo: "Uma interpretação possível é a de que é melhor ser uma dona de casa obediente, mas gosto de pensar que há muitas maneiras de ver os resultados". Ao ler o *release*, o *Daily Record* nos telefonou e publicou assim nossa resposta: "Ontem à noite o prof. Deary disse: 'Nunca diria que é melhor ser uma dona de casa obediente. Sou inteligente!'" Algo como: "Até pensamos nisso, mas não quisemos dizer". Em todo caso, nem a menor citação era páreo para o título: "Do what hubby says and you'll live longer. Professor's shock advice to women" (Faça o que o maridinho manda e você viverá mais. O chocante conselho de um professor às mulheres).

Era surpreendente a associação que os meios faziam entre a docilidade e a vida de dona de casa. Outros títulos demonstram:

Daily Star: "Do as you're told, girls... and live to be old" (Façam o que lhes mandam, garotas, e viverão até a velhice).

Express: "Stay home and you'll live longer" (Fique em casa e viverá mais).

Daily Mail: "Meekness is good for woman's heart. Quieter types healthier than feisty females, says report (A docilidade é boa para o coração feminino. Mulheres tranquilas são mais saudáveis do que as lutadoras, diz estudo).

The Independent: "For a healthier heart, turn into a shrinking violet" (Para ter um coração mais saudável, transforme-se em uma pessoa retraída).

Herald: "For 'healthy', read 'timid'" (Por saudável, leia-se tímida).

The Guardian: "Meekness may help the heart" (A docilidade pode ajudar o coração).

Times: "The meek shall inherit more life" (O dócil pode herdar mais vida).

Que preço tem a publicidade?

Temos refletido sobre os custos e benefícios, para a comunidade científica, de divulgar massivamente suas descobertas. Para a publicação científica, a difusão gera mais fundos e mais atenção; para os meios de comunicação de massa, uma nota médica chama a atenção. E para nós, os pesquisadores? Os benefícios eram dar exposição a quem nos dava dinheiro e à universidade. O custo, ver trivializado e distorcido nosso trabalho com milhares de pacientes ao longo dos anos, usado para apoiar atitudes misóginas.

Desistimos de escrever para nos queixar aos jornais, e foi uma decisão correta porque o tema morreu rapidamente. Deveríamos ter sido mais ativos no sentido de ajudar os jornalistas a criar uma versão popular? O *release* já nos parecia suficiente. O que aconteceu é que, enquanto havíamos feito uma lista do que o estudo "não" concluía, ninguém teve a ideia de pensar no ângulo das donas de casa.

(continua) ▶

(continuação)

Existem problemas genuínos ao disseminar achados científicos por veículos populares. Perde-se o controle. Mais ainda, alguns jornalistas pretendem que os próprios cientistas contem a história de uma maneira que se ajuste àquilo que eles querem publicar. Porém, apesar disso, continuamos pensando que devemos comunicar as descobertas científicas à imprensa. O público tem esse direito.

Os cientistas poderiam educar os veículos sobre a natureza das descobertas científicas. Ensinar-lhes que a maioria dos estudos não são marcos. Os meios estão preparados para informar acontecimentos políticos de maneira crescente, semana após semana, e com a ciência deveria ser parecido. Gerar matérias interessantes, sobre estudos em andamento, cuja compreensão requer conhecimento e atualização frequente e precisa.

---

* Tradução livre (Deary, Whitheman e Fowkes, 1998).
** Whitheman et *al*. (1997).

O peso das imagens

Argentina, final de 1995. Os registros de saúde infantil contabilizavam 5 mil casos de uma doença provocada por um micro-organismo que se escondia na carne. Centenas de crianças acabaram conectadas às máquinas de diálise, e houve dezenas de mortos. Por muito tempo, porém, foi um mal que só era comentado nos corredores de hospitais. Um silêncio grave, considerando que a doença simplesmente não existe se a carne – infectada – for cozida por mais tempo. Mas um caso fatal, um único caso, de uma menina loira de 5 anos, fez diferença.

Tudo mudou quando a foto da criança foi divulgada amplamente pelos meios de comunicação. Seus olhos azuis conseguiram fazer que esse mal de nome dificílimo (síndrome hemolítico-urêmica) viesse à luz. Um rostinho simpático e com aparência de classe média mobilizou a sociedade. Um exemplo eloquente para quem acredita que a atenção pública é guiada pela mídia. Seria mais adequado dizer que ela é guiada pelas imagens, mas não por qualquer uma.

É mais fácil se lembrar de imagens do que de textos. A fotografia oferece um modo rápido de memorizar, comparável – segundo opinava a analista norte-americana Susan Sontag – a uma máxima ou a um provérbio. Existe muita literatura sobre as maneiras de transmitir informação visual que evoque sentimentos e emoções, mas, no jornalismo médico, isso deve ser feito respeitando-se outras restrições – por exemplo, não perder a credibilidade.

Trabalhar com imagens nessa área apresenta grandes dificuldades. Como ilustrar, sem gerar rejeição, uma matéria sobre câncer de próstata? E outra sobre a síndrome do intestino irritável? Buscar uma imagem para algo que não se vê, como a hipertensão, também não é fácil. Como ser criativo com algo tão velho e comum como a gripe? Como montar uma matéria sobre um objeto de consumo sem que pareça publicidade?

Um dos obstáculos visuais das notícias médicas é que muitos dos momentos mais dramáticos não podem ser fotografados, ou não têm ação. O fotojornalismo de registro, que nutre jornais, revistas e notícias televisivas, consegue mostrar pouco: filas para atendimento nos hospitais, sequelas da varicela, o antes e o depois de uma cirurgia estética. Em algumas ocasiões, inclusive, se apela a imagens vagas, já que mostrar o detalhe seria de mau gosto.

Isso nos leva a questionar se as pessoas preferem a realidade descafeinada ou se querem se horrorizar. "Tenho um lado mórbido e gosto de ver imagens das cirurgias. Já vi coisas chocantes como uma cirurgia para a retirada de um tumor", declarou a brasileira Marisa Anjos a uma equipe jornalística de *O Estado de S. Paulo* (Knoploch e Gallo, 2003). Ela não parece ser a única. Dizem que a sede por imagens de corpos em sofrimento não é tão diferente do desejo de ver corpos nus: o apetite por essas cenas parece parte da essência humana. Essa "necessidade" hoje é satisfeita pela televisão por assinatura, que bombardeia os lares com detalhes de cirurgias e de efeitos danosos da quimioterapia oncológica. E pela internet, claro, onde tudo que se busca é encontrado.

Há quem defenda o uso de imagens de impacto apenas se o fim o justificar, como quando se mostram imagens de pulmões com câncer avançado para ajudar as pessoas a evitar o cigarro. Uma pergunta adequada poderia ser: "A quantos e por quanto tempo se pode ajudar dessa maneira?" Os críticos sustentam que o choque deixa de ter efeito quando a imagem se torna familiar. Além do mais, as pessoas podem optar por não olhar.

Susan Sontag se aprofundou muito nesse tema e sua opinião é a de que as pessoas contemplam fotos de humanos em sofrimento por voyeurismo e só não se incomodam quando a dor é alheia a elas, na causa e na consequência. Isso diferenciaria a observação de irmãos siameses unidos pela cabeça da visão de sequelas da quimioterapia, pela qual uma pessoa nunca sabe se vai passar.

No jornalismo de saúde a fotografia é pouco usada como documento. É mais comum vê-la como arma de sedução. "Como em outros temas, na saúde a imagem de capa também vende um sonho", pondera a diretora de redação da revista *Saúde*, Lucia Helena de Oliveira (2002): "As pessoas compram uma qualidade de vida melhor, então muitas vezes a imagem de capa não ilustra o tema principal da revista, e sim um acessório visualmente mais atrativo, como pode ser o vício por chocolate".

Muitas vezes as imagens não informam ou apoiam o texto, apenas decoram a página. Um caso conhecido por todos: uma foto sensual, de seios femininos nus à contraluz, acompanhando uma matéria sobre câncer de mama. Qual é o critério importante para escolher a foto se esse mal afeta com mais frequência as mulheres que já não têm os seios túrgidos? A resposta é óbvia. Quando a mensagem da imagem contradiz a do texto, em geral é este último que está mais de acordo com a realidade. No estudo de Carol Rogers sobre a aids, mencionado anteriormente, o público se manifestou: "Todo mundo parecia saudável, feliz e alegre. Não entendo. Na realidade, nem sequer me dei conta, nem por um segundo, de que tinha sido em um país de Terceiro Mundo". Essas incongruências têm duas origens: a imprensa, para agradar o receptor, obedece a ordens estéticas; os médicos os estimulam, temendo que os pacientes rechacem o tratamento ao ver como são suas sequelas.

As imagens cumprem funções distintas, mas a principal é atrair a atenção. O público depara com novos dados o tempo todo e o excesso dificulta a absorção do conteúdo. A informação passa muito rápido, uma manchete dificilmente sobrevive mais de uma semana. O cérebro parece ter limites e a sociedade ocidental moderna privilegia os aspectos visuais. Uma altíssima porcentagem dos leitores de jornais e revistas entra numa página pela foto ou ilustração de maior destaque. Se essa fotografia carece de legenda, você perde a oportunidade de atrair o leitor para o texto.

Além de atrair, informar ou cumprir a função de prova, uma ilustração serve como suporte ao raciocínio e estimula o nascimento de novas ideias. A tecnologia médica produz imagens fantásticas, que entram no imaginário da cultura popular de forma, às vezes, muito criativa. Quando, no final do século XIX, Roengten desenvolveu as imagens por raios X, os jornalistas especularam sobre a criação de roupas íntimas à prova de olhadas mais profundas. Os tempos mudaram. Hoje, os filhos de celebridades aparecem nos veículos de comunicação antes de nascer, em ultrassonografias tridimensionais que tornam o ventre das mães transparentes.

A imagem não tem de buscar sempre a reprodução fiel, pode ser uma representação simbólica. Nesse caso, o problema surge quando o público não consegue distinguir adequadamente as imagens verdadeiras daquelas que são só um modelo proposto da realidade. Por isso, as legendas adquirem grande importância.

A credibilidade, por outro lado, é um dos temas que mais preocupam os editores. O primeiro ponto é que as fotografias não são críveis se o receptor não estiver predisposto a acreditar nelas. É a ratificação fotográfica dos preconceitos que faz que algo não seja visto como fabricado.

Uma imagem que se destina potencialmente a todos pode ser "lida" de diversas maneiras e gerar várias reações. O olhar tem preconceitos, não é inocente. Uma foto ilustra, seduz, prova e engana.

Recordar é, cada vez mais, evocar uma imagem. Será por isso que as pessoas – sejam médicos ou pacientes – cada vez mais aspiram a se tornar imagens?

Infográficos

O público procura entender as coisas de maneira fácil e rápida, num passar de olhos. A infografia é boa quando consegue transmitir em segundos o que em um texto levaria minutos.

No jornalismo, o uso de gráficos é tão recente que ainda não é ensinado em boa parte das escolas ou universidades. Começou a ser usado, massivamente, em 1982, após a aparição do diário norte-americano *USA Today*. Esses elementos, agora chamados infográficos (do inglês *informational graphics*), têm revolucionado o *design*, especialmente jornalístico e editorial. De acordo com Richard Curtis, diretor de fotografia e arte do referido jornal, "as pessoas leem os gráficos primeiro; às vezes, são as únicas coisas que leem".

Estudos nos Estados Unidos mostraram que os gráficos são elementos mais bem percebidos pelos leitores de jornais (80%), seguidos pelas fotos (75%), pelos títulos (56%), pela publicidade (52%), pelas notas breves (31%), pelos recursos tipográficos (29%) e, por último, pelo texto (25%). Para Mario Tascón, ex-subdiretor do *El Mundo* e especialista em jornalismo digital, "a infografia constitui uma linguagem própria, que pode ser tão informativa quanto o próprio texto" (Hidalgo, 2009).

As novas gerações que acessam os meios informativos são predominantemente visuais. Foram educadas no mundo da televisão e do computador. Os infográficos são muito úteis para apresentar informações complicadas que, de outra maneira, se perderiam em um acúmulo de palavras. Isso inclui informação numérica, estatísticas, processos, mecanismos etc.

A principal vantagem dos infográficos é transmitir um grande volume de informações em muito pouco espaço e tempo. Como é um gráfico bem desenhado? Simples. Em primeiro lugar está a ideia, o conceito geral. Em último a estética, a beleza que consegue atrair a atenção.

Decálogo
1. A infografia é boa quando consegue transmitir em segundos o que em um texto levaria minutos.
2. Deve ser completa, mas não profusa. Simples, clara e sobretudo unívoca.
3. Um bom infográfico não exige muito texto. O excesso de informação rouba o interesse.

4. Em primeiro lugar, está a ideia clara do que se quer dizer. Em segundo, a beleza. Se alguma das duas falta, o leitor percebe.

5. O título deve ser direto, sintético e expressar o conteúdo.

6. O subtítulo deve ser sucinto e oferecer a explicação necessária para entender o quadro.

7. O espaço interno deve estar estruturado com uma ordem de leitura clara que destaque o essencial.

8. Não pode haver elementos gráficos nem termos técnicos desnecessários.

9. A fonte deve sempre estar presente, em um lugar que não distraia a atenção.

10. Se alguém demora mais do que alguns segundos para entender um gráfico, é melhor descartá-lo e começar de novo.

Infografia é uma técnica complexa que exige senso visual, o que implica capacidade de abstração e sensibilidade artística. As imagens estão mais próximas das ideias do que das palavras, por isso é tão necessário mantê-las claras.

Neste texto não se tenta aprofundar o trabalho do *designer* gráfico, profissional ou amador, mas oferecer técnicas básicas ao produtor da informação, seja ele profissional da saúde ou jornalista. Em outras palavras, como transmitir ao departamento de arte dados numéricos de maneira clara e simples.

Tipos básicos de infográfico

Os mais clássicos são gráficos, mapas, tabelas e diagramas. Todos eles são usados em matérias de saúde.

A. Gráfico

Apresenta informação numérica e estatística. Os mais comuns são: barras, pizza e linhas.
- gráfico de barras: funciona de preferência com unidades, estabelecendo uma comparação entre elas.
- gráfico pizza (gráfico de setores): um círculo dividido em partes, cujos ângulos são proporcionais às porcentagens de cada categoria representada. Não deve conter muitas partes, pois se torna confuso.
- gráfico de linhas: mostra as mudanças, expressas em números em função de uma variável, por exemplo, o tempo.

B. Mapa

Necessário para mostrar a localização geográfica de um acontecimento, como uma epidemia.

C. Tabela

Quadro em que se apresentam dados descritivos, indicado para comparar tratamentos. Costuma ser acompanhado de pictogramas que ajudam a identificar a informação.

D. Diagrama

Gráfico que precisa de mais habilidades artísticas, ideal para mostrar como é, funciona ou acontece algo.

Há elementos comuns a todas essas formas:

- **Título:** deve ser simples, direto, de preferência sintético, e expressar o conteúdo do quadro.
- **Subtítulo:** sucinto, deve fornecer ao leitor de forma clara e concisa toda a explicação necessária para a compreensão do quadro.
- **Corpo** (barras, pizza, linhas): pode-se explorar rápido se o espaço for estruturado e contiver apenas o pertinente. Não deve haver elementos estranhos que perturbem a leitura.
- **Etiquetas** (números, datas ou palavras descritivas): ajudam a determinar uma ordem de leitura e discriminar o que é essencial do que pode passar a um segundo nível de leitura.
- **Fonte:** indicando de onde foi obtida a informação, localiza-se em um lugar que não distraia a atenção do leitor.

O jornalista e professor de Cultura de la Imagen da Universidad de Navarra Miguel Urabayen (2001) costuma comparar a página completa de um jornal ou revista, com texto e imagens, com uma orquestra, na qual cada instrumento contribui com seu som especial para o resultado harmônico desejado. Com as dificuldades antes mencionadas, não é de estranhar que a sinfônica médica desafine.

A visão do médico

CELIO LEVYMAN

Médico, mestre em Neurologia pela Escola Paulista de Medicina
da Universidade Federal de São Paulo
Ex-conselheiro e ex-diretor do Conselho Regional de Medicina do Estado de São Paulo

A informação é um dos princípios capitais da democracia e dos direitos fundamentais dos seres humanos. Ela é a garantia da disseminação do conhecimento, que não pode ser confinado a feudos específicos, mas deve ser espalhado da forma mais compreensível possível.

Quem fornece a informação, em geral, é a imprensa, por meio de seus jornalistas. No caso específico da saúde, o informante quase sempre é o médico, embora outras formas ou fontes possam ser utilizadas.

A relação entre médicos e jornalistas, que deveria ser tranquila e transparente, na prática é conturbada e enfrenta problemas de toda ordem. Aparentemente, há uma guerra velada entre jornalistas e médicos – embora precisem uns dos outros para levar os conhecimentos específicos à população. Procuraremos enunciar aqui alguns aspectos relativos a essa questão, na visão de um profissional da medicina.

A medicina, assim como tantas outras áreas do conhecimento, vive um crescimento vertiginoso de seus princípios, especialidades e áreas de atuação. O médico do passado, que detinha a maior parte dos conhecimentos e ainda causa saudosismo em muitos, não tem mais lugar nos dias de hoje, não pelas questões relativas ao humanismo e à relação com os pacientes, que ainda devem ser mantidas dentro dos princípios mais estreitos da ética profissional, mas por ser impossível deter a enorme quantidade de informações que quase dia a dia se acumulam. Mesmo em sua própria especialidade, e dentro dela na área que mais interessa ao médico, torna-se muito difícil o acompanhamento da evolução dos fatos gerados pelas pesquisas básicas e clínicas. O advento dos meios eletrônicos, especialmente a internet, facilita enormemente a atualização contínua do médico, mas ao mesmo tempo pode tornar confuso todo esse turbilhão de dados fornecidos.

Dessa maneira, já há alguns anos passou a se desenvolver a epidemiologia clínica, e dela derivou-se a chamada medicina baseada em evidências (MBE): o médico que costumava usar a expressão "na minha experiência" ficou obsoleto. A chamada MBE, na realidade, é um conjunto de procedimentos estatísticos, em especial a chamada meta-análise, que revisa centenas, às vezes milhares, de trabalhos científicos publicados em revistas científicas qualificadas, ditas indexadas, verificando se realmente um determinado medicamento é eficaz e/ou seguro, assim como um procedimento cirúrgico, um exame e assim por diante. Já é possível perceber que novidades em medicina, rapidamente divulgadas, devem ser vistas com o máximo de critério antes de ser divulgadas ao público – se para a aplicação pelos médicos o correto é verificar-se o que a MBE informa depois de algum tempo, uma descoberta, digamos assim, colocada na mídia apressadamente pode desde desinformar até levar a esperanças infundadas.

Um aspecto a destacar é a importância por vezes extremada dada às experiências laboratoriais – fundamentais, elas são a base da futura utilização de seus frutos, caso se confirmem, para benefício de portadores de doenças, e essas descobertas, importantes, costumam ser amplamente divulgadas, sem levar-se em conta o dado importantíssimo que é o da distância "da bancada ao leito", ou seja, do que se achou no laboratório ao tratamento ou diagnóstico efetivo de dada doença. Isso gera notícia, mas não necessariamente conhecimento real.

Uma maneira de abordar a questão na óptica médica é uma divisão, talvez artificial, entre a relação jornalismo e saúde da perspectiva de jornalistas e médicos.

Um olhar médico sobre o jornalista

Antes de comentar especificamente sobre o profissional, creio ser mais justo fazer algumas considerações preliminares sobre os meios de comunicação.

Seria ingenuidade acreditar que não há nenhum tipo de interferência ou interesse dos empregadores sobre seus subordinados, ou que há total liberdade de imprensa, digamos, em rádios, TVs, revistas, jornais e internet. O mais simples jornal de uma cidadezinha do interior e uma grande rede nacional de múltiplos veículos têm algo em comum: são empresas. E destas espera-se que gerem lucros ao seu proprietário e/ou acionistas. Isso é perfeitamente correto e normal no sistema capitalista. Contudo, em inúmeras ocasiões, prosperam o exagero e, por que não dizer, o interesse desmesurado. Se isso ocorre na política, na economia e nas demais editorias, por que não ocorreria na saúde?

Exemplos não faltam. Talvez um dos mais frequentes seja o que eu chamaria de cadeia em dominó. Pesquisar e fazer uma boa matéria, além de trabalhoso e demorado, é caro. Não raro uma entrevista dada em uma capital vai se disseminar, não necessariamente por meio de agências de notícias, para aquele pequeno jornal interiorano ou para notas em uma rádio, ou mesmo para o pretenso programa jornalístico de um canal de televisão menor. E, como quem conta um ponto acaba não sabendo onde termina a história, um renomado médico que conceda uma séria entrevista a um também respeitável órgão de comunicação pode achar seu nome envolvido em uma série de erros lamentáveis no final da linha.

Mas isso pode perfeitamente ocorrer pela falta pura e simples de dinheiro. E, como entrevistar os poucos profissionais locais não gerará o devido impacto, copiar e colar – e muitas vezes literalmente e sem revisão – uma matéria mais "digna" elevará o conceito, e talvez as vendas, do veículo de menor porte. Muito mais grave ainda é o indigno fenômeno do *merchandising*.

Saúde e sua vertente mais vistosa, a medicina, estão sempre presentes na imprensa. Por causas elementares, são assuntos que a todos interessam e podem tanto preencher os espaços vazios de notícias de um final de ano tranquilo quanto ocupar capas certeiras o ano todo. São doenças ou interesses prevalentes na população, portanto nada mais lógico do que o público atualizar-se a esse respeito, e a essa repetição de temas não causa estranheza. O que efetivamente irrita é que inúmeras vezes uma matéria sobre uma doença, abordando os aspectos principais, como diagnosticá-la, quando procurar um médico etc., além de entrevistas com especialistas na área, tenha lá no final, ou em um boxe no meio da publicação, o casual lançamento recente de um novo medicamento, caro e com o nome comercial e do laboratório, frequentemente com foto e tudo. E nem sempre os entrevistados sabem disso: muitas vezes forneceram as informações pedidas e se surpreenderam ao se tornar garotos-propaganda.

Esse tipo de comportamento vai além do comercial e acaba por informar pessimamente a quem deve. Sem dúvida existem as matérias desse tipo que, apesar desses defeitos, acabam por dar informação correta. Mas os meios é que são errados, e não justificam os fins.

Um caso notório ocorreu alguns anos atrás no venerado *The New York Times:* chegou aos editores do periódico que descobertas fantásticas estavam sendo feitas na área do câncer, uma verdadeira revolução, em laboratórios de um dos importantes hospitais afiliados à mítica Harvard Medical School, em Boston. E mais do que rapidamente eles enviaram uma jornalista que entrevistou o responsável pela pesquisa: a matéria foi uma das manchetes da primeira página da edição dominical do *NYT*. Não é preciso muito para imaginar os milhares de reproduções, comentários e comemorações. Havia sido descoberta uma maneira de diminuir a proliferação de vasos sanguíneos nos tumores, uma das fontes de sua alimentação e disseminação, a chamada angiogênese, e isso poderia ser a cura da temida doença.

No afã da rápida publicação e de sair na frente de todos, ninguém prestou atenção em um aspecto essencial: os dados eram reais e promissores, mas estavam ainda no estágio experimental em animais de laboratório! Muito longe ainda de qualquer estratégia para poder ser ao menos utilizada também experimentalmente em um ser humano. Quanta desilusão e falsa esperança foi disseminada, além dos olhares mais que sarcásticos dos concorrentes do NYT.

Mas o melhor foi quando uma emissora de televisão foi a primeira a chegar ao pesquisador de Boston e lhe fazer as perguntas certas. Sua resposta, dirigindo-se à população, é autoexplicativa: "Se você for um rato, talvez possamos fazer alguma coisa pelo seu caso..."

Tenho um caso pessoal para contar. Existem várias formas de dor de cabeça, classificadas pela Sociedade Internacional de Cefaleias. Além da enxaqueca, da cefaleia tensional e da cefaleia em salvas, as mais comuns, há muitas outras. Há um grupo denominado cefaleias de esforço, entre elas as relacionadas ao ato sexual. Essas

podem ser malignas, provocando, por exemplo, a ruptura de um aneurisma cerebral durante o intercurso sexual; ou benignas, quando toda a investigação complementar demonstra tratar-se de uma forma especial de dor de cabeça com tratamento específico. Certa vez comentei esse assunto informalmente com um jornalista prestigiado que conheço há algum tempo. Pouco depois, um amigo desse profissional, também jornalista, investigativo, muito inteligente e amigo pessoal me telefona, querendo marcar um jantar. Durante a refeição, ele quer saber como o tratamento das cefaleias pode melhorar o ato sexual! Alguma coisa saiu errada na conversa entre os dois jornalistas e até hoje o meu amigo me cobra essa informação, alegando que estou escondendo os dados e só os forneci ao primeiro profissional...

Olhemos, então, propriamente para o profissional de imprensa. Embora haja uma discussão acentuada sobre se ele deve ou não ter um diploma superior específico, considero esse item pouco relevante para a questão da saúde. Um bom jornalista deve ser honesto, investigativo (com princípios), procurar as melhores fontes e checar suas informações, ser ético e independente: os demais pontos da profissão podem ser aprendidos de diversas maneiras.

Na prática, já existiram jornalistas plenamente especializados em áreas como direito, medicina etc. Hoje em dia há os que são mais ligados a algumas editorias em particular, mas muito poucos especialistas. Digamos assim: essa generalização da condição de obter e processar informações ao público pode gerar, mesmo que inadvertidamente, polêmicas. É o caso de enviar um jornalista lato sensu, que no dia anterior cobriu o trânsito e, antes, eleições para entrevistar um médico sobre determinada técnica ou doença: o preparo para fazer perguntas de real interesse e até mesmo compreendê-las evidentemente se torna mais complexo, e a chance de a própria entrevista acabar sendo dirigida pelo entrevistado pode macular a desejada independência do profissional de imprensa que, despreparado para uma questão científica – até por não ter tempo de conseguir maiores dados –, termina por reproduzir o que lhe é dito.

O mesmo se aplica à escolha das fontes: as chefias de redação ou editorias têm as principais e devem repassá-las a quem vai fazer a matéria, mas como pode o profissional "factótum" possuir seus meios de checar ou obter mais entrevistados sobre todos os assuntos? Alguns conseguem recorrendo a múltiplos expedientes, como amigos, conhecidos, entrevistados antigos, agendas etc., mas isso é muito diferente de um trabalho sério, como deve ser na questão da saúde, e costuma comprometer o resultado final.

Há quem tenha proposto inclusive a presença de um médico nas redações: isso pode lembrar censura ao trabalho do jornalista ou alguma outra forma de cerceamento de sua condição profissional, mas não é uma ideia de todo ruim, sobretudo se o médico em questão também for ético, tiver fontes confiáveis e atuar especialmente como consultor, não como revisor-censor. Talvez seja uma solução paliativa.

Essa questão do médico em redações não deve ser confundida com os médicos-jornalistas ou colunistas, por exemplo. Várias publicações contam com médicos renomados que assinam colunas fixas, outros frequentemente escrevem artigos como convidados e há ainda os que também são jornalistas, exercendo uma

função que quase não se vê mais. Caso tais médicos sejam efetivamente bons nas duas profissões, saem ganhando a empresa de comunicação, o corpo de jornalistas, os médicos e, naturalmente, a população a ser informada. Acredito que profissionais assim, não apenas da medicina como do direito, da economia e de esportes, são salutares.

Também não é demasiado ressaltar que, mesmo com um tema de pauta em mãos, sério e interessante, o resultado poderá pender de maneira muito forte em relação à qualidade segundo o método de trabalho do jornalista. Caso persista o interesse na rapidez e na conclusão da matéria, há grandes chances de equívocos em veículos como jornais diários, rádios e TVs, com fechamentos de edição muito céleres e pouco tempo para revisão. Isso tenderia a melhorar, por exemplo, em uma revista semanal ou mensal, mas nem sempre acontece: aí pode ocorrer a suspeita de algum interesse extrajornalístico.

Do mesmo modo há jornalistas que militam, por assim dizer, relativamente ao temário da saúde: existem os "antimédicos", os "antimedicina tradicional", os "pró-medicinas alternativas", os "pró-programas de algum governo", os "contra esse tipo de coisa" e até os que se fixam sempre favorável ou contrariamente a algum ou alguns médicos, profissionais de saúde ou políticos e/ou administradores da área. Essa contaminação provocada por interesses pessoais ou outras causas certamente gerará material igualmente desproporcional quanto a isenção e qualidade.

A fama do corporativismo médico, da "máfia de branco" – expressão que, aliás, repudio com veemência, pois associa a eventual proteção de um organismo profissional com crime –, ainda é bastante disseminada. Embora se verifique cada vez menos o corporativismo, isso ainda faz que muitos utilizem esse conceito fluido para interferir na análise de algum tema.

Um lado, provavelmente o mais importante desse tópico todo, é o do paciente. Quantos já me procuraram com matérias recortadas de jornais ou revistas, ou contando ter visto uma matéria na TV sobre determinado assunto, pedindo aquele tratamento miraculoso para sua doença que aparecia na imprensa. E como é difícil mostrar aos doentes que as coisas não são assim! Quanta frustração...

Certa vez, foi publicada uma matéria sobre determinada doença, citando o aparecimento de um medicamento que seria maravilhoso, disponível na época apenas no exterior. A matéria trazia até a fotografia do produto. Uma paciente minha, bem controlada e tratada com os remédios tradicionais de que dispúnhamos por aqui, fez questão de encontrar a miraculosa droga, pedindo a uma amiga que o enviasse da Holanda. Pagou muito caro por ele e o trouxe ao meu consultório. A bula era ininteligível, mas a droga já era conhecida na literatura médica. Animada com minha autorização, a paciente usou a medicação. Uma semana depois, telefonou-me chorando, dizendo que não havia sentido os efeitos do medicamento importado e que o tratamento "brasileiro" convencional ainda era o melhor... O curioso é que o tal medicamento realmente é eficaz até hoje, a paciente é que estava do lado errado da curva de Gauss. Ela não se beneficiou de algo que ajudou muita gente e pouco depois de sua importação da Holanda já era fabricado por aqui.

Há certas atitudes da imprensa que são compreensíveis, mas podem deixar de prestar um serviço público em razão de outros interesses. Há algum tempo atendi um paciente em situação de urgência, com provável "overdose" de alguma droga de uso em academia de musculação, que rapidamente evoluiu para um estado de coma, mas não se sabia o que era. Um parente, telefonando para os amigos do usuário, descobriu que ele usou uma droga chamada 1,4 butanodiol, o BD, misturada a um energético. Foi o primeiro caso atendido no Brasil, relatado às autoridades competentes e publicado cientificamente; por sorte, o paciente se recuperou com as medidas adotadas.

De alguma forma a mídia ficou sabendo, e uma matéria de bom nível, com informações precisas, entrevista comigo e preservação do sigilo foi publicada na *Folha de S. Paulo*. Poucos dias depois recebo um telefonema de um jornalista do programa *Fantástico*, da Rede Globo, dizendo que tinha lido a matéria e queria fazer a sua própria para o conhecido programa. Concordei em dar uma entrevista, mas ele impôs uma condição: o programa dominical é assistido por milhões de pessoas e, sendo TV, imagens são importantes – ele queria uma declaração ou minientrevista com o paciente, usando as técnicas de esconder o rosto, mascarar a voz etc. Informei ao repórter que, pelo que conhecia do rapaz, dificilmente ele aceitaria dar uma entrevista. De tanto insistir, concordei em tentar intermediar a questão: o resultado não foi outro – o paciente me disse achar realmente importante a divulgação do tema, mas ele e a família tinham ficado tão traumatizados com o ocorrido que ele não queria mais falar no assunto, especialmente para a TV. Retornei com essa informação para o profissional da Globo, que concluiu então não ser possível fazer a matéria.

Passado um ano, o mesmo repórter volta a me ligar: recordou que tinha sido ele a entrar

A SAÚDE NA MÍDIA **95**

em contato comigo por causa do tal BD no ano anterior e me disse que a Globo do Rio de Janeiro havia enviado um *e-mail* ao departamento de jornalismo da Globo de São Paulo relatando que a droga mais usada naquele carnaval havia sido o BD, inclusive com suspeita de óbitos. Como um usuário sobrevivente carioca concordou em dar uma entrevista mascarado, ele voltou a solicitar que eu falasse a esse respeito, constrangidamente, como que para reparar a questão do ano anterior. Pode ser mesmo que, se fosse divulgado o perigo do BD em um programa de tamanho alcance nacional no ano anterior, não tivessem ocorrido intoxicações graves e talvez mortes no Rio...

Um olhar médico sobre os médicos

Há médicos que atuam de várias maneiras com relação à imprensa. Com certeza a maioria das pessoas gostaria muito de ser entrevistada, filmada, fotografada; exposta para sair de seu anonimato. Na categoria médica existe de alguma forma o mesmo fenômeno; contudo, como existem normas rígidas para a comunicação médico-público, há um freio maior da exposição.

Existem médicos que jamais se negam a atender um jornalista: seja lá qual for o órgão de comunicação, eles estão a postos para aparecer. Isso não é reprovável *per se*, apenas uma característica humana. Mas há subgrupos: os que consideram que aparecendo na mídia terão mais chances de aumentar a clientela ou auferir algum tipo de vantagem em empregos ou postos que ocupam; e um particularmente perigoso, o dos médicos "profissionais de mídia". Tais profissionais midiáticos chegam mesmo a contratar assessores de imprensa, divulgar *press-releases*, promover eventos sem maior conteúdo científico ou informativo, de livros a simpósios, e assim por diante. Seu objetivo é claro: buscam a propaganda, não com um pequeno espaço em um indicador médico ou profissional, mas sim via publicidade escondida: afinal, ser constantemente entrevistado e procurado pela mídia, sem nenhuma referência a ser aquilo um informe publicitário ou algo do tipo, vale muito mais para o leitor/espectador/ouvinte do que uma propaganda de fato. Ganha credibilidade e possibilidade de isenção, especialmente quanto mais gabaritado for o veículo em questão. Certos absurdos chegam mesmo a ocorrer: alguns médicos que sempre estão fazendo "descobertas" ou, pior, viajam tanto a congressos internacionais que, se fizermos a conta, não sobrariam dias disponíveis para atender pacientes. Há cirurgiões plásticos que chegam a fazer pequenas cirurgias ou simulam outras em programas de auditório, existem os que fazem promessas impossíveis de ser comprovadas pela ciência quanto à fertilização e vários outros casos.

Por esse tipo de coisas é que o Código de Ética Médica, editado pela resolução do Conselho Federal de Medicina, possui artigos específicos relativos à publicidade médica, assim como resoluções dos Conselhos Federal e Regionais de Medicina também abordam o assunto. Como exemplo, cada Conselho deve ter sua Comissão de Divulgação de Assuntos Médicos (Codame), que deve divulgar as normas éticas de apresentação à imprensa para a categoria, informar aos médicos que fazem consultas à instituição sobre se convidados a comparecer a um programa de TV – por exemplo – estarão violando a ética e analisar preliminarmente as denúncias de infração às citadas regras, para resolver se será aberto ou não um processo contra determinado profissional. Essas normas já foram atualizadas para incluir a internet.

Mas também há abusos e limitações por parte de tais órgãos regulamentadores, o mais chamativo deles ocorrido no início de 2004, quando o Conselho Federal editou uma resolução condensando todos os assuntos ligados à publicidade médica – instrumento útil, sem dúvida alguma, que elimina inclusive posições divergentes entre Conselhos estaduais. Contudo, em um de seus artigos, por motivos que restam ignorados, determinava ao médico que, se convidado a dar entrevista, deveria solicitar a matéria antes da publicação ao jornalista para sua aprovação e mandar uma cópia ao Conselho Regional. Aqui houve clara manobra protecionista, exagerada ao máximo, sem falar que uma profissão procurava interferir no modo de condução de outra, caracterizando-se de fato como um ato de censura.

O repúdio a esse artigo foi muito grande, com evidente repercussão nos mais variados órgãos de imprensa, que o condenaram, por óbvio. Mesmo entre os médicos, que, no mínimo, para não se ver diante da possibilidade de sofrer uma sanção ético-disciplinar (que varia de uma advertência confidencial à cassação da licença para exercer a profissão definitivamente) passariam a se retrair, pois não se evitaria apenas a exposição de maus profissionais ou dos midiáticos, como a categoria inteira poderia não mais informar adequadamente a população. Felizmente a repercussão gerada por esse fato foi de tal monta que fez que ele caísse por terra.

A procura por fontes médicas confiáveis certamente é difícil. O modo de um médico se apresentar como confiável, digamos assim, à imprensa seria sua titulação, ligação com instituições universitárias, hospitalares ou de pesquisa respeitáveis públicas e privadas, ou seja, aquele profissional conhecido de "notório saber". Mesmo assim, as coisas podem ser complicadas, pois professores universitários com mestrado, doutorado e livre-docência podem estar defendendo interesses escusos, enquanto um médico não estrelado pode ser uma excelente fonte de onde beber conhecimentos preciosos. Mas a regra geral é válida e uma consulta à Associação Médica Brasileira e/ou às Sociedades Brasileiras de Especialidades, ou suas regionais estaduais, costuma fornecer bons subsídios para a validade científico-profissional de certo médico. Deve-se levar em conta que tais instituições, privadas, muitas vezes escondem acirradas lutas políticas e até de mercado, mas em geral são as referências mais evidentes.

Os Conselhos de Medicina não servem para isso pois, embora sejam o repositório das informações infracionais e outras, seus dados são sigilosos. Os Conselhos podem no máximo informar se um cidadão é médico e seu número de inscrição. Vale a pena fazer um breve relato de como se dão a formação médica básica e a do especialista e seu registro como tal.

Após se formar em uma faculdade de medicina reconhecida pelo Ministério da Educação, o recém-formado concorre a uma vaga em um programa de Residência Médica. Há duas maneiras oficiais de ser um especialista no Brasil: fazer a residência credenciada, ao cabo da qual o médico receberá um certificado com o título de especialista, ou fazer uma residência não credenciada ou estágio, prestar um concurso de provas na Sociedade de Especialidade

A SAÚDE NA MÍDIA **97**

a que se propõe fazer e, se aprovado, também receber o título. Com o título em mãos, o médico deve registrar-se no cadastro de especialistas do Conselho Regional de seu estado para que essa qualificação seja inscrita na sua carteira profissional.

Existe, evidentemente, uma situação bem curiosa: os médicos mais antigos, alguns ainda professores titulares, outros já aposentados, geralmente situados na categoria do "notório saber", muitas vezes foram até fundadores das Sociedades de sua especialidade e não possuem título de especialista e, consequentemente, o registro no Conselho de Medicina. Vários deles ainda são muito procurados para dar informações, seja por se manterem em atividade, mesmo fora das universidades públicas, nas quais a aposentadoria é compulsória aos 70 anos, seja por terem exercido cargos públicos de ministros ou secretários da Saúde e assim por diante. Mas a consulta às bases de dados de quem prestou concurso para o título de especialista ou fez residência credenciada provavelmente não trará o nome desses especialistas, embora tenham sido os formadores de muitos que possuem tais títulos. Nesse caso deve valer o bom-senso, e há uma história, entre muitas, que pode ser ilustrativa de casos como esse.

Na década de 1930 graduou-se em medicina, na Harvard Medical School, um jovem chamado Harold Wolff. Muito inteligente e dedicado, especializou-se em Neurologia pelos métodos considerados à época válidos nos Estados Unidos, foi à Europa obter mais conhecimento, inclusive à Rússia, e, retornando à Harvard, tornou-se assistente e comandou um laboratório de pesquisas que forneceu muitos dividendos à ciência médica, entre eles a primeira constatação dos mecanismos básicos de uma das doenças mais frequentes na humanidade, a enxaqueca.

Wolff não apenas demonstrou em laboratório os fenômenos de constrição e dilatação de vasos sanguíneos nessa forma de dor de cabeça, como introduziu com metodologia científica o primeiro medicamento realmente eficaz nas crises, a ergotamina. Publicou numerosos trabalhos científicos e livros, foi um dos fundadores da Academia Americana de Neurologia e, a convite, assumiu a cátedra de Neurologia do Weill College of Medicine da Cornell University, em Nova York – aliás, o primeiro que teve como nome da cátedra Anne Parish Titzell, uma das mais importantes da América do Norte e de todo o mundo. Frequência certa em congressos, formou gerações de neurologistas, fornecendo subsídios para várias áreas de pesquisa e treinamento. Foi, enfim, um dos grandes nomes da neurologia americana e mundial.

Na década de 1960, ainda em atividade, já vigorava nos Estados Unidos um sistema de credenciamento equivalente à da Sociedade de Especialidade Brasileira, o "board". Após várias e difíceis provas, certificava aquele médico como especialista perante uma banca examinadora e dava a ele o referido certificado (esse sistema, com algumas modificações, como a educação médica continuada, ainda está valendo). Um de seus assistentes perguntou ao já mais que conhecido e venerado professor Wolff: por que ele não obtinha sua certificação pelo "board?". A resposta, mesmo que aparentemente arrogante, não poderia ser outra: "Mas quem é que vai poder me examinar?"...

Essa é a situação de grandes nomes da medicina: sua fama não lhes dá imediatamente o crédito irrestrito de guardiões da ciência, mas o bom-senso e a consulta a algumas fontes podem esclarecer algumas dúvidas para assim se fazer bom uso da informação de pessoas muito experientes.

Um tema atual que pode ser complexo, tanto que recentemente os Conselhos de Medicina vêm tentando regulamentar a área, embora isso seja evidentemente muito complicado, é o advento e a popularização da internet. Vamos imaginar um médico mal-intencionado, que deseja divulgar títulos e experiência que não possui e pretende angariar clientela. Se for hábil e contar com o auxílio de profissionais na criação de uma página na rede, poderá obter credibilidade perante a população e facilidade no acesso aos mecanismos de busca para exibir o que não possui, mentira que pode passar como crédito a um jornalista mais apressado. Mas controlar a internet é censura e, nessas situações, caso determinado *site* pareça atraente como fonte ou base de matérias, vale a consulta a quem de confiança.

Falamos dos médicos que podem fazer de tudo para aparecer na mídia, mas existe o oposto: os mais jovens, recém-formados, que terminaram há pouco a residência e encontram apenas emprego na rede pública. Não raro, trabalham em hospitais de renome ou estão em algum local onde ocorreu um fato jornalístico: do nascimento de sêxtuplos ao criminoso que fuzilou outro internado na UTI, ou ainda a internação em caráter de urgência de alguma personalidade, antes de ser transferido para um centro de maior prestígio (coisas do Terceiro Mundo...).

A imprensa procura avidamente informações e raramente o médico que atendeu àquele caso específico dá alguma declaração. Muitas vezes o próprio hospital permanece em silêncio. Há regras de informação pouco precisas para funcionários públicos, em geral

com punições assustadoras, tais como a demissão a bem do serviço público, o que os impede de voltar a trabalhar em uma instituição governamental e faz que impere o silêncio – em parte por ignorância das regras legais, em parte por efetivamente haver dispositivos que jogam, dependendo da instituição, a responsabilidade de informar para a diretoria, para a assessoria de imprensa ou mesmo para a Secretaria de Saúde.

Nas instituições privadas muitas vezes existem regras semelhantes, e as mais rigorosas e ciosas de seu nome também limitam a exposição individual dos médicos. Ou é a própria assessoria de imprensa ou equivalente que, ao ser acionada por um órgão de comunicação, indica um profissional para dar entrevista, ou se limita aos boletins médicos, resumidos e de compreensão fácil, assinados pelo médico assistente e pelo diretor responsável, por exemplo. Essa, pois, a meu ver, é uma medida salutar, pois muitos casos já aconteceram em que os profissionais ditos midiáticos fizeram verdadeiras festas de entrevistas coletivas e informações contraditórias, especialmente quanto mais famoso for o paciente.

Novamente recorro a alguns exemplos: o falecido ex-presidente Ronald Reagan foi baleado e levado para o hospital mais próximo. Todo seu atendimento se deu ali, e ele se recuperou. Algum tempo depois, os médicos que o atenderam publicaram um trabalho denominado "Estava de plantão na sala de emergência e meu paciente foi o presidente!" ou algo assim. Nesse artigo eles relatam que mesmo em uma instituição preparada (aonde quer que o presidente dos Estados Unidos vá são destacados hospitais para ficarem de prontidão) é razoável imaginar que uma situação como essa dificilmente se tornará realidade.

Uma equipe está de plantão e, subitamente, entram homens do Serviço Secreto, da polícia, assessores, jornalistas e o paciente, o próprio presidente, ferido a bala...

O mais interessante nesse tipo de relato é que os comportamentos são semelhantes mesmo em países diferentes: a equipe de emergência, passado o impacto inicial, passa a agir profissionalmente, sendo a mais apta a lidar com casos de urgência como esse. Mas logo começam a chegar à emergência chefes de serviço e médicos mais velhos e conhecidos, que há anos não frequentam aquele lugar, para ver, opinar e tentar assumir o caso. A vaidade não é privilégio de nação alguma.

Outro artigo semelhante e com o mesmo teor foi publicado por médicos italianos que atenderam o papa João Paulo II quando ele também sofreu um atentado e foi baleado. Em ambos os artigos os médicos tentam traçar estratégias de como lidar com pacientes "VIP": manter o funcionamento normal da instituição, seguir a hierarquia, deixar as informações com o pessoal especializado nisso etc. Mas todos reconhecem que, na prática, quando uma coisa dessas ocorre, ninguém fica atento a tais normas.

Por outro lado, se a situação não for emergencial, como as cirurgias cardíacas do ex-presidente americano Bill Clinton e do primeiro-ministro britânico Tony Blair, ou mesmo em casos brasileiros, é mais fácil controlar as informações e fornecê-las de modo correto.

Não se deve esquecer de que no caso dos tais boletins médicos lacônicos ou de médicos que pouco informam existe um princípio ético fundamental: o sigilo profissional. O médico é proibido de dar informações a respeito de seus pacientes, mesmo diante de um juiz de direito: é o chamado "segredo de confessionário". A única alternativa para que ele possa romper esse muro é o próprio paciente o autorizar – ou, se este se encontrar em coma, por exemplo, a família ou outro responsável legal dar o devido sinal verde.

O Brasil passou por um trauma nacional em que jornalistas e médicos tiveram participação fundamental: acabou o regime militar e foi eleito o primeiro presidente civil, Tancredo Neves, ainda sob as regras da ditadura. Por um desses acasos incompreensíveis, na véspera da posse o presidente eleito passa mal e tem de ser operado em Brasília. O quadro se agrava e ele é transferido para São Paulo, onde vem a falecer. A confusão de informações fornecidas pelos diversos médicos que atenderam Tancredo e o claro afã dos jornalistas em conseguir o máximo de dados resultavam em um quadro totalmente incompreensível para quem estava de fora, mesmo sendo médico. E o país literalmente ficou em suspenso durante a agonia do presidente eleito, enquanto os políticos discutiam quem deveria assumir o posto no caso de óbito, o que veio a acontecer. Os fatos daquele período dos anos 1980 deixaram tantas marcas que informalmente, entre os médicos, quando um caso se assemelha a uma confusão como essa, acaba-se dizendo que dado paciente pode "tancredar", neologismo nem um pouco elogioso...

Em relação aos não médicos, coloco uma situação especial, que também pode envolver médicos, que é o exercício da chamada "medicina alternativa". No Brasil são reconhecidas oficialmente pelo Conselho Federal a homeopatia e a acupuntura, e algumas universidades pesquisam a medicina tradicional chinesa e a fitoterapia. Mas essa é uma área bem complicada: há uma procura grande da população pelas técnicas ditas "alternativas".

Um editorial do prestigiado *The New England Journal of Medicine*, do final dos anos 1990, colocava essa questão da maneira que julgo mais correta: não existe medicina alternativa ou ortodoxa, apenas medicina. Caso determinado método, por mais estranho que possa parecer aos médicos "tradicionais", passe pelos mecanismos de validação científica das demais formas de diagnóstico ou tratamento em ciência médica, ele deixa de ser "alternativo" ou "ortodoxo", passando a fazer parte de uma coisa apenas: a medicina.

Não obstante, ocorrem exageros. Como exemplo, em meados dos anos 1990 foi criado por conta própria um Conselho Federal de Terapia. À guisa de informação, conselhos e ordens profissionais têm de ser criados por lei federal, aprovada pelo Congresso e sancionada pelo presidente, sendo esse ato publicado no Diário Oficial da União. O tal Conselho de Terapia, sabe-se lá como, começou a publicar resoluções no Diário Oficial sem que nenhuma lei o tivesse criado, e colocou sob sua regulamentação e fiscalização a homeopatia, a acupuntura, a psicoterapia e a fisioterapia e até o jogo de búzios, o tarô, a cromoterapia e a dança do ventre!

Os Conselhos de Medicina denunciaram o fato ao Ministério da Justiça, responsável pelo Diário Oficial, que publicou errata e inutilizou a validade legal daquelas resoluções. Mas isso assusta, pois só serve como lei o que sai publicado no Diário Oficial, e eis que é publicada alguma coisa sem "pai" algum! Foi instaurada sindicância pelo Ministério, que nada apurou. O tal Conselho não se fez de rogado: alugou uma casa em região nobre de São Paulo, local bastante visível e movimentado, colocou uma placa com o brasão da República e deixou estacionado um carro com a inscrição "fiscalização", além de fazer uma campanha de *outdoors* pela cidade toda. Os Conselhos de Medicina, juntamente com o Ministério Público Federal, tiveram de mover uma ação civil pública. O juiz federal que julgou o caso liminarmente mandou interromper a campanha, sob pena de pesadas multas e prisão.

Mesmo assim existem inúmeros médicos e não médicos que exercem as mais variadas "terapias", muitas vezes de modo combinado, e só atendem pacientes particulares. Isso configura infração legal, exercício ilegal de profissão, propaganda enganosa etc., mas mesmo com denúncias a Justiça é lenta para julgar casos individuais, pois não há peritos oficiais de algo que não existe, apenas médicos para opinar como peritos. Jornalistas e órgãos de comunicação volta e meia falam de métodos que chegam às raias do absurdo, como recentemente se viu com pessoas que dizem não se alimentar de nada, apenas da luz solar, e gozar de boa saúde, ou da urinoterapia, autoexplicativa. E há jornalistas que dão valor a isso...

Considerações finais

A comunicação entre médicos e jornalistas é um princípio importantíssimo. A informação médica não pode nem deve ficar limitada a seus profissionais, pois, além de um direito, é mais do que um serviço obrigatório do profissional médico bem informar a seu paciente, individualmente ou de modo coletivo, pela imprensa. Isso deve ser feito sem intenções mercantis ou vaidade, mas com base em princípios éticos, cujas normas podem ser obtidas por todos nos Conselhos da classe, que também podem esclarecer casos especiais e pontuais.

O jornalista que cobre todas ou muitas áreas tem grandes chances de entrevistar uma fonte errada e consequentemente dar informações também equivocadas ao público – sua responsabilidade, do ponto de vista ético, é a mesma do médico. A maior especialização de jornalistas ou a presença de um médico nas redações são pontos abordados e polêmicos, que talvez possam ser um tipo de solução. De qualquer modo, agir com prudência, checando dados antes de publicar ou colocar no ar alguma coisa, é um meio relativamente simples de conseguir credibilidade a determinada matéria. A questão do tempo nos órgãos de imprensa diários é um dado a complicar mais a situação, mas cabe aos profissionais de imprensa, e não de medicina, procurar os melhores meios de aliviar esse tipo de problema.

Jornalismo e saúde podem e devem andar juntos. Obedecendo a princípios, honestidade, responsabilidade e conhecimento, todos saem ganhando, em especial a sociedade – real beneficiária dessa relação que deve ser sempre aprimorada.

4 DO INTERESSE PÚBLICO AO INTERESSE DO PÚBLICO (TEMAS)

Os médicos valorizam a informação por sua transcendência; os jornalistas, por seu interesse público; os empresários, por sua capacidade de atrair público. Como harmonizar essas posições para o bem da saúde pública. Análise de temas-chave.

Que temas aparecem na mídia? À primeira vista, pode parecer que é tudo a mesma coisa. Observando em detalhe, surgem os matizes. Algumas matérias falam da vida, outras da morte. Há histórias de esperança e de tragédia, de injustiça e de solidariedade, de incapacidade – dor, velhice – e de beleza-vitalidade-consumo; do que a medicina pode e deve fazer, e também do que deveria abandonar.

Se continuarmos procurando, vamos encontrar matérias de medicina relativas a eventos. Na seção de política, quando se explica a natureza da doença ou o tratamento recebido por uma pessoa pública; na seção policial, quando são descritos os achados da autópsia depois de uma morte duvidosa; em turismo, no quadro que recomenda as vacinas necessárias para a viagem. Nos suplementos dominicais mais profundos, quando o especialista em saúde é chamado a participar de matérias sobre temas como o direito ao aborto ou à morte digna.

Nas próximas páginas, é desenhado um panorama geral e oferecida a análise de quatro temas: medicamentos, qualidade médica, medicinas alternativas e complementares e HIV-aids.

Os temas mais importantes, os mais atraentes, os mais polêmicos e os esquecidos

Quais são as matérias mais importantes? Os médicos valorizam a informação por sua transcendência. Os jornalistas, por seu interesse público. Os empresários (de um lado ou de outro) pelo que vendem ou por sua capacidade de atrair público.

A disparidade de critérios também pode ser observada no tratamento dos temas. Analisemos uma cobertura clássica dos jornais, como um transplante de órgãos. O paciente e seus médicos só concentram a atenção da mídia no dia da cirurgia. Não parece

A SAÚDE NA MÍDIA 103

ser notícia o que é verdadeiramente importante: se o paciente está vivo ou não, e em que estado, cinco anos depois de receber o órgão transplantado. Raras vezes se aprofunda o aspecto jurídico que está por trás das longas listas de espera, e em geral se prescinde da análise de quanto dinheiro teria sido economizado apostando-se na prevenção nos casos em que teria sido possível. A razão disso é que números e leis não geram emoção.

O enfoque varia com o tempo. Uma pesquisa sobre matérias de câncer publicadas no Brasil mostrou que, ainda que as de pesquisa sejam as mais frequentes (quase a metade), as que enfatizam a importância da detecção estão aumentando (Castro, 2009).

O brasileiro Alberto Dines, diretor editorial do Instituto para o Desenvolvimento do Jornalismo (Projor), critica outro aspecto: o espírito da efeméride que faz que, por exemplo, no Dia Mundial da Luta contra a Aids os veículos "mostrem seu poder de fogo e sua capacidade mobilizadora e no dia seguinte se esqueçam de que talvez seja o maior desastre da história da humanidade". O vírus não tem feriados nem descanso, tampouco se deixa impressionar pelos discursos, destaca Dines. Construir a saúde é um trabalho de todos os dias, mas a solução não é repetir assuntos. É, acrescenta Dines, que a informação sobre saúde seja apresentada de modo que deixe resíduos (Dines, 2003).

O que a imprensa divulga é uma pequena parte do que diariamente chega às redações. E o que chega é uma parte infinitesimal do que acontece no mundo. Como isso é selecionado? Os pesquisadores catalães Juan Rodés e Antoni Trilla (1999) afirmam: "O jornalismo carece de metodologia científica. Os fatores que influem na seleção das notícias são vários: características do veículo, oportunidade relativa, concorrência com outras notícias e imitação de outros veículos (efeito cascata). É uma questão intuitiva que depende quase inteiramente da visão que os editores têm dos interesses de seu público". Desses mesmos fatores depende seu enfoque. Não se anuncia da mesma maneira o lançamento de um medicamento em um jornal local, no qual a notícia é recebida por potenciais consumidores, ou em uma revista econômica na qual é lido também por potenciais acionistas.

Existem ainda diferenças regionais. Um estudo mostrou que uma em cada quatro matérias médicas publicadas no Chile tinha como tema a relação entre saúde e meio ambiente, pois Santiago é uma das cidades mais poluídas do mundo (Aguayo e Uribe, 2001), enquanto na Bolívia o tema prioritário era saúde e desenvolvimento. No Equador, por sua vez, quando se fez uma pesquisa com jovens sobre que temas lhes interessava saber mais, um dos mais citados foi o álcool: como reconhecer um alcoólatra e como ajudar alguém da família que tenha a doença (Aguilar, 2001).

"As notícias de saúde e ciência figuram habitualmente entre as dez mais lidas do site do jornal *La Nación*. Embora temas como o colesterol, a obesidade e a terapia de reposição hormonal costumem ocupar o topo do *ranking*, existem outros mais 'difíceis' que, contra a crença difundida nas salas de redação, também atraem o interesse do leitor", garante a chefe da seção, a jornalista argentina Nora Bär (2003). É por isso que a pergunta "Que temas ou enfoques você acredita interessar mais ao leitor?" tem múltiplas respostas.

Quando fiz essa pergunta a um grupo de jornalistas brasileiros – por meio de questionário com respostas fechadas –, houve unanimidade quanto ao interesse da população pelos problemas de saúde pública, como um surto de dengue. Wilson Gassino, do *Jornal de Londrina*, explicou assim: "Os temas de saúde pública têm mais força e interesse porque fazem parte do dia a dia. Na área de pesquisa houve certa perda de credibilidade nos últimos anos em função de informações contraditórias e que mudam a cada momento" (Gassino, 2003). Outra resposta assinalada entre as preferidas foram enfoques temáticos e ênfase em pessoas e serviços. Um exemplo disso seria uma notícia de obesidade, com um teste fácil de fazer sobre índice de massa corporal, tabelas de calorias, um gráfico em que se comparam os medicamentos oferecidos pelo mercado e guias com informação sobre centros de tratamento. O último lugar do *ranking* de interesse é ocupado, para os jornalistas brasileiros que consultei, pelas polêmicas científicas (Tabakman, 2003).

Na grande mídia, os editores gerais são os donos da última palavra. Sendo generalistas, suas opiniões nem sempre coincidem com as dos editores de seção, que são especialistas. Que doenças são mais importantes para eles? As mais graves? As incuráveis? As novas? Um estudo britânico contabilizou a quantidade de artigos públicos em três jornais do Reino Unido (*The Guardian, Daily Mirror* e *Daily Mail*) em relação a doenças e comparou o número de mortes necessárias para conseguir um lugar na imprensa. Assim, enquanto parecem ser necessárias 4.444 mortes por cigarro para que saia um artigo sobre tabagismo, e 1.375 para que os editores se animem a publicar uma notícia sobre doenças mentais, a relação diminui muito para as doenças mais novas: 22,5 para aids e 1,5 para a doença de Creutzfeld-Jacob, a variante humana para a doença da vaca louca.

Outra maneira de os editores classificarem as notícias é com base nos supostos interesses do destinatário: temas femininos, temas juvenis, temas para empresários, temas para jogadores de golfe. As primeiras notícias sobre aids, quando essa doença ainda não tinha nem nome e os afetados eram todos homossexuais, foram publicadas na imprensa *gay* dos Estados Unidos. A primeira fora desse circuito, que noticiava o artigo científico que descrevia cinco casos, foi publicada pelo *Los Angeles Times*: era um tema de interesse local, já que todos os doentes eram da região. Então, depois de um mês, os jornais *The New York Times* e *Washington Post* reconheceram haver aí um tema que poderia interessar a seus leitores.

Os veículos fazem as matérias para seu próprio público mas, de tempos em tempos, despertam ou vencem a inércia e tentam fazer produtos ao gosto do público que gostariam de ter. Se o departamento de marketing garante que uma revista de informação geral está atraindo apenas o público masculino, a reação do diretor é previsível: pedirá aos editores algumas matérias "mais femininas". Ou seja, seguindo a lógica antes mencionada: beleza ou filhos.

A classificação por nicho tem limites temáticos gerados em parte por preconceitos enraizados, mas também em pesquisas de mercado. A mulher é a principal consumidora de temas de saúde em geral, mas os programas femininos transmitidos em todo o mundo se apoiam no que se chama de "a divina trindade": menstruação, obesidade e menopausa. "Os médicos não dão importância às queixas das mulheres", justificou Isabel Vasconcellos, apresentadora do programa brasileiro "Saúde Feminina". Sabe-se, no entanto, que os assuntos que lhes interessam não são apenas femininos. É a mulher quem administra a saúde do marido, dos filhos e dos pais. Além disso – descobriu-se –, tem cérebro!!! E pensa.

Nas revistas de informação geral detectou-se outro fenômeno peculiar: as matérias de medicina se dividem entre as de prevenção e as de alta tecnologia. A jornalista brasileira Ruth Elena Bellinghini (2003) faz a seguinte crítica: "Falta o do meio, o que há entre evitar uma doença e ter de recorrer à alta tecnologia. Como administrar uma doença que apareceu apesar de todos os cuidados". Sua colega Heliete Vaitsman (2003) acrescenta outra crítica: "As histórias de saúde só vendem – alegam – se têm um final feliz, se mostram um caminho positivo a seguir, se são 'leia a receita' para uma legião de pessoas ávidas por soluções fáceis para problemas que vão de uma unha encravada até o mal de Alzheimer. Quem quiser percorrer o caminho realista e mostrar, além desse lado o outro, o reverso do reverso, é considerado desmancha-prazeres..."

Em termos gerais, as notícias sobre novos testes ou tratamentos têm muito em comum em todas as mídias: não se aprofundam no problema dos custos, não avaliam a qualidade das evidências, não mencionam as alternativas nem os potenciais benefícios ou os danos em termos absolutos (Schwitzer, 2009).

Quando se pensa em público para as matérias de saúde, pensa-se em adultos. Porém, os jovens são importantes para as empresas jornalísticas, que investem bastante dinheiro para sondar seus interesses. A curiosidade tem um motivo: eles representam o futuro, ou seja, vão sustentar ou não a permanência do veículo. "O que vamos perguntar aos adolescentes se eles não sabem o que querem?", me disse, incrédula, uma amiga editora em Buenos Aires.

Para os adultos, tentar entender o mundo de seus filhos é um desafio maior do que fazer jornais para marcianos. "Quais são seus interesses?" é a pergunta da vez. Ao contrário do que se poderia esperar, as fronteiras do futuro, como órgãos para reposição, clonagem e células-tronco parecem não ser um tema de interesse para os jovens, segundo as pesquisas. No Brasil, um estudo sobre as cartas de leitores de adolescentes e jovens com menos de 25 anos publicadas mostrou que a maior parte era de perguntas sobre questões psicológicas, seguidas pelas de sexualidade e em terceiro lugar pelas de saúde em geral. Dentro destas, a metade correspondia a estética e problemas da pele. A nutrição e os exercícios físicos ocupavam 20%. A gravidez estava em quarto lugar, saúde reprodutiva e sexual em quinto e doenças de transmissão sexual em sexto (Agência de Notícias..., 2003). "Não parece que a nova geração queira surpreender. Respondo há uma década consultas de adolescentes e as perguntas não mudam", garante o psiquiatra e jornalista brasileiro Jairo Bouer. "São basicamente de três tipos: as preocupações típicas do início da vida sexual, as transformações do corpo e as dificuldades de relacionamento", enumera (Bouer, 2003).

Pesquisas desse tipo ajudam a definir os temas publicados pelos veículos, mas não se deve pensar que o interesse declarado do público prevalece. Enquadrando-se na filosofia do veículo, é o editor de cada seção quem seleciona o que considera significativo, o que se diz de cada assunto. A cúpula editorial volta a intervir para decidir (em alguns casos, de maneira democrática, em outros, nem tanto) o que merece ocupar a capa ou o que se destina a apenas uma notícia curta, ou que aspecto se destaca para o título. Os critérios aí são pessoais, racionais em alguns casos, viscerais em outros.

Um conselho dado pelo jornalista argentino Jorge Fernández Díaz (1999), ex-diretor da revista *Noticias*, é que cada editor deve se perguntar se pagaria o preço do exemplar só para ler uma matéria que pretende publicar.

Propor temas com base nas cartas ou nos telefonemas que chegam dos leitores é outra estratégia. "Existem paradoxos", comenta Lucia Helena de Oliveira, diretora da revista *Saúde*, do Brasil. "As matérias que geram mais contatos por parte dos leitores não são, segundo mostram nossas pesquisas, as mais lidas. Quando queremos aumentar as vendas, colocamos na capa uma matéria sobre o coração. As doenças e os problemas mais comuns, como a gastrite, também vendem. A pneumonia asiática é importante, mas não vende revistas" (Oliveira, 2003).

Uma discussão já antiga é se os veículos têm de divulgar o que as pessoas querem (ou o que os estudos de marketing ou índices de venda ou comentários *online* indicam que as pessoas querem) ou do que elas precisam. De acordo com essas duas vertentes, o mundo da comunicação se divide em Montecchios e Capuletos. De maneira geral, se poderia dizer que uns se entrincheiram nas empresas jornalistas e os outros nas universidades. As exceções a essa rivalidade são poucas. "É necessário que o jornalismo seja sensível aos interesses e necessidades dos leitores e, ao mesmo tempo, mostre aquilo que de outro modo as audiências não saberiam", propõe, conciliador, o sociólogo Silvio Waisbord, da Rutgers University, de Nova Jersey, Estados Unidos (Waisbord e Coe, 2002).

Perguntas mais comuns

Que assuntos as pessoas querem?

Psicólogos e sociólogos relacionam vários níveis de necessidades que as pessoas procuram satisfazer pela mídia. Em certo nível, os veículos apoiam a necessidade de sobrevivência. Isso motivaria, por exemplo, os jovens com vida sexual ativa a procurar informação sobre prevenção contra o HIV mesmo que já não pareça ser uma notícia para ninguém. Em um segundo nível, as pessoas procuram manter ou melhorar a qualidade dessa sobrevivência. As matérias que ensinam maneiras de se alimentar melhor, controlar a pressão arterial ou escolher um tratamento médico servem a esse objetivo e gratificariam muito as pessoas porque têm aplicação imediata. Há temas que satisfazem outra necessidade humana: a de diversão. Nesse terreno entram muitas notícias vinculadas à sexualidade, que proporcionam conversas e estimulam o pensamento.

Que temas são os mais importantes?

Se aceitarmos o papel crescente da mídia na saúde pública, os temas mais importantes são os que divulgam normas de prevenção e detecção precoce de enfermidades. Doenças comuns como cólera ou desidratação continuam dizimando a população sem que se veja uma resposta suficiente na mídia. Os problemas cardiovasculares ameaçam passar do quinto ao primeiro lugar em importância em 2020. Preveni-los exige divulgar informação sobre a alimentação, o exercício, o hábito de fumar e o manejo do estresse. Em segundo lugar, segundo prevê a Organização Mundial da Saúde, estarão os problemas relacionados com a saúde mental. A mídia pode, e deve, ajudar a enfrentá-los e aceitá-los.

Que temas oferecem mais retorno aos médicos (fontes)?

Essa resposta não é única. Há ondas, modismos. No final da década de 1990, o HIV--aids transformou os infectologistas em estrelas. Passavam a manhã no hospital, mas a adrenalina vinha à tarde, quando se dedicavam a dar entrevistas jornalísticas. Anos depois, o panorama mudou. No início dos anos 2000, apenas os temas relacionados à vaidade ofereciam garantia de microfone. Assim, os especialistas em obesidade, dermatologia, sexualidade e – não por acaso – psiquiatria concentravam os *flashes*, enquanto os oncologistas, para citar apenas um exemplo, só eram exigidos caso uma celebridade confessasse sua doença. Na década seguinte, essa tendência se acentuou em apoio a notícias de serviços (*news you can use*), somadas às que apresentavam novos remédios ou tecnologias.

(continua) ▶

(continuação)

> **Que temas são os mais complicados?**
>
> Não há obstáculo técnico que não se possa saltar com paciência, esforço e uma boa colaboração entre especialista e jornalista. Em temas de alto conteúdo social, há dificuldades ideológicas. O consumo de drogas, por exemplo, é abordado pelos veículos de quatro maneiras diferentes:
> - aterrorizante, centrado nos problemas que gera;
> - moralista, condenando como um comportamento antissocial e autodestrutivo;
> - técnico-científico, com dados e estatísticas; e
> - policialesco, carente do lado médico.
>
> Todos esses enfoques têm suas limitações e, qualquer que tenha sido o teor adotado, não é raro que o meio receba críticas posteriores.

Particularidades de alguns temas

Medicamentos

Parece que não se pode sair satisfeito de um consultório médico sem uma receita. Os seres humanos têm fascinação pelo consumo de drogas, e essa necessidade vital se transferiu para a imprensa.

A informação correta sobre novos produtos ou novos usos de antigos produtos e a difusão de fármacos pouco conhecidos são hoje vistas como imprescindíveis pelo paciente-consumidor. Mas há outros motivos pelos quais os remédios geram tantas notícias jornalísticas.

A maioria dos países restringe a publicidade de medicamentos nos meios de massa. As empresas farmacêuticas então os divulgam por meio de notícias. Isso não adquiriria o sentido que tem se só funcionasse como apoio, e fosse exclusivamente o profissional quem decidisse o uso dos fármacos. Mas é sabido que não é assim. A automedicação é uma questão cultural, que abrange desde o chá de ervas que a vizinha faz até antibióticos potentes. O governo finge que o consumidor não se automedica, o farmacêutico finge que o consumidor só compra medicamentos com receita médica e a mídia – na maior parte do tempo – finge que está tudo bem. Mas não está.

"A publicidade pode estar contribuindo para a redução da tolerância ao desconforto, para o aumento da consciência dos sinais corporais como problemáticos e para a preferência por soluções rápidas", escreveram o psicólogo Mark Thompson e o médico Steven Freedman em *CW online*. A opinião deles se referia fundamentalmente à realidade norte-americana, na qual é permitida a publicidade de produtos médicos direto para os consumidores. Segundo um informe da Kaiser Family Foundation, o aumento do investimento publicitário tem como consequência um aumento nas consultas médicas por condições tratadas por drogas que recebem publicidade nesse período. A imprensa, evidentemente, ocupa um lugar de destaque na era dos pacientes consumidores (veja o Capítulo 8).

Um grupo de medicamentos de grande importância para os meios de comunicação e vice-versa é o das "lifestyle drugs", fórmulas que não se destinam a curar doenças, mas a melhorar a qualidade de vida. A categoria inclui uma grande quantidade de fórmulas, entre as quais estão drogas para a calvície, cremes antirrugas ou promotores da ereção. Por sua relação com o hedonismo, sempre encontram espaço na mídia e têm nela seus principais divulgadores. Os analistas de mercado estimam que adiar a velhice dará mais dinheiro do que ampliar a finitude da existência.

Um ponto importante a ser destacado é o fato de que, mesmo que a ciência avance a passos cada vez mais rápidos, o número de produtos farmacêuticos com ingredientes totalmente novos cai. Nesse panorama, a área de biotecnologia continuará recebendo muita divulgação porque é a que promete trazer aos armários de remédios produtos novos, e confia-se que a genômica possa renovar a oferta de medicamentos. A indústria tem aí outras portas que se abrem, e poucos sabem o que há por trás delas. O que se espera sair daí? Substâncias com custos relativamente elevados que, diferentemente das atuais, serão criadas quase sob medida para grupos humanos pequenos. Seu financiamento por meio de programas estatais ou privados será muito discutido na mídia.

A cobertura de notícias envolvendo medicamentos costuma ter ares de propaganda, mas nem sempre é assim. A imprensa divulga também quando falham, quando prejudicam, quando faltam, quando sobram, quando custam caro demais, quando são falsos ou retirados do mercado. Os efeitos colaterais, a publicidade encoberta e a manipulação de dados por parte de pesquisadores e empresas, por exemplo, já ocuparam muito espaço, sobretudo na imprensa norte-americana. Outras áreas de turbulência para as indústrias são as relacionadas ao aspecto econômico, como a política de preços ou o acesso por parte da população carente.

Os títulos mais negativos aparecem sem dúvida quando são divulgadas mortes por um medicamento. A resposta mais habitual dos laboratórios fabricantes é que "esse óbito se situa dentro dos parâmetros esperados", ou que o paciente em questão tinha este ou aquele fator de risco. Tudo costuma ser verdade. A imprensa e os médicos entrevistados devem, no entanto, perguntar-se: será que nas matérias feitas por ocasião do lançamento se deu a ênfase necessária às contraindicações ou aos efeitos colaterais possíveis?

O dinheiro que a indústria movimenta dentro dos hospitais também é ouro em pó para uma cobertura crítica. O jornal *The New York Times* dedica com frequência espaço aos conflitos éticos, como os relacionados ao fato de que as empresas pagam aos médicos por paciente que conseguiram envolver em um estudo clínico. "Os pacientes se transformaram em *commodities*, comercializados por empresas de pesquisas e médicos", escreveram Kurt Eichenwald e Gina Kolata (1999) em um amplo artigo, que consumiu dez meses de pesquisa e no qual foram esquadrinhados milhares de documentos da indústria.

Na imprensa de países como Brasil ou Argentina tradicionalmente há mais complacência com esses aspectos, mas a cobertura deveria aumentar, já que as pesquisas com humanos não param de crescer. É preciso desenvolver uma imprensa investigativa, que controle a adesão dos envolvidos estrita às normas éticas. Ao mesmo tempo, os jornalistas, inteligentes, devem ser capazes de fazer uma cobertura equilibrada dessa fase imprescindível da pesquisa para impedir que os indivíduos sejam, ou sintam-se, ratos de laboratório.

Tudo indica que a presença dos produtos farmacêuticos vai aumentar na mídia – pelo interesse do público, mas também do setor que poderia se ver obrigado a um contato maior com os cidadãos nos próximos anos. Em um cenário global de menor proteção às marcas, maior pressão pela transparência e excessiva concorrência comercial, as empresas vão valorizar o fato de terem os jornalistas como aliados.

Foi notícia: duas histórias de sucesso (para a indústria)

"Se ainda não há uma canção popular sobre o Prozac", lia-se nas páginas do *British Medical Journal* (McBride, 1994), "logo haverá." Esse fármaco tinha entrado na história como o melhor fruto do casamento indústria-imprensa.

Não deve existir nenhum veículo que não tenha dado espaço a esse antidepressivo. Alguns o aplaudiam, outros não, mas o que era importante: falava-se a respeito dele. Alguns se detinham nos fatos, outros especulavam, e não faltavam os que quisessem mostrar um enfoque original e se perguntavam o que significavam esses comprimidos para a humanidade que dava seus primeiros passos na pós-modernidade.

O livro *Listening to Prozac*, do psiquiatra Peter Kramer, manteve-se bastante tempo na lista de *best sellers* do *The New York Times*. Psicofarmacologia e filosofia, mescladas com casos reais, foram parte da atração. Pouco depois, nas próprias capas, as revistas *Time* e sua concorrente *Newsweek* garantiam que a ciência permitirá mudar sua personalidade com uma pílula. Um medicamento que era, segundo os veículos, "tão familiar quanto um Kleenex, e tão aceito socialmente quanto água mineral". Algumas notícias que em um primeiro momento fizeram referência a casos de suicídio relacionados à sua ingestão não ofuscaram seu brilho.

(continua) ▶

(continuação)

Essa história tinha muitos atrativos. Os mistérios da mente, o segredo do sorriso permanente e o enfrentamento esportivo entre os seguidores de Freud e os que pensam que os problemas da vida podem ser resolvidos com boa vontade e uma ajudinha da química. A felicidade finalmente podia ser comprada. Peter Pan e Sininho tinham razão: tudo pode ser conseguido com fé, coragem e pó mágico.

Quatro anos depois, outro marco superou o anterior: o Viagra. O produto era tão atraente que o principal trabalho dos encarregados de relações públicas da Pfizer nos anos seguintes a seu lançamento foi encaminhar os pedidos da imprensa. O diamante azul nunca deixou de ser notícia, inspiração de tira humorística ou tema de editoriais até nos meios mais sérios. Seguindo o padrão do Prozac, essa outra "pílula maravilhosa" (veja o Capítulo 3) se introduziu nas seções de economia, policial e nas conversas com celebridades. Chegou a substituir as mulheres bonitas na propaganda de carros e em mais de um país foi mencionada por políticos que prometiam ao povo levantar a autoestima nacional.

Foi notícia: duas histórias de sucesso (para a imprensa)

David Willman (2000), do *Los Angeles Times*, ganhou o prêmio Pulitzer em 2001 por uma investigação que levou dois anos e aprofundava a aprovação fraudulenta de sete drogas que causaram a morte de mais de mil pacientes. Sua investigação mostrou que uma categoria de avaliação acelerada chamada *fast track* permitiu a aprovação de drogas das quais os próprios especialistas suspeitavam efeitos deletérios severos. Apesar de ter sido criada para drogas que poderiam enfrentar condições muito graves, essa via rápida tinha sido usada em proveito das empresas para levar ao mercado com menos estudos uma quantidade importante de antialérgicos, analgésicos, antiácidos e antibióticos.

Outro caso exemplar foi noticiado por um jornal norte-americano de apenas 60 mil exemplares, o *Tallahassee Democrat*. Desconfiando da explicação do hospital em relação à morte de uma mulher depois de uma cesárea, a jornalista Paige St. John investigou e desvendou a trama que ocultava os defeitos na bomba que injetava o anestésico.

Sua investigação foi trabalhosa. Primeiro, descobriu dois grupos médicos independentes que tinham emitido alertas sobre essas bombas de infusão; depois, um artigo de difícil acesso no qual as próprias autoridades sanitárias reconheciam 141 mortes relacionadas a elas. Na internet encontrou mais casos e, com a ajuda da família da vítima que deu origem à sua investigação, conseguiu documentos-chave. A parte mais difícil foi encontrar especialistas que dessem declarações. Até que deparou com uma tese de doutorado canadense que a conduziu a pesquisadores que alertavam sobre o problema havia anos e nunca tinham sido ouvidos (St. John, 2000).

Qualidade médica

Quando o cirurgião Ernest Amory Codman fez o impensável – medir e publicar o grau de sucesso ou fracasso que obtinha no tratamento de seus pacientes –, arruinou sua carreira. Seus colegas pararam de lhe mandar pacientes e a sociedade científica à qual pertencia quase o expulsou. Mas isso aconteceu em Boston no início do século XX. Agora, não só os médicos estão um pouco (só um pouco) mais dispostos a pesquisar, como a imprensa está pressionando cada vez mais pela transparência (Why it matters, 2002). Por trás disso há consumidores, cansados de conhecer melhor o desempenho de seu carro do que o de seu médico.

Como a mídia pode ajudar seus leitores na hora de escolher um médico? Não é suficiente que um paciente amigo tenha saído vivo da sala de cirurgia para afirmar que seu cirurgião é bom. Tampouco o contrário seria certo.

A bibliografia científica registra diversas maneiras de medir a qualidade médica. Uma delas classifica a má atenção em três grandes grupos: sobreuso, infrauso e mau uso. Explicando de maneira simples, sobreuso é quando se medica ou se intervém demais; infrauso, quando o tratamento não chega ao paciente que necessita; e mau uso quando chega ao paciente equivocado. Uma avaliação como essa, em geral, está fora do foco da imprensa. Mas nem sempre. A amputação da perna errada seria o caso-limite do mau uso, e a única considerada notícia no sentido clássico.

Os veículos, até certo tempo, divulgavam apenas o melhor e o pior, as proezas e os erros. Mas em seu novo papel de consumidor o paciente exige outro tipo de informação. E a mídia lhe está dando. Em 1973, o *Newsday* foi pioneiro ao publicar os índices de mortalidade dos hospitais de Long Island, mostrando que as chances de sair vivo de uma cirurgia de ponte de safena eram nove vezes maiores no hospital considerado "o melhor" se comparado com o último da lista. Em 1991, o mesmo veículo e o mesmo autor (David Zinman) fizeram uma lista semelhante, mas de cirurgiões.

Quando decidimos fazer na revista *Noticias*, da Argentina, pela primeira vez, um *ranking* nacional da qualidade hospitalar, enfrentamos grandes dificuldades. Nem o Ministério da Saúde, a Secretaria de Defesa do Consumidor ou a Associação Médica davam informações. Um denso véu cobria até os centros estatais ou universitários. Sabíamos que os grandes grupos econômicos proprietários de hospitais privados gastavam muito dinheiro medindo a qualidade médica que ofereciam, mas tínhamos consciência de que não tinham interesse em divulgar esses relatórios e não encontramos nenhum "arrependido" com vontade de nos oferecer essa informação. Anos depois, a matéria se repetiu com mais sucesso, graças à existência de um órgão certificador de qualidade assistencial.

A revista *US News and World Report* publica anualmente o *ranking* dos melhores hospitais dos Estados Unidos, e a revista *Le Point* faz o mesmo na França. A escolha das categorias que a imprensa destaca não é casual: entre as cirurgias, a de incontinência urinária, pensando nas leitoras; e a de ligamentos para os homens mais jovens, por exemplo. A avaliação é feita com base em múltiplas fontes, e é óbvio que no mundo desenvolvido há mais disponibilidade de dados oficiais. Mas o que interessa aqui é o papel ativo da mídia. Os jornalistas enviam questionários aos centros médicos e ficam à espera da resposta. Nas duas publicações, o número de respostas foi crescendo com os anos, devido ao fato de ambas mencionarem explicitamente em suas páginas se o hospital colabora ou não com o envio de informação.

Os erros médicos são um tema clássico da imprensa. Em geral, a matéria aparece depois da denúncia por parte de uma vítima. Ou seja, uma baixa proporção dos erros é noticiada. Não deveria ser assim. A Associação Norte-americana de Jornalistas de Saúde destaca que nos Estados Unidos um paciente hospitalizado tem 6% de chance de ser vítima de erro quando os profissionais de saúde administram sua medicação. Erro não quer dizer, na maioria das vezes, que dão ao doente morfina no lugar de aspirina. Mas sim que o paciente não recebe toda a medicação de que necessita, ou recebe a de que não necessita. E entre as causas estão que o profissional escreve mal a prescrição, a lê mal, se esquece de alguma coisa ou faz mal as contas. Esse dado é de surpreender justamente porque poucos o conhecem: os hospitais em geral, e os médicos em particular, guardam com muito zelo esse tipo de informação.

O *The New York Times* ressaltou essa questão em sua primeira página no ano de 1976 (Rensberger, 1976), e a partir de então o tema recebe atenção nos Estados Unidos de maneira periódica. Alguns estudos mostram que, em um hospital-escola clássico, erros médicos que podem ser prevenidos afetam semanalmente dois pacientes. Obviamente, a maioria não é de casos graves, mas calcula-se que reverter cada erro custe em média US$ 2 mil em tratamentos que seriam desnecessários. Na verdade, morre mais gente por erro médico do que por acidentes na indústria. E esse fenômeno poderia ser global.

Enfrentando numerosos e inusitados obstáculos de natureza corporativa, a imprensa encontrou outras formas de abordar esses temas. Uma pesquisa do Datafolha, instituto ligado à *Folha de S.Paulo*, analisou a opinião de mais de 2 mil médicos para uma muito comentada matéria sobre os piores planos de saúde brasileiros. Os médicos os avaliaram por parâmetros que iam de interferir no tempo de internação ou não respeitar o período pré-operatório a restringir exames ou dificultar a cobrança dos honorários. O *New York Daily News* fez uma série comentada de seis matérias sobre os 15 médicos com mais processos em Nova York. Dois por cento concentravam 30% das condenações (Fight..., 2000). Posteriormente, nos Estados Unidos, houve um *boom* de notícias sobre más práticas, freadas de repente em 2011 quando a informação da base de dados, com nome e sobrenome dos condenados, deixou de estar disponível para o público (Garfield, 2011).

Com um enfoque totalmente diferente, a jornalista Lisa Gubernick (2000), do *The Wall Street Journal*, fez uma grande matéria apenas com a própria dor nas costas. A questão é que ela mesma visitou oito especialistas e obteve, é claro, oito opiniões diferentes – oito tratamentos. Muito além da piada, o caso colocou em evidência que até mesmo nas cidades importantes do Primeiro Mundo os pacientes recebem uma surpreendente variedade de tratamentos para a mesma doença. Em enfermidades crônicas, estima-se que as chances de um paciente receber o cuidado adequado são de apenas 60%.

Há quem pense que a imprensa deveria modificar a cobertura dos erros médicos, deixando de personalizá-los em um indivíduo, já que na maioria das vezes, quando se amputa a perna errada, ministra-se a dose incorreta de uma droga ou se diagnostica mal, não há um único responsável. Concentrar as histórias em pessoas com nome e sobrenome não contribui para melhorar o sistema, mas ajuda a destacar o tema e a vender jornais.

Medicinas complementares e alternativas

Os pacientes as exigem, os planos de saúde as veem como alternativas baratas, os hospitais começam a aceitá-las ou pelo menos a estudá-las. E a imprensa?

As medicinas alternativas ou complementares são encaradas na mídia com a mesma paixão e falta de objetividade de uma partida de futebol. Sobre o tema, há diferenças entre os veículos e também entre os países.

Há alguns anos, um estudo publicado no *British Medical Journal* afirmava que do total de matérias de saúde a proporção que fazia referência a medicinas complementares era consideravelmente maior no Reino Unido (15%) do que na Alemanha (5%). Curiosamente, nas primeiras, e em contraste com a atitude mostrada nas notícias médicas em geral, as de medicina complementar eram muito positivas (Ernst e Weihmayr, 2000).

A divulgação séria de temas como fitoterapia, homeopatia, acupuntura e medicina ayurvédica ainda é rara. O ceticismo em relação às terapias naturais não é filosófico. Ao fim e ao cabo, até há pouco a indústria farmacêutica se limitava a fabricar substâncias que já existem na natureza. Mas a escassa credibilidade e a universalidade dos poucos estudos que existem sobre as terapias naturais são motivos de desconfiança. Além disso, a preparação técnica e a certificação dos profissionais que as utilizam são mais variadas e menos rígidas do que as dos médicos alopatas.

Em nome dos consumidores, médicos e jornalistas têm a mesma necessidade de informação sobre esse tema. E juntos podem fazer muito para incorporar critérios de qualidade, aprofundar a idoneidade dos fabricantes, investigar propagandas que possam ser enganosas e alertar sobre efeitos colaterais e interações.

Segundo o brasileiro Isaac Epstein (2002), "a mídia pode ajudar a aguçar o senso crítico. Os mais perigosos não são os que vendem águas milagrosas, mas os que dizem ter evidências que na realidade não são". Os primeiros se aproximam dos cultos, em geral familiares, que obedecem a outras razões (veja também o Capítulo 6).

Toda vez que se quer cruzar as fronteiras entre as duas medicinas se criam ondas. No ano de 2010, o físico e filósofo Mario Bunge questionou um curso de pós-graduação em Homeopatia da Universidad Nacional de Córdoba (Argentina) propondo com o mesmo critério que a casa ensinasse alquimia. Os editores da revista da Universidade Federal de São Paulo (Unifesp) também se lembram do recorde de cartas recebidas quando foi anunciada a criação de um grupo de estudos de homeopatia em sua escola de medicina.

A revista *The New England Journal of Medicine* gerou celeuma entre seus leitores depois de definir a medicina alternativa como "irracional e perigosa". "O que mais nos afasta da medicina alternativa, de nosso ponto de vista, é que não tenha sido comprovada cientificamente e que seus promotores neguem que isso seja necessário", escrevem Marcia Angell e Jerome Kassirer (1998). "Já é hora de a comunidade científica tirar a liberdade das medicinas alternativas. Não pode haver dois tipos de medicina: convencional e alternativa. Só há a medicina que foi comprovada adequadamente e a que não foi, medicina que funciona, que pode funcionar ou que não funciona. Uma vez que se comprovou que funciona, então não deveria ser considerada alternativa".

Uma das poucas exceções ao tratamento jornalístico habitual está no *curriculum vitae* do bioquímico e jornalista Terry Monmaney, do *Los Angeles Times*. Monmaney convenceu seus editores a realizar uma investigação pouco comum nos jornais. Chegou a contratar os serviços de um laboratório de análises com experiência e confirmar os resultados mais controvertidos mediante a análise em um segundo laboratório. "Decidimos fazer experimentos com a erva-de-são joão, muito usada para depressão, porque tínhamos encontrado uma grande falta de informação científica objetiva em relação à qualidade", disse Monmaney. "Depois de muita pesquisa, encontramos problemas sérios com a qualidade de muitas fórmulas." O resultado foi publicado em uma série de quatro matérias cujo título geral é eloquente: "Alternative medicine: the US$ 18 billion experiment" (Medicina alternativa: o experimento de 18 bilhões de dólares) (Roan e Olmos, 1998).

Do ponto de vista jornalístico, a força das medicinas alternativas não está no negócio, mas nos testemunhos oferecidos por quem acredita ter sido curado tomando uma infusão de raízes ou injetando-se veneno de serpente. Lamentavelmente os veículos, mesmo os corajosos que não tremem ao contrariar mafiosos perigosos, poucas vezes se animam a enfrentar crenças populares.

Aids

"A mídia está conseguindo informar que a aids pode levar à morte?" (2003), perguntava o site brasileiro Observatório da Imprensa no final do ano 2003. Na época a aids já não era um assunto novo na imprensa, mas a pergunta não deixava de ser atual.

Como em nenhuma outra enfermidade, as câmeras estiveram presentes desde o início da epidemia, duas décadas antes. Apesar disso, no ano de 2003, 63% das 370 pessoas que responderam à votação no site disseram NÃO. Se isso continuou assim, o mundo está em apuros.

A grande emergência da aids criou desafios sem precedentes para os jornalistas: como transmitir a mensagem, como evitar os próprios preconceitos, como afrontar a desigualdade, a pobreza, o sexismo. O uso de eufemismos, para não ferir a sensibilidade do público, pode ter tido seu peso no aumento dos casos. Salvo exceções, os jornalistas diziam "contato íntimo" quando deveriam dizer "sexo anal".

Ao longo do tempo, as abordagens passaram por muitas transformações. Em um primeiro momento, a aids era tratada como a "peste *gay*", que só atingia homens homossexuais. Depois passou a ser retratada como doença de artistas para, em uma terceira fase, mostrar que podia afetar qualquer pessoa. O período mais recente a apresentou como um problema de negros e pobres.

Esse deslocamento observado nos meios de comunicação encontra paralelo na própria transformação da configuração da aids em termos médicos, epidemiológicos e socioculturais, e na transformação do conceito de "risco", próprio dos anos 1980, em "vulnerabilidade", utilizado nos anos 1990. Logo depois que a aids se configurou em uma pandemia, a concepção de "grupos de risco" avança no sentido de "comportamentos de risco", na qual o indivíduo é responsabilizado pela prevenção ou não da enfermidade. A partir de 1989, o conceito de vulnerabilidade não se limita ao comportamento pessoal mas abrange o contexto social. O problema é que os meios de comunicação não divulgaram os conceitos de "comportamento de risco" e "vulnerabilidade" com a mesma intensidade com que haviam divulgado os "grupos de risco", e a própria sociedade não os incorporou tão amplamente.

A aproximação dos jornalistas das pessoas comuns talvez seja a principal tendência no final da década de 1990[2] (Soares, 2002). Houve uma virada de página quando as reportagens e os artigos jornalísticos passaram a contar histórias humanas, fatos cotidianos da vida de todos aqueles afetados pela enfermidade. Começaram a ser notícia não apenas *outsiders* e famosos, mas mulheres casadas ou crianças, que não procuram culpados mas reclamam da má atenção dos convênios de saúde ou das demissões indevidas de soropositivos. Quando da preocupação com a via de contágio se passa a assumir que o "risco" é de todos, aparecem fotos com nome, idade e profissão dos soropositivos. Os textos passaram a privilegiar aqueles que estão "vivendo com aids", sem enfatizar a que "grupos de risco" pertenciam.

O sucesso inicial dos medicamentos antirretrovirais que, mesmo sem permitir a cura, estimulavam pela primeira vez a ter esperanças fundadas deslocou a relação dos soropositivos com a sociedade. Aqueles que antes não podiam revelar-se portadores do HIV começaram a se manifestar. Aumentaram os artigos com pacientes assintomáticos e o enfoque predominante dos textos foi a mudança de qualidade e perspectiva de vida depois do uso do coquetel. A ciência estava ligada à salvação, em oposição ao pecado. O uso do coquetel de drogas antirretrovirais, nesses artigos de 1997, é relatado como renascimento, retorno à vida, com uma forte conotação religiosa relacionando a melhora obtida a uma ressurreição ou milagre.

Na cobertura do HIV-aids, os veículos mostraram desde o começo grandes diferenças, e não só por discrepâncias morais ou religiosas, como se poderia esperar. A pesquisadora Dulcilia Schroeder Buitoni, da Universidade de São Paulo, analisou como três revistas (uma dirigida a mulheres adolescentes, outra a mulheres adultas e uma masculina) tinham tratado o tema. Nas duas primeiras (*Capricho* e *Marie Claire*), encontrou um discurso valente e pedagógico. Na masculina (*Playboy*), quase silêncio (Buitoni, 2003).

---

2. Na análise dos artigos sobre aids feitos no Brasil em colaboração com o Projeto de Pesquisa Alfa-Educom da Comunidade Europeia, Soares analisou 192 artigos sobre aids publicados no ano de 1997 em sete jornais brasileiros (*Folha de S.Paulo, O Estado de S. Paulo, O Globo, Jornal do Brasil, Jornal da Tarde, Correio Braziliense* e *Gazeta Mercantil*). Ali concluiu que podiam ser definidos quatro grupos temáticos: Estado (saúde pública), Ciência (tratamentos e testes), Pessoas (soropositivos com nome fictício) e Sociedade civil (instituições, conexões arte-aids). Em uma análise anterior, do período de 1994-95, só havia registrado três grupos temáticos: Estado, Ciência (ambos se mantiveram) e Homossexualidade.

5 A INFLUÊNCIA DA MÍDIA

O que acontece quando a imprensa mete o nariz na saúde e nas práticas médicas? Pode salvar vidas, induzir mudanças, vender produtos, criar ídolos ou destruir credibilidades. Momentos brilhantes e vergonhosos.

As notícias satisfazem um instinto humano básico: a curiosidade. Conhecer o que acontece além da própria experiência e ter informações sobre aquilo que não se pode ver com os próprios olhos também oferece segurança, mas isso às vezes só se percebe quando o fluxo de informações é bloqueado.

No jornalismo médico, talvez mais do que em outras áreas, os dados não são recebidos apenas intelectualmente. Eles interferem em uma camada mais profunda de desejos, medos e valores. Daí sua grande influência.

Aqui analiso como a informação sobre os cuidados com a saúde veiculada na imprensa contribuiu para mudar os hábitos sexuais da população, de que maneira o conhecimento científico modificou a relação médico-paciente e qual o caminho para uma empresa sentir o efeito da atividade jornalística no preço de suas ações na Bolsa de Valores. Mas não se limita a isso. Contamos também como aumentaram as cirurgias de remoção de seios, muitas desnecessárias, após a mastectomia de Nancy Reagan, e que se espera seja também o legado social da Angelina Jolie. Oferecemos outros exemplos para dar a dimensão do impacto da informação médica sobre os cidadãos em particular, e sobre a sociedade em geral. São discutidos os efeitos na carreira de um médico que "vira notícia" e, também, as consequências de uma pessoa – famosa ou anônima – tornar público o seu estado de saúde.

Impacto da informação de massa sobre saúde nas pessoas

Pagar por pílulas mágicas é uma espécie de imposto voluntário à ignorância científica.
Ben Goldacre

Por mais racionais que sejam, os jornalistas de saúde sempre acreditam firmemente no poder terapêutico da informação e contam com histórias e números para justificar sua fé.

Existem doenças das quais ninguém se lembra até entrarem na pauta da mídia, e isso apenas mostra o seu poder de fogo quando os jornalistas fazem o que sabem: contar histórias. A tragédia de uma mulher que levava dentro do ventre um bebê sem cérebro impulsionou no Brasil o debate para ampliar as situações nas quais os médicos podem interromper uma gravidez. Na Argentina, três anos antes, um caso igual havia dado um grande empurrão a uma decisão de menor conteúdo ideológico, mas com maiores consequências sanitárias: a divulgação de que o consumo diário de ácido fólico pode prevenir essa anomalia, medida que não parece difícil de ser tomada, mas que nenhuma política pública tinha conseguido pôr em prática. Apesar de os benefícios da suplementação do ácido fólico às gestantes terem respaldo científico havia anos, os médicos só passaram a prescrevê-lo às suas pacientes após a divulgação desse caso, ou seja, quando as misérias humanas foram reveladas pela imprensa.

A aids é a doença mais midiática da história e sua prevenção é uma decisão pessoal que deve ser tomada a cada dia. No ano de 1996, quando se calculava que mais de 600 mil pessoas nos Estados Unidos estavam infectadas com o vírus HIV, mais de 60% dos norte-americanos entrevistados disseram não conhecer pessoalmente ninguém infectado ou que tivesse morrido pela doença, mas a maioria sabia bastante sobre o assunto. Dois terços diziam ter obtido informações pela televisão, e mais da metade reconhecia que o acesso a elas aconteceu por meio dos jornais. Menos de um em cada cinco sabia da doença por seus médicos.

Há muitas pesquisas como essa, em vários países, mas o verdadeiro impacto social não pode ser medido em termos de conhecimento, e sim nas consequências das notícias recebidas, e é aí que a imprensa norte-americana pode se sentir orgulhosa. Setenta e um por cento dos entrevistados afirmaram ter conversado com um familiar sobre o tema, 55% disseram ter mudado seu comportamento para melhorar a saúde, 49% falaram com seu parceiro sobre um tema relacionado ao sexo e 43% já haviam consultado um médico ou outro profissional da saúde. O jornalismo – e o de saúde não é exceção – pode abastecer a cultura de algo único: informação confiável e precisa que contribui para a liberdade de escolha do cidadão.

Os efeitos concretos que as notícias médicas provocam são difíceis de mensurar. Estudos sobre memória e informação, por exemplo, mostram que os telespectadores retêm mais do que os ouvintes de rádio ou os leitores de jornal. Outra maneira é avaliar até onde chega a informação da rede social do receptor. O estudo *Internet and American life project*, do Pew Research Center, demonstrou que, em 2009, metade das buscas de temas relacionados a saúde na internet era feita para terceiros, e quase seis em cada dez pessoas que usaram meios digitais para se informar sobre saúde mudaram o enfoque com que cuidavam da própria saúde ou da de algum parente. Dois terços, porém, comentavam suas descobertas com outras pessoas, de forma real ou virtual. Ou seja, o efeito não se limitava aos usuários de meios digitais. Além disso, esse estudo do impacto social da internet mostrou que as pessoas confiam nas suas redes virtuais como faziam antes socialmente: 41% dos pesquisados tinham lido o comentário ou a experiência de outras pessoas com o mesmo problema em blogues, sites ou redes sociais (Fox e Jones, 2009).

É realmente difícil discriminar a influência de uma fonte de informação sem considerar a contaminação por outras. Além disso, é complicado distinguir se o meio impõe tendências ou apenas as reflete.

Estima-se que exista uma correlação positiva entre o grau de conhecimento das doenças (seus fatores de risco, formas de prevenção e tratamento) e a taxa de adoção de hábitos saudáveis pela sociedade. O aumento nos diagnósticos precoces do câncer de mama e a diminuição do tabagismo são dois exemplos clássicos a favor dessa ideia. Já é lugar-comum dizer que para cada dólar investido em informação sobre saúde são poupados dois dólares em tratamentos e consultas. Acredita-se que indivíduos mais bem informados aderem a comportamentos preventivos e reagem melhor a uma enfermidade. Os efeitos, provavelmente, são lentos, e isso nem sempre é ruim. Supor o contrário obrigaria a pensar que um erro isolado gera catástrofes.

A Organização Mundial da Saúde (OMS) é uma instituição que exerce seu poder basicamente por meio da difusão em massa. A OMS adotou, em 1978, o objetivo de "promover a saúde", incentivando uma série de mudanças em indivíduos, grupos pequenos ou em grande escala, as quais conduzem à adoção de estilos de vida saudáveis. O conceito inclui, também, o estímulo aos cidadãos para que desenvolvam a capacidade de controle sobre os serviços de saúde. Por definição, a promoção da saúde deve alcançar seus fins pela persuasão, não por coerção. Para isso, a mídia é parceira obrigatória.

Infelizmente, a divulgação de temas médicos é uma faca de dois gumes: quem não sabe nada está mais perto da verdade do que a pessoa cuja mente está cheia de informações equivocadas. Conseguir que a mensagem seja bem decodificada pelos receptores é o grande desafio que preocupa (ou deveria preocupar) tanto médicos quanto jornalistas.

Há alguns anos, por exemplo, uma nova terapia foi bastante divulgada como panaceia contra o câncer, inclusive por um veículo tradicionalmente cauteloso como o *The New York Times*. Muitas pessoas se ofereceram como voluntárias para as pesquisas dessas drogas (inibidoras da angiogênese) em humanos. Cientistas do MD Anderson

Center, da Emory University, realizaram um estudo[3] sobre as atitudes dos pacientes. A grande surpresa foi que os que haviam se informado lendo o jornal tinham expectativas mais realistas – já que conheciam bem o propósito e as limitações do estudo – do que aqueles que souberam por intermédio dos médicos (Pentz *et al.*, 2002)!

Uma reflexão rápida: nem todos os consumidores de informação de saúde são leitores do *The New York Times*.

Do ponto de vista sanitário, o numeroso público dos programas populares é ainda mais importante, porque a população mais carente depende mais da televisão para cuidar da própria vida e da de seus familiares. No Brasil, os médicos falam de uma patologia que batizaram de "síndrome do 'Fantástico'", em referência a esse popular programa dominical. Os sintomas dessa síndrome variam de semana a semana, já que às segundas-feiras aparecem nos consultórios pacientes temendo ter as enfermidades que foram divulgadas no programa do dia anterior. Afirmam que se trataria de uma reação psicossomática, mais do que casos não devidamente reconhecidos. Será que a mídia popular gera expectativas realistas?

Os assessores de imprensa empregam diferentes técnicas para amplificar a influência de uma matéria a seus clientes. Uma delas é acompanhá-la de testemunhos de pacientes, o que lhes concede uma força especial. Essa prática é realizada pelas ONGs há muito tempo. Cristina López Mañero, que examinou a difusão midiática da dor, destaca: "Apesar de a dor e o sofrimento constituírem, em sua origem, um mal, são suscetíveis de ser transformados em um bem, e a informação pela mídia pode, e deve, contribuir com essa tarefa. Esse bem consistirá, algumas vezes, em mitigar um mal, outras vezes em preveni-lo ou em dar-lhe sentido e contribuir para sua aceitação".

Para ela, a informação é, ainda, um fator de integração entre os que sofrem entre si e também entre aqueles que não padecem. "Apesar de cada paciente pensar que seu sofrimento é incomparável e insubstituível, e ainda que, efetivamente, seja assim em sentido subjetivo, a informação e a comunicação com os demais fazem que o doente não se sinta isolado na solidão que a dor impõe" (Mañero, 1998).

Quando se apresenta uma história, quando se descreve um caso único, o impacto emocional é maior. Mas, como efeito colateral, o equilíbrio se perde. A difusão mundial que teve o caso Sampedro, um espanhol tetraplégico que se suicidou diante das câmeras,

---

3. Uma equipe de pesquisa analisou as matérias publicadas durante três anos nos diários *The New York Times*, *Boston Globe* e *Chicago Tribune* e entrevistou 100 voluntários do estudo clínico. As matérias eram amplamente favoráveis: só uma em cada quatro se limitava a dar os dados sem mostrar sua importância. Quase a metade dos participantes (47%) havia se inteirado do tema pela mídia, o resto por seus médicos. A proporção dos que entendiam perfeitamente o alcance da pesquisa era cinco vezes superior entre os primeiros, comparados com os que haviam sido informados pelos médicos.

pode levar a muitos a visão de que a vida não tem sentido para os deficientes. E, para a maioria deles, isso não é o correto. Em uma matéria que pretende ser equilibrada, entrevistar duas pessoas, uma saudável, que toma aspirina todos os dias, e outra que tomou apenas uma vez e teve uma hemorragia digestiva, pode conduzir à conclusão equivocada de que 50% das pessoas que consomem o remédio podem sofrer com os efeitos colaterais.

Se o testemunho é oferecido por uma pessoa reconhecida socialmente, a influência é ainda maior. Quando se divulga o esforço de um paciente famoso que luta pela vida, é provável que os anônimos sejam contagiados pela sua valentia. "Se o mago da tribo adoece, deixa de ser mago, mas ajuda os demais a se sentir bem", explica o psico-oncologista argentino José Schavelzon (1999). O tratamento correto dessa história é, certamente, essencial para que as consequências não sejam negativas.

Nas ocasiões em que os meios são assolados por menções vergonhosas, a influência é negativa. O que terão sentido pacientes e familiares quando o correspondente em Buenos Aires de um jornal estrangeiro quis dizer "de forma criativa" que um jogador de futebol argentino estava internado em uma clínica psiquiátrica? "Rodeado de pacientes que se consideram Napoleão Bonaparte ou o papa João Paulo II, o ex-astro do futebol Diego Armando Maradona enviou felicitações ao presidente venezuelano Hugo Chávez pela vitória no referendo" (Palacios, 2004). A sociedade toda retrocedeu um passo com o preconceito.

Quando falamos sobre a influência da mídia, não podemos deixar de destacar sua capacidade de gerar laços de comunicação. As colunas de consulta, por exemplo, oferecem oportunidades únicas que não se encontram no consultório médico, não só pela falta de tempo dos profissionais, mas também por timidez dos pacientes. Segundo o estudo brasileiro "A mídia como consultório", mensalmente os diversos meios do país recebem cerca de 4 mil perguntas, e as respostas publicadas são lidas por muito mais pessoas. Quase uma em cada quatro adolescentes considera as questões a parte mais interessante de jornais e revistas, e só um em cada dez dos 708 alunos entrevistados declarou que não as lia nunca. Dos que as leem, 45% afirmaram ter seguido os conselhos recebidos. Uma taxa de êxito entre os jovens que deve parecer milagrosa a seus próprios pais (Agência de Notícias..., 2003).

O papel da informação-entretenimento

A linha que separa a realidade da ficção vem se desfazendo nos últimos tempos. Os programas de entretenimento se nutrem dos jornalísticos e vice-versa.

As enfermidades, desde sempre, tiveram um papel privilegiado na ficção. O que interessa aqui são apenas aquelas cenas divulgadas pela TV como ficção, mas que acabam assumindo aspecto educativo.

(continua) ▶

(continuação)

A série de televisão "E.R.", transmitida em todo o mundo, começou uma discussão sobre a distribuição de agulhas a viciados mais animada do que o anúncio da discussão parlamentar sobre o tema. Alguns episódios foram assunto de teses acadêmicas, como aquela em que uma vítima de estupro perguntava no hospital o que poderia fazer. A cena em que mencionavam as pílulas contraceptivas de emergência durou menos de um minuto, mas, na semana seguinte, o número de espectadores que conheciam a existência de um tratamento que permitia evitar a gravidez depois do sexo sem proteção havia subido de 50% para 67%. Destes, os que sabiam tratar-se de pílulas também havia aumentado de 10% para 33%. É como dizer que, dos 34 milhões de espectadores que viram esse episódio, ao menos 5 milhões de pessoas ouviram falar de contracepção de emergência pela primeira vez naquele dia.

A pesquisa, realizada pela Princeton Survey Research Associates, mostrou também que, daqueles que tinham declarado conhecer o tema antes da exibição do episódio, 63% haviam adquirido a informação pela TV e somente 11% por profissionais da saúde. Além disso, a maioria dos mil telespectadores habituais entrevistados disse que aprender sobre temas de saúde era uma das razões por que assistiam à série, a razão principal para um em cada quatro. E a influência era real: um em cada oito diziam ter contatado seu médico por alguma questão que tinham visto em "E.R." (Kaiser, 1997).

Os *reality shows* poderiam, inclusive, ter mais poder do que a ficção pura pela sua capacidade de modificar atitudes, crenças e comportamentos. A primeira edição do "Big Brother Brasil" demonstrou o compromisso dos participantes na campanha contra a dengue. A série "Fôlego" mostrou a luta de um grupo de voluntários que decidiu parar de fumar. "Me fez ver que eu poderia vencer essa batalha", declarou uma das fãs do programa que trocou os cigarros por caminhadas. "Quando vi um pulmão negro na tela, disse 'Chega!' e abandonei na hora os meus três maços diários", declarou outro seguidor. Os *reality shows* realizados em hospitais, com médicos e pacientes como estrelas voluntárias, já estão há anos no mercado televisivo (por sua natureza particular, são abordados no Capítulo 6).

Nas telenovelas, a identificação da audiência com os personagens é muito marcante. Na Venezuela e na Espanha, o câncer de mama da personagem Cristal motivou um efetivo aumento nas consultas médicas. No Brasil, registrou-se um aumento de 20 para 200 doações de medula por mês na época em que uma novela apresentou um personagem com leucemia. Os problemas derivados do uso de drogas, o alcoolismo e a aids estão entre os temas mais abordados. A novela "De corpo e alma" teve como tema a doação de órgãos e contribuiu para diminuir a desconfiança do brasileiro acerca da busca de órgãos cadavéricos. A dimensão do que é chamado "marketing social" com o qual os roteiristas se comprometem cada vez mais é enorme (Jacintho e Jimenez, 2003).

Riscos ocultos

A informação, ainda que legítima, pode ter influência negativa. Nos anos 1980, demonstrou-se que as pessoas acreditavam que a probabilidade de morrer em um acidente de carro era maior do que por enfisema pulmonar, embora as estatísticas mostrassem o contrário. Mas temos notícias de acidentes todos os dias.

Em 1997, quando os temas de medicina já eram parte do cardápio dos noticiários, uma coalisão de ONGs norte-americanas solicitou uma campanha nacional antimitos, pois descobriu-se que as mulheres temiam o câncer de mama acima de tudo e ignoravam ameaças mais reais. Só 9% das norte-americanas concentravam seus temores nas doenças cardíacas ou cerebrovasculares, apesar de estas últimas matarem por ano mais mulheres do que a soma das 16 causas seguintes, incluindo todas as formas de câncer, diabetes, aids e acidentes. Só uma entre quatro mulheres sabia que o tumor de pulmão, e não o de mama, era naquele momento o número um no *ranking* de mortalidade feminina por câncer. O problema residia no espaço dado pela imprensa a cada um desses temas.

As pessoas desconhecem que hoje o câncer é curado em metade dos casos porque são, justamente, os outros que são sempre comentados – em muitas ocasiões ainda nomeados como "uma grande e penosa enfermidade". Nesse contexto, a difusão das histórias de cura é o antídoto para enfrentar uma das seções mais antigas dos jornais: o obituário.

Dar informações implica riscos. É óbvio que, ainda que o emissor difunda uma mensagem igual para todos, cada um dos receptores a assimila de modo diferente. É exemplar o caso de uma jornalista que dividiu com os leitores do *Washington Post* suas preocupações pessoais: "Nas últimas duas semanas eu parecia ser a personificação das manchetes médicas dos jornais!", escreveu Cynthia Gorney (2002). Referia-se a duas notícias que a tinham afetado de forma direta: uma em que se anunciava que a terapia de reposição hormonal tinha mais riscos do que benefícios, e outra que concluía que a artroscopia de joelho não era efetiva. "Imaginem o efeito que isso causa em uma paciente operada do joelho que faz o tratamento hormonal. Sobretudo se a reabilitação não é tão rápida quanto ela gostaria."

Gorney descreve ali o que muitas outras pessoas sentem: o fardo da "incerteza da sobre informação". Ainda que, racionalmente, ela soubesse que seu caso pessoal não coincidia de maneira exata com as condições sob as quais os estudos foram realizados – a pesquisa sobre a intervenção de joelho foi feita com homens com mais de 50 anos, e os hormônios que ela recebia não eram os mesmos utilizados no estudo –, a suspeita já estava instalada.

Grande parte da imprensa vive de semear dúvidas, mesmo quando não deveria. São aqueles jornalistas que pensam que "notícia é o que alguém não quer que seja publicado, o resto é publicidade". Quando os meios são sensacionalistas e os temas, controvertidos, a balança pende ainda mais. Há alguns anos, a possibilidade de uma vacina causar autismo – questão que não contava com bases científicas – foi divulgada em tabloides britânicos. Pesquisadores da faculdade de jornalismo da Cardiff University ouviram a opinião popular sobre o tema. A maioria sabia que alguns cientistas relacionavam a vacina ao autismo, mas, erroneamente, acreditava haver fortes evidências a favor dessa hipótese. Os pesquisadores não disseram que os jornais eram uma porcaria que desinformava, mas, educados, atribuíram a desinformação à tendência dos meios a dar os dois lados de uma história, mesmo que isso signifique dar peso igualitário inclusive à minoria que divulga um mito. "Apesar de a mídia tentar equilibrar os pontos de vista, para as pessoas é difícil calcular o volume de evidências de cada lado." Pouco depois, tornou-se público que o assunto todo era uma fraude.

Essas situações acontecem diariamente. Algumas são estudadas. Quando um grande número de italianos caiu nas garras do médico italiano Di Bella e seu método terapêutico não comprovado contra o câncer que levava seu nome, um grupo de oncologistas e psicólogos pesquisou as opiniões, os sentimentos e as atitudes de 1,3 mil pacientes que eram atendidos em 13 cidades italianas. Oitenta e oito por cento dos entrevistados tinham ouvido falar do método pela mídia (televisão/rádio: 62%, jornais: 26%) e somente 5% citavam médicos. O interessante do caso é que o público se dividia de forma bastante próxima entre os que diziam que suas esperanças de cura haviam aumentado (52%) e aqueles que se sentiam mais confusos (48%) (Passalacqua, 1999).

A história íntima de cada leitor é provavelmente o que mais afeta a compreensão da mensagem e o que mais escapa ao jornalista. Certa vez entrevistei a primeira mulher argentina que se submeteu a um exame genético de risco de câncer de mama. Estávamos em 1997 e pouco se sabia, até então, sobre a conveniência de recomendar ou não esse teste. Seu oncologista havia me esclarecido que não aprovava a ideia de que sua paciente fizesse o exame, ele apenas tolerava. Nessas condições, me intrigava saber se ela tinha sido estimulada pela grande publicidade que a genética estava tendo nos meios de comunicação.

Ao conversarmos por telefone, essa advogada de 49 anos disse que poderia me receber para entrevista e fotos no mesmo dia. Foi grande a surpresa quando me esclareceu que o resultado do exame não chegaria até a semana seguinte. Entendi a situação no início do diálogo pessoal, quando ela me contou que, independentemente do resultado, ela já tinha se decidido: ia retirar a mama que lhe restava. A outra mama tinha sido extraída anos antes, após uma mamografia na qual foram vistos – nas palavras dela

– alguns pontinhos "suspeitos". "Minha mãe morreu de câncer", disse. "Ela nunca tinha feito nenhum controle, e quando o tumor foi detectado ela não fez nada para detê-lo. Não vou repetir a história."

Talvez seu caso seja extremo, mas nesse dia compreendi exatamente como os esforços para dar informações com cautela podem ser inúteis diante de uma história de vida que não admite voltar atrás. Desconhecemos cada um dos indivíduos que receberão a notícia, como uma imagem os afetará, que decisões tomarão depois de ouvir uma declaração que escolhemos. Com o tempo nos habituamos a conviver com o peso dessa responsabilidade.

O caso da minha entrevistada pode parecer um caso único, porém, nos seis meses que sucederam à mastectomia de Nancy Reagan, em 1987, as cirurgias que conservavam a parte sadia da mama tiveram uma redução de 25% nos Estados Unidos. As mulheres, sobretudo as de baixo nível socioeconômico, queriam livrar-se do seio enfermo com a remoção total. Não importavam o tamanho nem a gravidade do tumor. Consideravam que o que era melhor para a esposa de um presidente seria melhor para elas também (Nattinger, 1998). O mesmo se espera que aconteça depois da mastectomia da Angelina Jolie. Há uma tendência natural de acreditar que oferecer a informação correta significa que esta chegue a todas as pessoas de maneira igualmente correta. Grande erro.

Interpretações erradas, ou quando a informação não serve para nada

As interpretações erradas são um efeito indesejável frequente da informação. A mente humana tem dificuldade de conviver com a dúvida, mas é capaz de abrigar, ao mesmo tempo, ideias contraditórias. Sistemas anacrônicos ou opostos são combinados, sincreticamente, como complementares. Isso acontece fora do âmbito de trabalho até com cientistas habituados a questionar os fundamentos da sua disciplina.

Informar não é sinônimo de educar. Um levantamento da Kaiser Family Foundation, ligada à faculdade de Saúde Pública da Harvard University, dá um exemplo do que acontece. Dos 1,2 mil adultos que responderam à pesquisa sobre temas de saúde divulgados recentemente na mídia, 45% afirmaram ter lido matérias sobre terapia hormonal no climatério, mas só 35% puderam identificar corretamente quais tinham sido as conclusões. Extrapolando a totalidade da população informada, milhares de pessoas não haviam entendido nada (Kaiser, 2002).

Mais recentemente, quando um músico argentino ficou em coma após um acidente vascular cerebral (AVC), os meios de comunicação deram grande visibilidade à doença, mas, nessa mesma época, uma pesquisa da Asociación Argentina de Ataque Cerebral revelou que 34,1% não eram capazes de mencionar um só sintoma de alerta do AVC.

Existem várias explicações possíveis para esse paradoxo que faz que os efeitos reais da difusão não sejam tão relevantes em termos de saúde. O fato de o conhecimento ser difundido atualmente mais pelos meios de comunicação de massa do que pela educação escolar formal provoca uma rede de noções desordenadas e aleatórias. Os educadores explicam que ideias independentes não são incorporadas tão profundamente no conhecimento como as concatenadas.

Quem quiser salvar o mundo com a pena e a palavra deve estar disposto a enfrentar um fracasso parcial. A mídia não é uma plataforma de saúde tão boa quanto se gostaria. Entender bem o conteúdo de uma informação é o segundo passo necessário, mas não é por isso que se deve esperar que ela produza as mudanças adequadas e de maneira imediata. Entre os leitores deste livro, pessoas supostamente bem informadas e com vontade de viver, quem levar uma vida 100% saudável que atire a primeira pedra.

Os conhecimentos teóricos, bastante cognitivos, raramente se traduzem em uma ação concreta na grande maioria das pessoas. O consumo de tabaco pode não ser um bom exemplo, já que existe a força da dependência, mas já foi visto, também, que abandonar o sedentarismo, diminuir o consumo de açúcar ou receber periodicamente a vacina antitetânica exige algo mais do que o conhecimento da sua importância.

Medo, prazer, preguiça, esquecimento... as questões de índole pessoal não são as únicas. O contexto social em que se recebe uma informação inclui educação, grupos de referência, representações populares. Embora as pessoas busquem informações na imprensa para guiar suas decisões mais pessoais, como tomar ou não uma vitamina, é provável que as coloquem em prática só quando coincidam com as suas intenções prévias. Uma recomendação que não se encaixa no marco de referências é recusada.

Os mitos, por exemplo, estruturam o pensamento e são, talvez, o obstáculo mais difícil de transpor. Existem milhares de crenças falsas que se referem à saúde, mesmo nas camadas mais informadas. Que as vitaminas dão energia, que a aspirina é inócua, que os antitranspirantes produzem câncer de mama, que as pulseiras ionizadas aliviam a dor articular, que os hambúrgueres do McDonald's têm carne de minhoca. São fenômenos da comunicação mais complexos do que se costuma supor, muitas vezes portadores de uma mensagem simbólica difícil de decifrar. Ao rumor de que a carne do McDonald's é de minhoca foi atribuído o simbolismo de que todos os hambúrgueres são veneno, que a empresa sabe disso e continua com a campanha de intoxicação alimentícia por puro prazer capitalista.

Muitas crenças parecem resistir às negações e, se morrem, revivem mais tarde, modificadas. O rumor da carne de minhoca dos hambúrgueres mudou e agora circula um texto que atribui a esse alimento e também à salsicha a causa do mal de Alzheimer.

Não é por acaso: a ciência ainda não tem uma boa explicação para essa doença e a inquietação não satisfeita é um caldo de cultivo.

Na saúde existem mitos comuns a diferentes culturas. Pensar que os enganos nascem da ingenuidade daqueles que acreditam nos mitos e da maldade dos que os geram é simples demais. Isso não explica, entre outros aspectos, por que alguns permanecem ao longo do tempo enquanto outros evaporam rapidamente. A impossibilidade de verificação não é a causa: sua fortaleza reside em serem portadores de uma mensagem oculta, altamente simbólica.

Conta uma lenda urbana que um jovem conhece uma garota em um bar, sai com ela e acorda no dia seguinte em um quarto vazio, com a carteira intacta, mas com uma cicatriz nas costas. Vai a um hospital e é informado de que um dos seus rins foi retirado para transplante. De tempos em tempos, os médicos voltam ao tema, desmentindo-o. Jornalista algum jamais encontrou um ferido, mas passam-se os anos e nada faz essa história morrer. A lógica das explicações não tem força suficiente para fazer um corte no valor social do rumor. As ideias compartilhadas por um grupo, por mais irracionais que pareçam, reforçam o pertencimento. Cada grupo tem suas crenças.

Os argumentos contrários são sempre menos atraentes do que o rumor, e o refutador não consegue cortar a cadeia porque o grupo invariavelmente encontra um canal. As crenças sem fundamento são muito mais do que mentiras. Por isso não basta desmascará-las para fazê-las desaparecer. É um mercado negro da informação difundida até por não se acreditar nela: "Me disseram que..., mas não acredito" (Alauzis, 2002).

A longa vida dos erros

Na informação médica, os erros não são humanos: são inadmissíveis. Doses equivocadas, nomes de medicamentos mal escritos, tratamentos mal explicados... Existem aqueles que acreditam que os jornalistas que se enganam por ter lido os dados em ritmo de fechamento deveriam ser julgados com a mesma severidade que os cirurgiões que operam o joelho errado e atribuem à pressa o fato de terem colocado a radiografia invertida. São aqueles que argumentam que erro publicado é erro consagrado, uma bomba que joga fora anos de discurso sanitário.

Nem todos são tão exigentes. Em uma pesquisa que realizei entre médicos brasileiros, 44% afirmaram tolerar a publicação de erros nas matérias de saúde, pelo menos na mesma medida que em outras seções, por se tratar de um tema técnico, embora 55% acreditem que as matérias têm influência alta ou média nas decisões dos seus pacientes (Tabakman, 2002). Por que tanta condescendência? Um motivo pode ser que os médicos não perdem de vista que a informação da mídia é apenas um dos elementos que a

(continua) ▶

(continuação)

população utiliza para adotar ou deixar de adotar determinada conduta. Outra explicação possível é a solidariedade, já que sabem que os jornalistas não são os únicos que digitam errado quando põem as mãos em um computador.

Um grupo de geriatras canadenses, cansados de perder tempo desmentindo seus colegas, analisou, uma por uma, 50 colunas escritas por médicos em diferentes jornais. A conclusão foi que o termo *matasanos*[4], comum em alguns países para referir-se aos médicos, podia estar bem colocado: 28% davam conselhos potencialmente graves para a saúde, 22% inseriam questões críticas que não ficavam claras e 14% expressavam opiniões, algumas vezes discutíveis, como fatos aceitos. Em uma carta cheia de exemplos, a médica Ann McPherson (1999, p. 928) afirmou: "Leio as colunas que os meus colegas dos jornais escrevem regularmente. Primeiro, para estar um passo à frente dos meus pacientes; segundo, para ver a quais erros eles podem estar expostos".

Os médicos, como o resto dos mortais, também se equivocam, até diante das câmeras. O programa "Fantástico" mostrou que a proliferação do mosquito da dengue poderia ser evitada adicionando-se uma colher de sopa de água sanitária a quantidades variáveis de água parada. E, mais, fez uma demonstração do procedimento. Dias depois, um entomologista realizou a experiência proposta por Varella no seu laboratório, diante das câmeras do "Jornal Nacional". As lentes de aumento mostraram que as larvas continuaram vivas e, portanto, em breve estariam voando e transmitindo a doença (Lage, 2001). Lamentavelmente, os dois programas não eram destinados ao mesmo público e, por isso, a revelação deve ter tido o mesmo efeito que o cloro na água infestada.

As seções "erramos", "erratas" ou "esclarecimentos" que aparecem às vezes nos meios escritos (jamais no rádio, na TV ou nos meios digitais) podem ajudar a dar uma pincelada de credibilidade ao meio, mas não fazem mais nada sobre a leitura original. Sua influência é quase nula. Vejamos o exemplo da matéria intitulada "O apaga rugas", publicada na *Veja* (Buchalla, 2004). Tratava-se de uma reportagem de medicina que propunha um tratamento com uma droga chamada isotretinoína, mas foi trabalhada com a frivolidade própria das matérias de beleza porque este era o objetivo: atenuar rugas e melhorar a textura da pele. A jornalista fazia referência aos conhecidos efeitos colaterais da droga (alterações no fígado, má-formação do feto se a usuária está grávida etc.), mas afirmava: "Essas reações adversas não ameaçam a quem usa a isotretinoína para rejuvenescer a pele", embora adicionasse, quatro linhas adiante, "Nenhum dermatologista sério receita a substância sem submeter a paciente a um exame de sangue" (Buchalla, 2004). Não é uma contradição? Ou será que sugere que os leitores peçam a receita a um dermatologista pouco sério para não precisar ser perfurados para a coleta de sangue, já que o remédio não faz nada? Na edição da semana seguinte,

---

4. Em espanhol, o termo significa, literalmente, "mata sadios". [N. T.]

(continua) ▶

(continuação)

a seção dos leitores publicava uma carta de uma profissional do Centro de Vigilância Sanitária alertando sobre o que a matéria deveria ter dito (Cuidados, 2004). Quantas mulheres a terão lido?

Na web o estrago pode ser pior. As retratações quase não existem no mundo digital. Os erros não são corrigidos, são apagados – geralmente sem deixar rastros.

O alcance dos erros é, às vezes, difícil de avaliar e prever. Claude de Ville de Goyet, do programa de coordenação de emergência em desastres da OPS/OMS, se viu obrigado a escrever uma carta pública intitulada: "Parem de propagar mitos!" Segundo ele, na cobertura de todos os desastres naturais, de terremotos a furacões ou inundações, repete-se o erro de dizer que os cadáveres constituem um risco maior de enfermidades. O resultado social dessa crença é a acomodação precipitada dos corpos, o que acaba com o direito da população de identificar, honrar e enterrar os mortos. Além disso, a falta de atestado de óbito os faz perder benefícios legais e financeiros. "Devemos trabalhar com a mídia para informar bem o público, e para que os familiares possam receber os corpos das vítimas em um ambiente livre do temor infundado de uma epidemia... Não constituem um risco público de cólera, febre tifoide ou outras pragas... decerto são uma ameaça menor do que se estivessem vivos" (Goyet, 2000). O mesmo poderia se dizer de muita gente, não?

Doenças midiáticas

O termo foi inventado por pessoas que acharam necessário definir a existência de um novo grupo de doenças: as patologias causadas pelos meios de comunicação de massa. E não se trata de dermatites pelo contato com a tinta do jornal, epilepsia provocada pelo estímulo das imagens televisivas nem do estresse multimídia. São os males físicos ou psicológicos que não existiriam se não houvesse pessoas com a mania de informar.

A doença do momento é a chamada cibercondria, mas a moda de acusar os meios vem de muito antes. Um exemplo é a grande quantidade de pessoas que consideram as revistas de moda e beleza as únicas responsáveis pela existência dos transtornos da alimentação, como a anorexia e a bulimia.

Em certa ocasião, fui a uma reunião multidisciplinar do serviço de adolescência do hospital infantil Ricardo Gutiérrez, de Buenos Aires, na qual seriam discutidas as causas da anorexia. Foram convidados a compor a mesa um psicólogo, um hebiatra[5], uma publicitária e eu, representando "a imprensa". Teria sido melhor ir com um colete à prova de balas.

---

5. Médico especialista em adolescentes. [N. T.]

Tentei enfraquecer as acusações do público de, pelo simples fato de ser jornalista, ser causadora da morte de várias mulheres vítimas da anorexia, citando o exemplo da imperatriz Sissy, anoréxica famosa que não comprava revistas todas as semanas e, ainda que o fizesse, vivia em tempos em que não se poderia sequer prever o exibicionismo corporal dos dias de hoje. Não adiantou. Mostrei números sobre a alta taxa de obesidade que afeta a população que consome nossos produtos, mas os rostos não perdiam a dureza diante dos meus argumentos defensivos.

Não consegui contradizer a hipótese da causalidade midiática dos transtornos alimentares, mas tentei reduzir a condenação com dados que, a meu ver, relativizavam nossa culpa. Eram os resultados de alguns trabalhos de pesquisa neuroquímica que poderiam explicar, biologicamente, a propensão de algumas pessoas a se negar a um dos prazeres da vida. Mas era evidente: nada ia convencê-los da importância das outras causas. Satanás aparecia semanalmente nas bancas de jornais.

Acusar a imprensa de ser geradora de modelos insanos é um fenômeno mundial. A British Medical Association quis diferenciar a realidade dos preconceitos e encomendou um estudo ao seu comitê de educação. A conclusão foi a de que enquanto "os meios podem desempenhar um papel significativo, disparando a doença em indivíduos suscetíveis, também podem exercer ações positivas na autoestima juvenil e na promoção de hábitos saudáveis". Nos Estados Unidos, o pesquisador Steven Thomsen, da Brigham Young University, analisou concretamente se as mulheres que liam revistas de saúde e *fitness* usavam mais métodos prejudiciais à saúde do que aquelas que liam revistas de moda. Sua conclusão foi a de que as mulheres jovens que já têm transtornos alimentares buscam essas publicações como apoio. "Essas revistas seriam mais um fator perpetuador do que causal" (Thomsen, 2002).

Há quem acredite que o poder maléfico da imprensa foi longe demais. Essa situação foi magnificamente descrita na obra *O apanhador no campo de centeio*, de J. D. Salinger (1960):

> Alguém tinha deixado uma revista no banco, ao meu lado, e comecei a ler, achando que assim ia parar de pensar no Professor Antolini e num milhão de outras coisas, pelo menos durante algum tempo. Mas a porcaria do artigo que comecei a ler quase que me fez sentir pior ainda. Era sobre os hormônios. Mostrava a aparência que a gente deve ter – a cara, os olhos e tudo – quando os hormônios estão funcionando direito, e eu estava todo ao contrário. Estava parecendo exatamente com o sujeito do artigo, que estava com os hormônios todos funcionando errado. Por isso comecei a ficar preocupado com os meus hormônios. Aí li outro artigo, sobre a maneira pela qual a gente pode saber se tem câncer ou não. Dizia lá que, se a gente tem alguma ferida na boca que demora a sarar, então isso é sinal de que a gente provavelmente está com câncer. E eu

já estava com aquele machucado na parte de dentro do lábio havia umas *duas semanas*. [...] Calculei que devia morrer dentro de uns dois meses, já que estava com câncer. Foi mesmo. Eu estava certo de que ia morrer. Evidentemente, essa ideia não me deixou muito satisfeito.

O epidemiologista Melvin Bernarde é um dos que estão convencidos do poder da imprensa de causar doenças, e o título do livro em que expressa suas ideias não se vale do dom da sutileza: *You've been had!: how the media and environmentalists turned America into a nation of hypochondriacs* (Você foi pego! Como a mídia e os ambientalistas transformaram os Estados Unidos numa nação de hipocondríacos). Bernarde denuncia a existência de uma pandemia de doenças "midiáticas" cujo sintoma principal é o pânico de tudo, de gorduras animais a telefones celulares, garrafas plásticas, forno de micro-ondas, café, açúcar e água muito quente. "Uma epidemia de ansiedade, causada por anos de preocupações persistentes" (Bernarde, 2002). Não é de estranhar que esse fenômeno tenha sido exportado. Seis de cada dez médicos consultados em São Paulo concordavam com essa afirmação e reconheciam que ela podia se aplicar aos brasileiros, sobretudo aos de classes sociais mais altas (Tabakman, 2002).

Onde a imprensa está errando? Bernarde (2002) critica a tendência de utilizar como fonte trabalhos científicos preliminares apresentando-os como definitivos. Nem sempre é culpa dos jornalistas, reconhece, mas de importantes figuras médicas ou políticas, com interesses comerciais concretos, que promovem a situação. Contra a manipulação irresponsável das ansiedades populares, o autor oferece uma solução: alfabetização científica (Bernarde, 2002).

A alfabetização científica é um objetivo louvável, que deve ser perseguido, mas sem dúvida terá suas limitações. Sempre se deve estar preparado para encontrar a irracionalidade até nas pessoas que consideram a racionalidade seu ponto mais forte.

Impacto na relação médico-paciente

A proliferação de matérias sobre saúde democratizou, de alguma maneira, o acesso à informação médica. Informação é poder, e o poder altera as relações.

Como você acredita que a mídia afeta a relação entre médicos e pacientes?

Piora: 54,1%
Melhora: 19,7%
Não muda: 13,1%
Não sabe: 13,1%

[Enquete feita com 60 médicos do Hospital Israelita Albert Einstein (SP)]

(continua) ▶

(continuação)

A relação médico-paciente tem uma particularidade: é assimétrica. O médico é quem tem conhecimentos especializados e perícia clínica, enquanto o paciente conta com a experiência vital da doença. Nesse tipo de relação se baseia grande parte do efeito terapêutico do tratamento e, por isso, ela deveria ser preservada.

O infectologista argentino Horacio López está entre os que acreditam que a inserção de temas médicos na mídia melhora seu contato com os pacientes. "A relação médico-paciente pode ser afetada de várias formas, já que entre ambos aparece um terceiro, o comunicador social. Ao ter mais informações, o paciente muitas vezes demanda mais. Acredito que isso é bom e é, também, uma oportunidade para os médicos, que podem ajudar o paciente a diferenciar informações de boa ou má qualidade, aprofundando, assim, a relação entre ambos" (López, 2002). Outro argentino, o cardiologista Jorge Belardi, por sua vez, está entre os que não veem na prática diária uma alteração significativa na relação médico-paciente, "exceto se uma dúvida sobre o tratamento surja nos meios de comunicação e alguma notícia diga que esse tratamento está incorreto", explica. "Existem muitos exemplos disso, mas um relacionado à minha especialidade é o tema angioplastia *versus* cirurgia, quando o paciente operado lê uma matéria dizendo que o melhor é a angioplastia ou o angioplastiado encontra uma matéria que defenda a cirurgia" (Belardi, 2002).

A massificação da informação vem quebrando o paternalismo na relação. Se antes o médico a dominava e o paciente adotava uma atitude passiva, a pós-modernidade deu lugar a dois novos modelos: o paciente consumidor e o usuário final da medicina (veja o Capítulo 8). Por enquanto, todos esses esquemas coexistem. O tempo dirá se esses ataques de independência significam que o paciente já é adulto ou estava apenas tendo uma crise da adolescência.

O paciente consumidor tem, *a priori*, mais elementos para julgar seu médico. Pode comparar se o que lê ou ouve coincide ou não com o que recebeu como tratamento. Conhece seus direitos e sabe que tem autonomia total para aceitar ou recusar indicações. Avalia, compara, questiona, opina – e seu consentimento é indispensável para fazer um tratamento. Nos países em que o paciente deve pagar pelo atendimento à saúde, a informação serve para proteger sua carteira. Poderia dizer que a bola está do seu lado.

Apesar disso, a prática clínica não mudou tanto como se especulava. A maioria dos pacientes deseja receber informações amplas sobre sua doença, mas apenas uma minoria quer participar ativamente da decisão terapêutica e continua preferindo que o médico assuma a responsabilidade por ela.

Mudanças na prática médica

Muitas mudanças na atenção médica têm origem na agenda midiática. Certos hospitais abriram departamentos de planejamento familiar em consequência da luta pelos direitos reprodutivos que foi deflagrada fundamentalmente na mídia. A entrada de câmeras de TV nos hospitais psiquiátricos também potencializou o movimento contrário à internação e a favor das clínicas e da reinserção dos doentes na sociedade.

Às vezes não se trata de jornalismo propriamente dito, mas do que os norte-americanos chamam de "media advocacy", campanhas centradas na comunicação para ganhar a opinião pública.

Talvez o momento em que mais adrenalina corra pelo sangue do jornalista de saúde seja quando ele consegue que os *flashes* iluminem um dos pontos mais obscuros da profissão que cobre diariamente: quando os médicos acreditam ter direitos ilimitados sobre o corpo alheio. Há dezenas de exemplos. Os mais interessantes, para os efeitos deste livro, não são os crimes que sempre foram notícia, mas as deficiências do sistema que não conseguem ser detectadas.

Na Irlanda, no começo do ano 2000, depois que a imprensa divulgou que os hospitais vendiam glândulas humanas provenientes de autópsias sem o consentimento dos familiares, os médicos mudaram suas práticas. Até então, essa profanação destinada à fabricação do hormônio do crescimento era uma conduta normal. O documento com as novas regras explicava: "A prática atual de autópsias se desenvolveu muitos anos atrás, em uma época em que a prática médica era paternalista e os princípios do consentimento informado estavam menos desenvolvidos" (Birchard, 2000).

Outras mudanças são mais graduais, soma de efeitos individuais que, como gotas que caem, uma a uma, modelam as políticas públicas e as prioridades de pesquisa. O exemplo mais evidente é a história da aids. No começo dos anos 1990, a cobertura permanente da tragédia ajudou a criar a pressão necessária para aumentar os fundos de pesquisa, tanto com investimento de empresas privadas como pelo governo. Essa força popular foi utilizada pelos ativistas também para convencer as autoridades norte-americanas da necessidade de liberar a comercialização da primeira droga contra a aids, o AZT, antes que se completassem os testes clínicos. Uma flagrante quebra de regras. Assim, embora para os afetados pudesse parecer que demorava séculos, o tempo que se passou entre a detecção dos primeiros cinco casos, o isolamento do vírus, o desenvolvimento de um teste diagnóstico e da primeira droga que permitiu manter o vírus afastado foi um recorde na história da medicina. A mídia foi o catalisador.

Quando as câmeras são convocadas a participar de uma luta, às vezes os médicos se colocam do mesmo lado que seus pacientes. Mas, em outras, se enfrentam, e prevalece o corporativismo na sua pior expressão. O caso mais claro é o de erros médicos. Na literatura científica, o tema começou a tomar força depois da Segunda Guerra Mundial e, novamente, após dois grandes estudos publicados em 1978 e 1991. Mas estes não geraram mudanças na prática médica de magnitude comparável aos que se sucederam à cobertura do que parecia ser uma epidemia de erros no começo de 1995. O incidente mais proeminente foi a revelação, nos Estados Unidos, de que a colunista de saúde do *Boston Globe* Betsy Lehman teria morrido por overdose de quimioterapia em um tratamento de câncer de mama no renomado Dana Farber Institute. A American Medical Association, alarmada, lançou uma contraofensiva dizendo que os erros foram isolados e a porcentagem de tratamentos positivos era extremamente alta, inclusive com casos quase milagrosos. Mas, em outubro de 1996, a participação da National Patient Safety Foundation deixou bem claro que o termo "isolados" não era mais correto para definir a situação (Kiernan, 2003).

Quando os temas revelam drama e interesse humano, cada matéria origina muitas outras e o poder é maior. A divulgação de uma série de matérias sobre mortes por anestesia na TV pode estar por trás da decisão da American Society of Anesthesiologists de formar um comitê de segurança do paciente. Outro feito aconteceu em 1980, após o escândalo que sucedeu a morte da filha de um jornalista do *The New York Times* em um hospital, que resultou na limitação de horas de trabalho dos residentes.

A comunidade de jaleco branco ficou muito preocupada, insistindo que a difusão desses assuntos faz mais mal do que bem, porque destrói a reputação da classe médica. Na Grã-Bretanha, três estudantes de medicina analisaram se a imagem que a imprensa escrita oferecia de seus futuros colegas estava realmente passando por uma transformação nada favorável. A primeira evidência que encontraram foi que o número total de artigos sobre médicos havia quase triplicado em 20 anos (1980/2000). Algo estava acontecendo. E, para o seu desconforto, o número de matérias negativas sobre médicos somava o dobro das positivas. A boa notícia era que essa porcentagem não tinha mudado com o passar do tempo. Ou seja, na visão da mídia, os médicos eram ruins, mas não piores do que antes. "Que influência teriam esses jornais sobre seus leitores?", se perguntaram. Apesar dessa clara ofensiva midiática, "89% do público está satisfeito com a maneira como os médicos fazem seu trabalho", concluíram, apelando às enquetes (Ali, 2001).

Atribui-se à mídia a capacidade de criar ídolos de barro e destruir reputações. É acusada, também, de errar o caminho da promoção à saúde e tomar a rota do fundamentalismo sanitário. "Quando ouço as críticas por parte dos médicos, acredito que nelas se esconde certo ressentimento por terem perdido a exclusividade do conhecimento", reflete a jornalista argentina Nora Bär, do jornal *La Nación* (Bär, 2002). Talvez se possa pensar na imprensa de saúde nos mesmos termos que Freud se referia à ciência: "Tem muitos inimigos declarados e um número maior de inimigos ocultos que não conseguem perdoá-la por ter enfraquecido a fé... Reprovam-na por ter ensinado pouco e deixado na escuridão um maior número de coisas, mas não se esquecem do quão jovem ela é".

Consequências para as fontes

As palavras já não são levadas pelo vento. São distribuídas ou repercutidas no mundo digital, e sua rota pode ser dirigida e rastreada.

Uma fonte pode ter interesse em saber até onde chegam as suas palavras. É possível monitorar o trânsito virtual para ver como e onde se encontra o conteúdo gerado. Em um site, o termo *engagement*, ou participação do usuário, dá uma ideia de quão interessadas as pessoas estão em determinado conteúdo. Existem ferramentas analíticas para seguir os "reposts", "retweets" e menções ao conteúdo nas redes virtuais. Hoje se fala bastante do placar de sociabilidade, que mede quanto, efetivamente, uma pessoa contribui com os debates e motiva outras a distribuir seus conselhos.

A cada dia surgem novas ferramentas que deixam o mundo mais transparente. Em www.quarkbase.com, é possível questionar se o que foi publicado gera referências e conexões na web. Em http://search.everyzing.com, pode-se rastrear se o nome de uma pessoa foi mencionado na TV, em *podcasts* ou em vídeos. No youtube pode-se saber se alguém está fazendo comentários sobre uma pessoa ou um produto, mas há outros meios também.

As empresas contratam serviços externos, ou destinam parte do seu pessoal, para analisar em que medida o que é divulgado modifica a opinião pública a respeito de seus produtos ou serviços. No caso das pessoas físicas, por motivos econômicos, o mistério é maior. Ao contrário das grandes empresas, médicos e pacientes entrevistados carecem de estrutura para avaliar os efeitos de suas aparições públicas. No momento em que se colocam diante do gravador, embarcam em uma viagem com destino desconhecido.

Quanto vale um minuto de fama? Existem várias maneiras de medir a eficiência de um departamento de relações públicas, e uma delas é o dinheiro. Há alguns anos o departamento de imprensa da Universidade Federal de São Paulo calculou que a comunicação com 40 mil jornalistas rendia, em média, 11 citações jornalísticas por dia, 4,2 mil por ano. Se esse espaço fosse pago, e contabilizados apenas os meios impressos, teria custado à instituição cerca de R$ 5 milhões. E o efeito, definitivamente, não seria o mesmo. No caso dos médicos, admite-se hoje que a exposição se traduz em mais pacientes e mais influência profissional. "Nossos clientes nos contam que depois de uma matéria as pessoas chegam com o recorte do jornal ao consultório", conta Eugenia de la Fuente (2002), da assessoria de imprensa Paradigma.

A indústria estimula a aparição de matérias jornalísticas para aumentar a demanda de seus produtos, sobretudo em épocas de vacas magras. No Brasil, em um ano muito ruim economicamente, no mesmo período em que a receita das indústrias farmacêuticas encolheu 4%, as vendas das "lifestyle drugs" (medicamentos de estilo de vida) que tiveram muita difusão jornalística cresceram 20%. "Em 2003, o brasileiro comeu menos frango, tirou o iogurte do cardápio ou atrasou o pagamento da conta de luz, mas a venda de remédios para emagrecer, aliviar a tensão pré-menstrual, impedir a queda do cabelo ou apimentar a vida sexual continuou firme e forte" (Mello, 2004).

Gonzalo Torres Argüello (2003), diretor de relações públicas de produtos da Roche da Argentina, enumera o que buscam, e costumam conseguir, as indústrias farmacêuticas que têm presença constante na mídia.

- Tornar um produto conhecido para gerar demanda.
- Posicioná-lo de determinada maneira.
- Atingir o paciente, mas também o médico e os convênios médicos e as autoridades de saúde para que conheçam as alternativas terapêuticas que exigirão os afiliados.

O objetivo de chegar ao potencial cliente por meio da mídia percorre um caminho cheio de obstáculos e nem sempre é alcançado na primeira tentativa. Certa vez, um laboratório farmacêutico organizou uma coletiva de imprensa para comunicar o lançamento de um comprimido contra a gripe. A organização foi impecável; o convite, insuperável. Era outono, o momento indicado para que esse tema tivesse difusão máxima, e os formadores de opinião mais importantes da cidade estavam presentes para falar sobre a nova droga. A maioria dos jornalistas, porém, tinha outra preocupação em mente.

Nesse mesmo dia tinha sido publicado nos jornais que o governo não distribuiria de forma gratuita a vacina antigripal aos idosos e outros grupos de risco, como anunciado antes. Essa notícia, intimamente relacionada com o que se desejava divulgar, mudou o foco da discussão. No dia seguinte, para decepção da empresa, o novo comprimido antigripal era uma notícia menor, perdida no tema que se tornara central: a suspensão da vacinação gratuita contra a gripe.

Um médico também está condenado à frustração se acredita que, por aparecer na imprensa certa manhã, choverão ligações na mesma tarde. Apenas se tiver um novo tratamento para oferecer, se for o único a fazer uma cirurgia na cidade, se realizar de graça um procedimento que os outros cobrem caro ou prometer milagres terá chances de que leitores, ouvintes ou telespectadores congestionem as linhas telefônicas. Mas, quando executar alguma dessas premissas, terá lucro. "Meses e meses depois de ter divulgado a existência do Laboratório do Sono, que investiga as causas e o tratamento da insônia, o telefone direto daquele serviço tocava o dia todo. Os que não dormem mais são os psiquiatras responsáveis pelo programa", afirma Flavio Tiné (2001), assessor de imprensa do Hospital das Clínicas de São Paulo.

A fama, para os médicos, dura mais do que um minuto. Jorge Tartaglione (2002), o médico que esteve por trás de programas bem-sucedidos da produtora de televisão Cuatrocabezas, concorda: "Depois de cada exibição de 'Código de tiempo', um programa jornalístico-documental com histórias reais sobre fobias, dependência, transplantes e aids, entre outros temas, recebíamos centenas de e-mails. E inclusive agora, muito tempo depois da última exibição, ainda há pessoas que se lembram do programa e querem o telefone dos médicos que apareceram". Pelo que me foi relatado, no Hospital Fernández, de Buenos Aires, as pessoas queriam ser atendidas pelos médicos que apareceram no "E24", programa filmado em sua área de emergências.

Horacio López (2002), prestigiado diretor de um centro de infectologia que é consultado pela mídia sempre que a gripe ou algum outro vírus circula pela cidade de Buenos Aires, qualifica como "favorável o impacto de aparecer na mídia" e acredita que essa boa avaliação deve-se ao fato de ele e sua equipe terem como regra não falar sobre o que não conhecem e evitarem a superexposição. "Na minha experiência, depende muito de quem comunica e do que está comunicando", opina o cardiologista argentino Jorge Belardi. "Mas, em termos gerais, tive dois impactos sempre imediatos e muito poucos a longo prazo. Os pacientes, em geral, se sentem muito orgulhosos e na comunidade médica geralmente predominam as críticas e a inveja" (Belardi, 2002).

Os "médicos astros da televisão" obtêm, certamente, lucro máximo. O obstetra brasileiro José Bento de Souza foi capa da revista *Veja São Paulo* por cobrar o dobro do que outros médicos famosos por sua consulta, 100 vezes mais do que o sistema público de saúde e, ainda assim, atender 100 mulheres por semana. Sua cuidada imagem pública, que inclui conduzir alternadamente um BMW preto e uma reluzente moto Harley-Davidson, contribui para o *glamour* entre seus fãs (Santos, 2003).

"Existem médicos que vão à mídia para colocar seu consultório na moda", explica Jairo Bouer, psiquiatra multimídia ídolo dos adolescentes brasileiros. "No meu caso acontece o contrário: minha atividade no rádio, na televisão e no jornal consome tanto tempo que só posso atender no meu consultório uma tarde por semana. E como tenho consciência de que, ao contrário dos meus colegas, não tenho tempo de fazer cursos de atualização, cobro menos do que eles" (Bouer, 2003).

Existe outro grupo de profissionais que, pelo contrário, perdem com a exposição. Na maioria dos casos, trata-se de médicos que, por falta de conhecimento, tentaram aproveitá-la de forma equivocada. Ainda que faça tudo certo, o profissional pode ter problemas legais se seus hospitais ou entidades de classe considerarem que falaram ou mostraram mais do que o necessário. Não são raros, ainda, os inconvenientes profissionais gerados por aqueles que sentem inveja e queriam estar em seu lugar. A perda de prestígio pela suspeita de receber benefícios extras por defender um tratamento em detrimento de outro é também uma possibilidade.

O ato jornalístico deixa, igualmente, sua marca negativa na reputação de um médico que, ao ser chamado, se nega a falar. Se a mídia publica que a pessoa foi procurada, mas não encontrada, ou, uma vez contatada, não quis falar, a dúvida é semeada. E ela aumenta se a situação é reiterada. Todo mistério levanta suspeitas.

Os pacientes e a fama

O que acontece com as pessoas cujo prontuário é divulgado pela mídia? Doença, dinheiro e amantes são – não necessariamente nessa ordem – coisas difíceis de esconder. Mais ainda se há um jornalista por perto.

Em geral existe um consenso de que, se há uma entrevista voluntária realizada em condições de respeito, a divulgação dos problemas de saúde pode ter efeitos benéficos para o paciente. Nas palavras do especialista em psico-oncologia José Schavelzon (1999), "tornar pública a própria enfermidade tem um efeito positivo, é um sistema de defesa que permite distribuir o risco, uma catarse que alivia emocionalmente". Aparecer como uma figura exemplar exerceria efeito terapêutico sobre os pacientes porque combate a depressão.

Os jornalistas não conseguem verificar esse benefício porque, depois da publicação da matéria, não costumam ter um novo contato com as fontes. "Creio que é uma forma de romper com essas histórias, uma vez que alcançaram seu objetivo no papel impresso", avalia a jornalista argentina Jimena Castro Bravo (2003).

Nas poucas vezes em que o contato posterior existe, costuma ser muito estimulante para o cronista. Uma das 350 histórias que a jornalista registrou enquanto trabalhava na seção Medicina da revista *Noticias*, da Argentina, foi a de um homem de 40 anos que tinha passado a metade da vida em uma cadeira de rodas, mas voltaria a caminhar graças a um sistema de estimulação elétrica. Uma câmera fotográfica da revista registrou os seus primeiros passos. Depois, ele falou à jornalista, emocionado: "No meu povoado os exemplares esgotaram e todos me procuraram para me parabenizar". Seu titubeante passo sob os refletores o havia transformado em herói.

Castro Bravo lembra, com emoção, o caso de uma jornalista que jamais tinha visto seu nome impresso em um meio importante. Sua primeira entrevista ocorreu porque seu fim estava próximo devido a um câncer e ela queria defender publicamente o direito a uma morte menos "medicalizada". Naquele momento a questão era debatida no congresso com a proposta de uma lei chamada popularmente de "lei da morte digna". A mulher contou sua história em uma entrevista, mas, ao transcrevê-la, ninguém foi capaz de remover uma vírgula sequer. Assim, com a sua permissão, o texto completo foi publicado na primeira pessoa, com a sua assinatura. "A declaração de uma paciente terminal que se opõe aos tratamentos médicos que invadem, sem piedade, seus últimos dias", dizia a legenda da foto. Depois de uma existência dedicada a deixar sua mensagem em publicações de pouca circulação, ela pôde, no fim da vida, transmitir suas ideias a milhares de pessoas. "Nunca pensei que a minha mensagem chegaria a tanta gente", disse a entrevistada em telefonema à redação no dia seguinte, entre soluços. Seu fim chegou, mas com essa questão resolvida (Bravo, 2003).

Aparecer na imprensa tem um custo emocional. Por isso, difundir a vida privada de pessoas anônimas demanda, em cada caso e, sobretudo, quando são crianças ou adolescentes, uma reflexão legal e ética. Ao receber um transplante ou ser operado em frente às câmeras, um anônimo pode ter sua vida transformada. Às vezes a fama dura apenas um dia, mas, ainda assim, deixa sua marca. Em alguns indivíduos, a mudança é imperceptível. Outros se convertem em personagens: são aquelas pessoas que à noite abrem a porta da geladeira meio sonolentas, ficam cegas com a luz e concedem uma coletiva de imprensa.

Muitos dos que chegam à mídia levados por uma doença deixam o anonimato para sempre, escrevem livros autobiográficos e convertem sua tragédia em profissão e fonte de recursos. A militância acerca do HIV está cheia de exemplos, mas não é a única. É comum que pessoas doentes procurem dar sentido à própria vida divulgando sua história de dor. Quando era assessora de imprensa do hospital pediátrico Pedro Garrahan, de Buenos Aires, Ana Paunero (2002) viu alguns dos pais das crianças que aguardavam um órgão para transplante se transformarem. Submetidos durante semanas ao assédio da imprensa, em consequência das campanhas para aumentar a doação de órgãos, diante de um desenlace fatal, a primeira coisa que pensaram foi, exatamente, na coletiva de imprensa que deveriam promover.

Os jornalistas e a saúde global

Paula Andaló

Jornalista. Ex-editora de Informação Pública da Organização Pan-americana de Saúde (Opas). Chefe de redação do El Tiempo Latino (versão em espanhol do The Washington Post)

A Síndrome Respiratória Aguda Grave (que mantém a sigla em inglês, Sars), chamada de "A primeira doença do século XXI", se espalhou num piscar de olhos. Em 2003, foram registrados 8.460 casos e 799 mortes em sete países do Sudeste Asiático e do Canadá. A expansão poderia ter sido ainda maior. Mas com a Sars demonstrou-se que, quando os sistemas de informação e vigilância global são colocados para funcionar, um vírus pode ser encurralado. Mecanismos que seguramente funcionam por compaixão, ou talvez pelo medo de que a doença chegue ao próprio território. Diante de uma ameaça global, uma reação global, ações relativamente novas em saúde pública.

O conceito de saúde global surge de um fenômeno maior: a globalização. Palavra controversa que implica, entre outras coisas, a harmonização das regras do jogo do mercado, a redução das barreiras comerciais, a formação de um mercado internacional de capital e o aumento do número de empresas que atuam em muitos países, e a velocidade cada vez maior com que se difundem a tecnologia e o conhecimento. A globalização se associa, além disso, à aparição progressiva de redes e organizações que permitem multiplicar os contatos.

A questionada globalização certamente traz riscos e oportunidades para a saúde, como o demonstram os surtos emblemáticos de Sars: uma das redes que ela mesma gera, o trânsito humano, dissemina o vírus; outra de suas vias, a rápida circulação da informação, consegue contê-lo.

O processo para chegar à situação atual foi lento. Ainda que as pestes, o cólera e as pragas de todo tipo tenham devastado continentes inteiros em várias épocas, passaram-se muitos séculos até que o mundo reconhecesse que, entre tantas coisas, também compartilhava doenças. Foi em meados do século XIX, com o crescimento do comércio internacional, que os Estados começaram a perceber as pragas

como uma ameaça que ultrapassava fronteiras e controles aduaneiros e por isso deveriam ser tratadas de outra maneira.

Com o espírito de lutar em conjunto contra esses flagelos, 11 países do continente americano fundaram em 1902 a Organização Pan-americana de Saúde (Opas). A febre amarela, a malária, a varíola e a peste – doenças que viajavam ocultas nos depósitos dos barcos – representavam naquele momento os desafios mais urgentes. Em 1948, três anos depois do fim da Segunda Guerra, cria-se a Organização Mundial da Saúde (OMS), com a participação de 192 Estados que se comprometeram a promover a saúde para todos os habitantes do planeta. Houve fatos concretos: campanhas continentais e massivas de vacinação conseguiram erradicar a pólio da América (o último caso foi registrado no Peru em 1991), e a varíola em todo o mundo em 1973.

Mas foi definitivamente em 1981, com a chegada da então mal falada "peste rosa", que a consciência coletiva sobre uma ameaça global tomou forma. O HIV foi o primeiro vírus classificado com dimensões potencialmente globais. Uma equipe de cientistas do Center for Disease Control and Prevention (CDC) dos Estados Unidos conseguiu, graças a um trabalho digno de Sherlock Holmes, chegar ao "paciente zero": um tripulante de uma companhia aérea canadense que cobria as rotas entre África e América do Norte e – com dezenas de parceiros do mesmo sexo – foi um verdadeiro veículo transmissor. A epidemia de aids e suas vítimas famosas colocaram o homem frente a frente com um risco diferente e conseguiram finalmente chamar a atenção dos meios de comunicação de todos os cantos para um mesmo tema de saúde, talvez justamente por seu espetacular caráter mundial.

Em 1997, a publicação *America's Vital Interest in Global Health* menciona pela primeira vez o conceito de "saúde global" e define-o como "problemas de saúde, inquietudes e assuntos que transcendem as fronteiras nacionais, que podem ser modificados por circunstâncias ou experiências em outros países e são mais bem abordados com ações e soluções coletivas". Ao mesmo tempo que o mundo se torna interdependente e a saúde das pessoas influencia a saúde das economias nacionais, os países passam a reconhecer a importância da saúde global.

Esse termo, que pouco a pouco começa a aparecer na fala coloquial, não é o mesmo que "saúde internacional". Nesse sentido, a palavra "internacional" se limita exclusivamente às áreas de fronteira, enquanto a palavra "global" tem um ritmo planetário, abrange afecções que não só cruzam pontos fronteiriços como também regiões e continentes. À luz dessa nova especialidade da saúde pública, nasceram entidades como o Fundo Global de Luta contra a Aids, a Tuberculose e a Malária, que capta recursos para cercar essas três enfermidades devastadoras no mundo, ou o Global Health Council (que, curiosamente, surgiu com o nome National Council of International Health, em 1972), o qual participa de campanhas globais, também com ideias e dinheiro. Muitas das mais recentes medidas sanitárias precisaram de um consenso internacional, regional, continental e até mundial, quase sempre com esses organismos facilitadores, que se beneficiaram dos mecanismos gerados pela globalização.

Nesse cenário, que papel cumpre o jornalista especializado em saúde? Os jornalistas, especialmente nessa área, funcionam como agentes de mudança. A cobertura dos temas de saúde exige uma ética especial: a audiência, o leitor, o público esperam informação confiável, explicação veloz e clara, esperanças sem falsas promessas. As pessoas têm direito a ser bem informadas.

Muitas vezes é difícil ter um olhar que transcenda o nacional a partir de uma redação. É difícil prestar atenção em epidemias remotas, a não ser que tenham um impacto em vítimas espetaculares, estranhas, únicas. Mas é sem dúvida um exercício necessário nessa engrenagem global que se delineia no cenário mundial do século XXI.

O exótico, como sinônimo de distante, já não existe. O mundo se comunica de forma nova, veloz, que não dá tempo para respirar. O vírus do Nilo chegou da África a Nova York e Connecticut em um voo sem escalas. A Sars também não precisou de visto para entrar no Canadá, vinda da China. Seja por ar ou por meio de contatos íntimos, a rapidez da expansão de uma doença vai além da imaginação. Mas a velocidade com que circulam as notícias é uma arma que pode ser usada para lutar contra a própria enfermidade. Graças a essa velocidade, o epidemiologista Carlo Urbani, da OMS, pôde perceber que estava diante de uma doença estranha e nova à qual logo chamariam de Sars e assim salvar milhares de vidas (embora ele mesmo tenha morrido devido ao mal do qual foi a primeira testemunha).

Nessa rede internacional, o jornalista especializado em saúde é essencial. Porque definitivamente os temas de saúde envolvem a todas as pessoas: não importam idade, nacionalidade, cor, credo, local de origem. A saúde e suas outras faces representam a vida. A informação é um direito e, mais ainda, é uma das ferramentas que as pessoas têm em seu caminho cotidiano para conquistar uma vida melhor. Empresas, editores, diretores, mídia e todos os envolvidos no processo da informação devem tomar consciência de seu papel. Dar à saúde o espaço de primeiro plano que merece não só quando nos afeta diretamente.

Cada vez mais se define a saúde como um conceito que abrange todos os seres humanos, que faz parte do bem-estar e até do desenvolvimento econômico de uma sociedade. Entretanto, uma palavra tão básica, tão carnalmente ligada à essência dos indivíduos, nem sempre foi entendida como um bem comum. Legado dos deuses, milagre divino, em mãos de alquimistas e barbeiros, ou se tinha saúde ou não se tinha, mas em nenhum caso era algo que se pudesse alcançar. Hoje, é um direito do cidadão, motor do desenvolvimento, produto de decisões políticas e individuais. Sem dúvida, algo está mudando.

6 ÉTICA DA INFORMAÇÃO MÉDICA

As perguntas que todos os que quiserem abordar temas de saúde devem se fazer, e algumas respostas.

Nenhuma área está livre de que seus representantes cometam abusos. O jornalismo médico, muito menos.

Violar o direito à intimidade, confundir informação com *show* ou publicidade, decidir com o poder de um juiz mas sem seus atributos, ou simplesmente receber benefícios por divulgar ou esconder algo são, lamentavelmente, ações de todos os dias.

Existem dois tipos de transgressão moral que podem ser cometidos por quem trabalha na mídia. As que acontecem por violação de um princípio no qual o agente tem consciência da incorreção de seu ato, e as que são cometidas ao se cumprir precipitadamente determinado princípio, sem perceber que este pode estar em conflito com outro. Ambas são tratadas nas páginas a seguir. No caso das primeiras, aprofunda-se sobretudo o lado escuro da relação entre o comunicador e suas fontes. Para as segundas, são oferecidas algumas pautas para que não se caia nelas por erro ou julgamento apressado. Concretamente, são introduzidas neste ponto algumas ideias perturbadoras relacionadas ao marketing do medo.

O jornalista médico deve ter consciência de que emite juízos de valor a todo momento: quando decide que assunto vai publicar, quando escolhe quais são úteis, quando determina que temas são convenientes e satisfazem os interesses dos leitores ou são aptos para a comunicação pública ou, ao contrário, quais ocultar porque julga que pertencem ao âmbito privado. Nessas situações, os jornalistas agem como juízes. O objetivo deste capítulo é convidar à reflexão, tendo como base exemplos reais.

O tema da ética da informação médica sem dúvida está diretamente ligado à autonomia do jornalista. Quem é o responsável quando se propaga um erro, quando se propaga uma mentira, quando se transveste um anúncio publicitário de informação jornalística? Alguns veículos pegam o touro a unha e realizam uma investigação posterior, geralmente realizada pelo *ombudsman*. A busca de culpados só é efetiva se leva a uma subsequente melhora do sistema.

A SAÚDE NA MÍDIA 145

Sempre haverá situações difíceis, e o jornalista perfeito é uma utopia. Em seu livro *Ciencia, periodismo y público*, Victor Cohn (1993) cita um respeitado jornalista científico e professor de medicina que afirma: "Sei que escrevi notícias nas quais expliquei ou interpretei mal os resultados. Escrevi notícias que não têm os desmentidos que deveriam ter. Escrevi notícias sob pressão competitiva, e logo ficou claro que não deveria tê-las escrito. Escrevi notícias quando não tinha perguntado, porque não sabia o bastante para perguntar". Quem está livre desses pecados?

A relação com as fontes: interesses

A relação com as fontes constitui uma dança executada a dois. Ninguém quer dar um passo em falso.

"Todo mundo deve ter consciência de que alguém está tentando lhe vender algo o tempo todo. Talvez esteja oferecendo algo de máximo interesse para o leitor, talvez não. O público tem de estar atento." Essas palavras foram escritas por alguém que conhece bem o material: George Lundberg, diretor por 17 anos da revista da American Medical Association, a *Jama*, e depois diretor do Medscape, site de informação médica para profissionais e público em geral.

Quem tem mercadoria para "vender"? Muitos. Instituições que dependem da imprensa para consolidar sua imagem, profissionais que querem lucro rápido aumentando sua agenda de pacientes, políticos que precisam de votos, empresas e acionistas do lucrativo mercado da saúde e da qualidade de vida, entre outros.

Interesses ocultos que geram desvios na informação existem em todos os níveis. A ética nem sempre está à altura da competência profissional, não existe algo que se chame honestidade acadêmica nem uma voz que possa ser considerada *a priori* isenta de interesses. A atuação das autoridades sanitárias, por exemplo, é influenciada não só pela corrupção como pela pressão de grupos políticos, agentes econômicos e interesses de outros tipos. E isso se traduz em cifras que são ocultadas, tragédias com as quais se lida nos bastidores ou negligências dissimuladas. "Se um assassino mata, é homicídio. Se o FDA[6] mata, é apenas cautela", dizem nos Estados Unidos.

São muitos os que vendem à mídia maçãs reluzentes por fora mas podres por dentro. Das inverdades difundidas nasceram algumas obras-primas da manipulação midiática. A tal ponto que algumas delas são objeto de estudo.

---

6. Sigla do Food and Drug Administration, órgão regulador dos medicamentos e equipamentos médicos dos Estados Unidos.

Nesse sentido, há uma pesquisa interessante com o sugestivo título "A epidemia de notícias de gripe". O semanário *British Medical Journal* divulgou assim a análise de um conjunto de notícias publicadas pela mídia inglesa em relação a um suposto surto de *influenza*. A conclusão: tudo não tinha passado de... uma manobra política.

Não é a epidemia que muitos pensam: esta ocorreu no início do ano 2000 na Europa, com o vírus da *influenza* Sidney A. As manchetes eram catastróficas. "O *bug* do milênio britânico chega a seu máximo esta semana, enquanto o país enfrenta a pior epidemia desde 1989, quando morreram 29 mil pessoas", anunciava o *The Mirror*. Vários jornais situavam entre 4 mil e 20 mil o número diário de consultas sobre gripe ao telefone de assistência médica oficial, o NHS Direct. O ministro da Saúde tinha afirmado, segundo publicou o *Daily Telegraph*: "Se os níveis atuais de *influenza* não chegarem a um pico logo, poderemos estar no caminho da pior epidemia da década". Esse mesmo jornal destacava com indignação que em um hospital "o surto de gripe deixou apenas 11 leitos livres na terapia intensiva". Mas a verdade é que o surto de gripe não era tão grave.

Alguns jornalistas, especificamente do jornal *The Independent*, começaram a duvidar das suas fontes e a se perguntar: por que se declarou uma epidemia que não é epidemia? Por que são necessários leitos extras? Por que estão cancelando cirurgias programadas? Seus colegas do *The Observer* tentaram uma resposta: "A razão pela qual o governo está aumentando a percepção de epidemia é simples. Informes do National Health Services (NHS) sugerem que as cirurgias eletivas estavam atrasando porque não havia leitos suficientes". Diante disso, agentes do governo teriam chamado os jornais com a notícia da gripe antes que o próprio NHS fosse notícia (Abbasi, 2000).

O público, no entanto, espera que a imprensa independente não se transforme – por desconhecimento técnico – em espectador passivo de uma guerra de interesses particulares. Na Argentina, por exemplo, no inverno de 2004, jornalistas se dividiram quando o ministro da Saúde acusou "certos laboratórios farmacêuticos" de exercer "terrorismo sanitário", segundo destacou o jornal *Página 12*. Com isso insinuava que os médicos formadores de opinião que falavam com a imprensa estavam inflando o impacto da doença. "Há um Clube da Gripe cujo único objetivo é vender vacinas", acusava o ministro (Lipcovich, 2004). O professor da Universidade Metodista de São Paulo Wilson da Costa Bueno (2001) fala nos seguintes termos: "Temos um poderoso *lobby* que, não raramente, se vale de procedimentos espúrios para manipular a opinião pública. Essa ação pode determinar o sigilo ou o controle da informação, e essa pressão não é exercida unicamente sobre os meios de comunicação de massa, mas se estende às revistas científicas e aos próprios profissionais de saúde".

Entender o que há por trás de cada anúncio é uma tarefa difícil e trabalhosa. E, com a crescente precarização profissional, os jornalistas não estão atrás dos fatos, mas dos ponteiros do relógio. A verdade é que a falta de tempo para apurar é um fator de risco para desenvolver o mal da desinformação provocado pelas fontes. Além disso, se o jornalista é daqueles que esperam que as notícias caiam do céu, que não saem para buscá-las, não poderá evitar que muitas delas correspondam a interesses particulares. Um bom jornalista não cobre a informação, descobre-a.

Um conhecimento crítico das fontes significa saber o que oferecem, o que omitem e que nível de interesse despertam. Depois é necessário verificar, sopesar e completar essa informação. Para alguns veículos, o jornalista especializado talvez seja o que mais reconhece e pode desmascarar a agenda oculta de seus interlocutores. Mas ao mesmo tempo é o que tem uma relação mais estreita com as fontes, relação simbiótica que nem sempre é conveniente romper. O entrevistador calcula com frequência o custo e a desvantagem de contrariar seus contatos habituais com uma notícia, já que são relações altamente produtivas.

Há casos em que são as empresas jornalísticas que provocam situações embaraço-sas. O mais clássico é quando a área comercial é permeável à opinião editorial dos anun-ciantes e convida a redação a pensar da mesma maneira. Essa "opinião" pode ser explica-da de diversas formas, mas levantar a pauta publicitária da qual depende o veículo, diante de uma notícia crítica já divulgada ou em preparação, é uma prática corrente de muitas empresas e governos. Francisco Mesquita Neto (Máster em jornalismo..., 2002), presi-dente da Associação Nacional dos Jornais (ANJ) e diretor do jornal *O Estado de S. Paulo*, tem uma ideia a esse respeito: "Entre a redação e a publicidade não se pode criar uma parede. Mas tampouco fazê-la desaparecer totalmente. A ética ajuda a criar essa linha".

Comunicar exige compromisso com a verdade. A independência jornalística tem em última instância um curinga: o valor de uma publicação depende da quantidade e da qualidade de seus leitores. E muitos anunciantes precisam relacionar sua imagem à dos veículos sérios.

O lado oculto

O texto a seguir foi escrito, a pedido meu, por um conhecido intermediário entre fontes de informação e jornalistas.

"Os jornalistas não são comprados... em dinheiro! Mas uma passagem na classe executiva, um hotel seis estrelas em um destino interessante (não importa nem um pouco se nesse lugar há algo de interesse jornalístico ou não), mais alguns jantares em restaurantes Relais & Chateaux podem ser o preço de uma matéria importante...

(continua) ▶

(continuação)

É difícil fazer circular dinheiro vivo em uma redação: ele passa por muito poucas e privilegiadas mãos, e mais cedo ou mais tarde os problemas aparecem. O método mais prolixo dos jornalistas/homens de negócio é ter seu programa no rádio ou, melhor ainda, em um canal de televisão por assinatura. Ali convidam todo mundo, fazem um jornalismo bem razoável e recebem numerosos patrocínios, não em função da qualidade do programa, mas por trabalharem em algum outro veículo mais influente. As empresas tomam isso como um 'subsídio cruzado', já que sabem que o patrocínio vai quase todo para o bolso do jornalista. Esse sistema não é tão conciso quanto dar dinheiro ao comunicador e, por sua vez, essa é uma prática difícil de ser autorizada na maioria das empresas. Para que serve? Para que quando estiverem diante de uma notícia desfavorável tenham 'amigos' influentes dentro das redações para pedir ajuda.

Há outra questão. Devo confessar que em várias ocasiões senti 'vergonha alheia' pela atitude de alguns veículos, considerados sérios, quando aceitam viagens como prêmios: enviam jornalistas aos Estados Unidos mesmo que não saibam inglês, que não assistam às palestras previstas e voltem para a redação com a pasta para que outro jornalista 'compense' e faça a matéria.

Não obstante, graças a Deus, o sistema cuida de si mesmo. É possível enganar alguns o tempo todo, ou a todos por um tempo, mas não a todos o tempo todo. Não acredito que as conspirações midiáticas sejam sustentáveis."

O que não divulgar

Em pautas médicas acontece o aparente paradoxo de que fatos verdadeiros potencialmente importantes exigem uma dose extra de cautela antes de ser divulgados. Don Drake, ex-presidente da National Association of Science Writers, dizia que se um dia se anunciasse "a" verdadeira cura total do câncer ele seria o último a cobri-la. Preferia perder uma "grande notícia" a enganar periodicamente seus leitores com divulgações prematuras. Uma atitude que é aplaudida por muitos médicos, mas não por todos. O que se pode ou se deve publicar? Essa é a questão. Se o comunicador aceita se autocensurar, a segunda pergunta é onde se deve traçar o limite. Seja onde for, sempre é possível cometer erros.

Esse assunto é o eixo de discussões em todas as reuniões de jornalistas científicos. Aqui, a título de exemplo, são oferecidas perguntas e opiniões, algumas delas polêmicas, sobre quatro problemas típicos do jornalismo médico: divulgação prematura, exploração da dor, publicidade velada e *shows* hospitalares.

Notícias prematuras

> — Doutor, o senhor leu o jornal de hoje? Pode me receitar isso?
> — Se o senhor fosse um rato, talvez pudéssemos fazer algo a esse respeito.

Uma das situações mais tristes para o jornalista é quando ele recebe telefonemas de familiares de pessoas doentes que pedem "o telefone do especialista da matéria de câncer" se "o especialista" é, na verdade, um pesquisador que só trouxe a público uma promissora experiência em ratos. Ainda que a matéria procure deixar claro para os leitores que uma descoberta antecede em muitos anos o tratamento, e que em ciência o que hoje é verdade absoluta amanhã pode ser desmentido, ainda que se compartilhe com a audiência que mesmo que sejam sérias as pesquisas de certos cientistas podem ser superadas por outras pesquisas tão sérias quanto, as pessoas – para dizer em termos coloquiais – "entenderão" o que quiserem (veja o Capítulo 5), ou o que conseguirem, já que em situações extremas se aferrarão ao recorte de jornal como se fosse uma tábua de salvação.

Os meios de comunicação às vezes trabalham com verdades científicas pontuais, que podem ou não ser representativas do saber médico do momento. Se o comunicador não é capaz de se colocar no lugar de quem está sofrendo e participar afetivamente de sua dor, é muito difícil que consiga entender a situação que pode gerar com um anúncio prematuro ou de pouca utilidade.

Quando a fonte da notícia é um informe científico preliminar, uma apresentação em congresso ou o anúncio de um médico com fundamentos fracos, a autocensura prévia deveria ser, segundo alguns, a melhor decisão. Mesmo assim, isso leva a perguntar qual é o nível mínimo de evidências exigível para comunicar um avanço aos cidadãos. Testes de laboratório? Estudos em animais, em humanos? Quantos casos constituem uma verdadeira prova de que o tratamento funciona? É suficiente ser apresentado em congresso ou é imprescindível que tenha sido publicado em uma revista cujo controle é exercido por pares? Nesse caso, será que é melhor deixar de fora do conhecimento público informação potencialmente vital porque alguém, talvez não isento de interesses, a desprezou?

Outra opção é publicar tudo, descrevendo as limitações, confiar que as pessoas sejam sempre racionais e assumir os mal-entendidos como um risco inevitável da liberdade de imprensa. Mesmo que as palavras sejam escolhidas uma a uma com muito cuidado, a ansiedade do público pode desbotar os tons, transformando o branco e o preto em um cinza homogêneo. A informação é uma semente que cai em terreno adubado com experiências pessoais ou do entorno, sendo guiada pelo conhecimento intuitivo, e a avaliação que se faz dela não é racional, mas afetiva.

As opiniões estão divididas, assim como as propostas. Vladimir de Semir (2001), diretor do Observatorio de Comunicación Científica y Médica de la Universidad Pompeu Fabra, de Barcelona, foi um dos impulsionadores do projeto de criação de um código de ética que considere esses casos: "Podemos imaginar a quantidade de mensagens lançadas à população pelos meios de comunicação que geram expectativas, criam confusão, são anedóticas, mas impactam um público muito sensibilizado por tudo aquilo que tem que ver com a saúde e o bem-estar pessoal. Estamos diante de um problema grave, uma grande dificuldade de transmissão de cultura científica para a sociedade".

A banalização da informação deriva também do fato de os veículos serem vistos como um cenário importante, mas efêmero. O que isso significa? Se oferecem uma notícia bombástica baseada em estudos preliminares, e anos depois se verifica que essa linha de pesquisa não levou a nada, nem o veículo nem o jornalista perderão seu prestígio; se, pelo contrário, um fato anunciado de maneira prematura com bandas e fanfarras chega a seu dia de glória verdadeira, os editores da publicação poderão aproveitar essa casualidade para lembrar aos leitores que "sempre somos os primeiros". Assim, noticiar demais é o mais conveniente. Para o editor, mas não para seu público.

A exploração da dor e o respeito à privacidade

O respeito a um doente pode ficar claro na sensibilidade para desligar o gravador ou retirar-se quando for conveniente, na discrição para não revelar mais do que o necessário ou na prudência na hora de interpretar a dor e lhe dar um formato jornalístico. Mas a paixão pela informação costuma esmagar horrendamente esses princípios.

Um exemplo clássico é a saúde das celebridades. O interesse popular é inegável, e mesmo que pareça que quem tem vida pública convida a que se intrometam em sua privacidade é questionável pensar que esse limite deve ser ultrapassado. Com o avanço das tecnologias, a capacidade dos meios de atravessar paredes sem dúvida é cada vez maior. Não é questão do que se pode, mas do que se deve fazer. Quando a falta de compaixão se une à pressão profissional, o resultado costuma ser lamentável.

Os problemas éticos não desaparecem se a pessoa aceita voluntariamente as perguntas do jornalista, ou até procura a difusão de seu caso. Só mudam. Quando alguém concorda em contar sua vida, suas dores e seus temores, merece o máximo respeito, mas isso não impede a análise das motivações que o levam a despir-se diante do mundo.

Muitos pacientes recorrem à imprensa conduzidos pelo altruísmo (veja o Capítulo 2). Outros simplesmente estão cumprindo sua parte em uma transação comercial: em troca disso recebem exposição pública, tratamento médico gratuito ou dinheiro diretamente. É correto divulgar essa notícia?

Há muitos casos em que os conflitos éticos se tornam mais complexos. Um exemplo é o da pessoa de poucos recursos que necessita de um nebulizador. A produção de um programa de televisão o dá de presente e faz disso notícia. A doação é um caso de solidariedade ou está encobrindo a "compra" de um testemunho necessário para o programa? Há transgressões morais abertas e outras mais difíceis de julgar.

Publicidade velada

Quando Raimundo Ambrosio acabou de percorrer 49 quilômetros diante da tocha olímpica em sua passagem pelo Rio de Janeiro, o fato foi registrado pela imprensa. "Um grande sorriso nos lábios afastava qualquer sinal de cansaço", descrevia o cronista. Com o corpo pintado, penas verdes e amarelas e carregando o arco e as flechas às costas, o índio monopolizou a mídia e foi rápido para tirar proveito: "Podem anotar aí: ginseng, marapuama, coco de cupuaçu, guaraná da Amazônia e nó de cola. É o Viagra do Índio", disse, promovendo gratuitamente o vendedor de ervas medicinais (Cunha, 2004). Orgulho cultural ou mensagem publicitária?

Pelé era a cara do Viagra no mundo todo e não escondia (por seu próprio interesse) que o fazia em troca de um vultoso cachê, mas na maioria das situações a transação comercial é um segredo relativo. Os exemplos de publicidade disfarçada são tantos que o difícil não é encontrá-los, mas escolhê-los.

A publicidade velada não tem a imagem ruim que deveria. Os jornalistas que aceitam benefícios em troca de divulgar produtos ou serviços, os médicos que têm a autopromoção como único objetivo, os profissionais que vendem em vez de informar e os acadêmicos que seguem a carreira de modelo publicitário de avental branco não se escondem. Mas, por seu próprio bem, a sociedade deveria se preocupar mais com esse assunto.

Às vezes, a fronteira ética não é cruzada nem pela fonte consultada para a notícia nem pelo jornalista, mas pelo veículo no qual a informação é divulgada. Como relata o médico brasileiro Celio Levyman (2004; 2013) no site "Observatório da Imprensa": "Em mais de 20 anos já tive inúmeras experiências com as formas mais variadas de veículos. A revista *Veja* me procurou muitas vezes para falar de um dos assuntos de maior interesse da população, que são as cefaleias crônicas. Além de mim, foram ouvidos outros colegas de grande respeitabilidade. E o resultado foi um texto claro, informativo, que seria ótimo se não fosse por um detalhe: na página principal, no meio, aparecia 'por acaso' a embalagem e o frasco de um novo medicamento... Mas nenhum de nós, entrevistados, tinha feito menção a esse medicamento, muito menos a seu nome comercial, com direito a foto e tudo mais. Em resumo, me senti um 'garoto-propaganda' não remunerado daquela droga. A notícia, em sua base séria, apenas usou nomes conhecidos na área para dar credibilidade ao tal medicamento. Isso é ou não publicidade?"

Com mentes brilhantes por trás do planejamento do anúncio encoberto, separar informação de publicidade às vezes fica difícil. Mas é necessário. O prestígio de ambas as profissões está em jogo.

A notícia médica como show

A saúde, ou melhor, sua falta ajuda os canais de televisão a conseguir os pontos mais altos de audiência.

Os impulsos voyeurísticos que levam as pessoas a presenciar o sofrimento alheio não serão estudados aqui. As razões psicológicas que justificam a existência (e o êxito) de programas que chegam pelo cabo aos cinco continentes, assim como as inúmeras versões locais, merecem sem dúvida um estudo à parte. O que, a título de exemplo, me interessa aqui chamar a atenção é sobre a TV nosocomial, em que o sangue é real e o sofrimento também (Loewy, 2003). Que motivações impulsionam os médicos, em seu papel de fornecedores de informação, a participar desses programas? Um *show* hospitalar talvez seja um caso extremo, entre outros motivos, pela quantidade de profissionais de saúde que envolve. Mas os conceitos podem ser usados como referência para avaliar outras situações nas quais a notícia médica é explorada como espetáculo.

Quando há alguns anos um prestigiado hospital pediátrico de Chicago aceitou que um *reality show* fosse filmado ao longo de dois meses em suas instalações, suas autoridades declararam ter como objetivo mostrar que a reconhecida importância que o Memorial Children's Hospital dá à pesquisa científica não impede que o pessoal se envolva com os dramas humanos. Esse era o fim. Os meios eram cenas cruas, impactantes, emotivas (Intensive..., 2001).

Do que se está falando nos bastidores sobre esse novo formato televisivo que nos últimos anos entrou nos lares de todo o mundo e traz audiência, polêmica e faturamento publicitário para as produtoras? Por que os hospitais se prestam ao que, para muitos, é a banalização do ato médico? Por que aceitam divulgar situações que até pouco tempo atrás eram protegidas pelo segredo profissional? As respostas são muitas.

Para o ex-vice-presidente da Fundación Cardiológica Argentina e diretor médico do programa E24, filmado na ala de emergência do Hospital Fernández, de Buenos Aires, "a televisão às vezes é a única maneira que temos de entrar em um lar, melhor dizendo, em milhares de lares para chegar com nossa mensagem de promoção da saúde. Mas é preciso fazê-lo de maneira que as pessoas assistam ao programa, que não mudem de canal", justifica Jorge Tartaglione (2002).

Nas reuniões internas que antecedem a decisão de levar adiante esse tipo de programa, foram declarados muitos outros motivos.

- Porque a TV é muito poderosa para comunicar o valor e as necessidades de um hospital e conseguir fundos públicos e privados.
- Porque ajuda a recrutar pacientes para as instituições e para os médicos que aparecem.
- Porque mostrar médicos como heróis melhora a autoestima do pessoal e da profissão em geral.
- Porque aumenta o conhecimento do público, o que permite reajustar as expectativas do que se pode fazer ou não.
- Porque observar a dor alheia contribui para que o receptor aceite o próprio sofrimento.
- Porque divulgar o sofrimento pode ajudar a prevenir as situações que conduzem a ele.
- Porque é necessário mostrar a morte em uma sociedade hipermedicalizada que perdeu o contato com o final da vida.
- Porque estimula sentimentos solidários que fomentam a doação de órgãos e sangue ou trabalhos voluntários.
- Porque os outros também fazem.

Seria possível dizer então que as câmeras entram e os benefícios chovem. Os opositores despejam, por sua vez, uma chuva de críticas que caem como pedras sobre os médicos envolvidos. Estes são acusados de não ter escrúpulos nem respeito pelos pacientes, de trabalhar para ganhar uma medalha e várias outras fraquezas. No melhor dos casos, aceita-se que perseguem fins nobres, mas os meios não se justificam.

A produção brasileira hiper-realista na qual voluntários se submetiam a cirurgias plásticas diante da câmera, ou a série norte-americana na qual os indivíduos se transformavam cirurgicamente para se parecer com seus ídolos, são extremos da categoria que têm poucos defensores. Mas ainda nos formatos mais tradicionais do gênero é discutível que mostrar o sofrimento sem uma reflexão adequada ajude a provocar mudanças positivas na população. "A exibição de um rapaz tentando o suicídio na televisão, no momento em que a ambulância o encontra com o estômago cheio de comprimidos e álcool ou a corda ainda enrolada no pescoço, é obscena", sintetizou a crítica de televisão Adriana Schettini (2003).

Como em outras questões, para chegar a um consenso seria necessário fugir dos extremos, e talvez o ponto no qual fosse mais útil se concentrar é: até onde se pode chegar com o *show*? Os limites vão mudando com o tempo. Como no caso de Lucia Bunghez, romena de quem extraíram o maior tumor do mundo, que pesava 80 quilos. Sua história teria sido considerada uma notícia de interesse popular em todos os tempos, mesmo antes do advento da televisão. Mas o que se fez nos tempos modernos? Algo mais do que passar a notícia de boca em boca. A mulher foi operada por uma equipe de médicos romenos e norte-americanos, subvencionados pelo... canal Discovery Home & Health. Em troca de filmar a cirurgia, claro.

As oito regras de quem informa

Os terrenos pantanosos são muitos e sempre aparecem novos.

Em termos gerais, poderia ser suficiente respeitar o que Bill Kovach e Tom Rosenstiel (2001) propõem no livro *The elements of journalism: what newspeople should know and the public should expect* (Os elementos do jornalismo: o que as pessoas da mídia deveriam saber e o que o público deveria esperar):

- A primeira obrigação do jornalista é dizer a verdade.
- Sua lealdade deve ser para com os leitores. Deve-se manter a independência das fontes.
- Sua essência é a disciplina da verificação.
- Deve servir como um monitor de poder.
- Deve funcionar como um fórum para o compromisso e a crítica pública.
- Deve lutar para tornar interessante e relevante o que é significativo.
- As notícias devem ser abrangentes.
- Deve-se permitir aos jornalistas exercer sua consciência pessoal.

Fracassar no cumprimento desses objetivos é muito fácil. Não há dúvidas de que é preciso dizer a verdade ao público, mas, como destaquei em páginas anteriores, contar tudo nem sempre é o melhor serviço à sociedade. A questão passa por quanta e que verdade se divulga. O jornalista seleciona o que torna público e o que é inconveniente. E pode se enganar.

Outras vezes a informação é descartada por ser considerada irrelevante. E aí a verdade sofre outra mordida. O problema não é reduzir, mas enganar-se nos critérios. As meias verdades podem beneficiar poucos e prejudicar muitos. Eis aqui um exemplo.

Pesquisadores da Faculdade de Medicina da Harvard University analisaram mais de 200 matérias jornalísticas de jornal e televisão publicadas nos Estados Unidos. Todas se referiam a três medicamentos, dois relativamente novos e um antigo mas com novos usos. O estudo, publicado no *The New England Journal of Medicine*, descobriu que a cobertura midiática omitia os riscos e superestimava os benefícios. Concretamente, apenas a metade mencionava os efeitos adversos, e só 60% incluíam a análise numérica dos benefícios. O pesquisador Stephen Soumerai, chefe do grupo de pesquisa sobre a política de drogas da universidade, considerou esses números preocupantes. "Os veículos são reconhecidos como fonte-chave de informação sobre benefícios e riscos dos medicamentos", afirmou. O estudo também constatou que em geral não se fazia referência aos laços financeiros entre os especialistas médicos consultados e a indústria. Há quem pense que, se os veículos não informam os consumidores sobre os possíveis conflitos de interesses, é porque a independência das fontes não é total (Moynihan *et al*. 2000).

A relação do jornalista com a verdade tem outro lado frágil, muito conhecido por suas fontes habituais. Atribui-se à antropóloga Margaret Mead a impressão, para economizar trabalho, do seguinte formulário:

The New York Times
229 West 43rd Street
New York 36, New York

To the Editor:

In your issue of _____, you quote me as saying _____
_____.
What I actually said was _____.

Margaret Mead

(Ao editor do *The New York Times*:
Em sua edição do ...., sou citada dizendo... O que eu realmente disse foi...
Margaret Mead)

Em algumas redações há o cargo de checador. Seu papel é confirmar com as fontes, de maneira aleatória, parte do conteúdo antes da publicação. Mas poucos veículos mantêm esse profissional em sua estrutura. A ausência de verificação é, lamentavelmente, outro assunto comum. Assim como uma pessoa sadia é aquela que não foi exaustivamente examinada, uma matéria sem erros é aquela que não foi lida com atenção.

As cartas de leitores dos veículos impressos e os comentários que aparecem em versões digitais servem como sensores (não absolutos) da capacitação profissional em seus quadros. Em geral, quando há erros, os leitores o fazem saber.

Periodicamente, a veracidade da informação é avaliada de forma sistemática. Um estudo sobre 300 matérias de câncer publicadas em um país de alto nível jornalístico como o Canadá, por exemplo, mostrou que 55% das matérias tinham informações erradas ou omissões importantes (MacDonald e Hoffman-Goltz 2002).

Curiosamente, a postura dos profissionais de saúde costuma ser bastante relaxada nessa questão. Tive uma noção disso quando perguntei a um grupo de médicos brasileiros qual era a tolerância aceitável aos erros. Em um formulário com respostas fechadas, quase a metade respondeu alta, por ser um tema técnico ou igual ao de outras seções – 23% e 21,3%, respectivamente (Tabakman, 2002).

Outro ponto mencionado por Kovach e Rosenstiel é a função implícita da imprensa nas democracias – servir como monitores do poder. Enquanto os cronistas políticos podem ser ferozes na hora de controlar os gastos de um funcionário e os de esportes intransigentes diante do *doping*, os jornalistas especializados em saúde saem mal na foto. Os atos desleais de suas fontes habituais não costumam entrar na pauta dos jornalistas médicos.

Questionar um médico pareceria impensável hoje, como antigamente era duvidar da integridade do padre ou do rei. Chega a tanto o poder tácito que práticas corruptas generalizadas em muitos países – como a comissão que um profissional paga a outro para que lhe recomende um paciente – poucas vezes chegam à mídia. Mesmo assim, de tempos em tempos, surgem exemplos interessantes. Veja um a seguir.

Um pacto rompido

A história começa nas páginas de um pequeno jornal norte-americano, no qual se anunciava em poucas linhas que um cirurgião ortopédico tinha sido autorizado a continuar sua prática apesar de numerosas críticas contra ele. "O sinal de que havia uma grande história sob a superfície surgiu rapidamente. As leis do estado proibiam a divulgação pública do desempenho dos médicos... nosso desafio jornalístico era romper esse código de silêncio", descreveria mais tarde Stephan Kiernan do *The Burlington Free Press*.

(continua) ▶

(continuação)

O que veio em seguida foi trabalhoso, mas produtivo: uma equipe de pessoas se dedicou a preencher mais e mais formulários para conseguir um retrato falado profissional do médico questionado e, em vez de uma pasta, recebeu um catálogo de horrores: cirurgias em lugares errados, pacientes acamados para o resto da vida, mortes por complicações pós-cirúrgicas. O segredo imposto pelo órgão de classe impedia, no entanto, conhecer a identidade dos afetados, assim como dados que pudessem levar a eles. Bateu-se em muitas portas oficiais em busca de informação, e as respostas podiam se dividir entre "Não temos", "Não podemos dar" e "Aqui não há", ou páginas e páginas de dados sem nenhuma utilidade. Era o reino da impunidade.

Se fosse um filme, o desenlace começaria no dia em que alguém lhes passou um dado precioso: uma vítima do "médico charlatão" teria morrido no mesmo dia em que o Conselho decretara que o médico podia continuar preenchendo seu livro de ponto sem inconvenientes. As cenas acontecem agora em ritmo frenético, e cada anúncio necrológico dos jornais da região daquele dia é uma porta a se abrir. Assim, os jornalistas deram com a história de Lois Tarczewski e o relato familiar de dez anos de dor e submissão a um tanque de oxigênio. Na origem, o fato de que Lois não conhecia o problema demonstrado previamente pelo médico a quem confiou sua vida. Tinha sido vítima do código de silêncio.

Esse caso, acompanhado de uma investigação mais abrangente e de uma entrevista com o cirurgião – que admitiu diante de seu advogado seu passado de vício em drogas e álcool –, confirmou a primeira matéria e deu impulso a uma investigação maior, sobre todos os médicos que tinham recebido sanções. Os psiquiatras, por exemplo, encabeçavam o *ranking* com 39% das advertências, quase todas em referência a relações sexuais mantidas com seus pacientes.

A informação comprovável foi crescendo e chegando ao público em nada menos do que 90 matérias e 15 editoriais. O trabalho não foi em vão, e não apenas por alguns pedidos de demissão e perdas de registro profissional que vieram em consequência. A investigação jornalística conduziu a uma reforma total na regulação médica do estado de Vermont. Hoje, a informação referente a imperícia está disponível para o público. Quando isso foi anunciado publicamente, a família Tarczewski teve a triste honra de participar da cerimônia (Kiernan, 2003).

A falta de compromisso é outro pecado por omissão que pode acontecer de diferentes maneiras. Os meios não são um mero espelho da sociedade, mas agentes de mudança, e como tais podem definir que ações são capazes de promover para melhorar a comunidade à qual se dirigem. Abuso de drogas, violência e acidentes são três temas sobre os quais a imprensa costuma ter uma atitude proativa. O jornal inglês *The Independent on Sunday* fez campanhas contra a asma; no Brasil, existe o projeto "Radialistas contra a aids". Na Argentina, um grupo de jornalistas se uniu aos cardiologistas na luta contra os fatores de risco cardiovasculares, para citar apenas alguns exemplos.

O compromisso com o leitor deveria estar integrado ao trabalho cotidiano. Suponhamos que um artigo chegue ao editor com dois possíveis títulos: "A metade dos doentes de câncer morre" ou "A metade dos doentes de câncer sobrevive". Qual se deve escolher?

Para o jornalismo tradicional, são as más notícias que vendem jornal, embora hoje isso seja questionado. Faz-se necessária, no entanto, uma reflexão adicional. O espectro dos que leem as matérias de medicina vai dos que acompanham sem interesse o progresso da ciência aos que procuram unicamente maneiras de conservar ou melhorar sua saúde e a de sua família, e entre eles muitos terão câncer. Ao selecionar a linguagem e até o tema, os jornalistas deveriam pensar um pouco mais antes de anunciar tragédias com tanta facilidade.

O compromisso deveria ser observado também em algo que parece simples mas não é: não se esquecer dos assuntos. A seguir, uma história de amnésia jornalística, cuja essência é igual a muitas outras.

Silêncio cúmplice

No início de 1993, a água do México inundou a imprensa argentina. Muitos jornais, revistas e programas de rádio e televisão deram espaço a essa água que "curava tudo". Os microfones foram abertos à fé e ao desespero. Filas de desesperados – ou não – lutavam para obter galões desse líquido tão especial.

Uma comissão técnica anunciou que a água sequer era potável. O Estado, naquele momento, fez o contrário do que deveria fazer. Permitiu a distribuição desse líquido "mágico" porque, nas palavras do presidente da nação, "não se deve tirar das pessoas a possibilidade de acreditar que vão se curar porque, além das questões científicas, a fé move montanhas". Uma das manchetes do jornal foi: "Menem defende a água milagrosa". Outra: "A fé dos doentes venceu: liberaram a água milagrosa".

Muitos veículos, sobretudo os mais populares, se enfileiraram atrás dos vendedores de esperanças. Uma falsa igualdade de direitos fomentou a formação de debates entre partes que não tinham o mesmo peso. A verdade era a postura do mais convincente. A ilusão de objetividade e seriedade dos veículos era enganosa.

Anos depois, a pesquisadora da Universidad Nacional de Entre Ríos Carina Cortassa (2001) analisou o fenômeno e criticou o silêncio posterior "sobre quais foram os efeitos da água, sobre a sorte dos doentes que abandonaram outros tratamentos, sobre a vida e a morte das pessoas que acreditaram, sobre a responsabilidade de todas as partes, incluídos os veículos, na propagação de um engano cujas consequências reais, devido ao silêncio, ninguém conheceu".

Tornar interessante e relevante o que é significativo talvez seja o que exige maior esforço intelectual e no que mais se destacam os jornalistas científicos, ainda que haja muito terreno para introduzir melhorias.

"Quando um cachorro morde um homem, não é notícia. Quando um homem morde um cachorro, é", dizem os velhos manuais de jornalismo. Quando o humano morde o animal é um acontecimento, uma ruptura que se destaca sobre um fundo uniforme e se transforma em notícia. Mas não é antiquado começar a pensar na função social da imprensa e divulgar o que parece ser menos surpreendente. Porque todos os dias os hospitais recebem crianças ou adultos mordidos por cachorros, alguns em estado grave. "Os problemas cotidianos enfrentados por grande parte da população só têm espaço na imprensa quando alcançam a dimensão de tragédia", ressalta a socióloga Janine Miranda Cardoso (2001).

Quem aprofundar o tema e quiser descobrir por que essa premissa de destacar o importante nem sempre é cumprida se surpreenderá ao saber que isso pode se dever mais a uma questão de hábito do que de critério jornalístico. Eis aqui uma prova.

Há alguns anos, a American Society of News Editors (Asne) fez a seguinte pergunta a seus sócios:

> *Suponha que houvesse um tema que realmente significa muito para a saúde e a segurança das pessoas em sua comunidade, mas que essas pessoas não estivessem muito interessadas nele. O jornal deveria tentar fazer as pessoas se interessarem? Ou deveria esperar que o interesse fosse despertado de alguma outra maneira?*

Não houve controvérsia. Um total de 99% achava que o jornal tinha o dever de interessar essas pessoas. Uma cifra tão próxima da unanimidade que dificilmente será encontrada em outras questões jornalísticas.

Tornar relevante o que é significativo pode ter outros matizes, alguns deles controversos. Philip Meyer (1989), autor de *A ética no jornalismo*, sustenta que o relato jornalístico de uma morte deveria incluir todas as causas relevantes, especialmente as evitáveis. Por exemplo, se uma vítima de acidente de trânsito tiver bebido antes de dirigir e estiver sem cinto de segurança, haveria de mencionar sempre na notícia para ajudar as pessoas a modificar seu comportamento e evitar um destino semelhante. Os críticos argumentam que, mesmo que se comprovasse a utilidade desse enfoque, seria difícil traçar os limites. Pois, se o papel do consumo excessivo de álcool é mencionado na notícia, por que não informar também que uma pessoa que morreu de enfarte fumava, tinha uma vida sedentária ou salgava excessivamente a comida? A responsabilidade recairia sobre a vítima e se estaria cruzando um umbral perigoso no que tange à privacidade, sem dúvida nenhuma.

O último ponto proposto por Kovach e Rosenstiel (2001) se refere à *consciência pessoal* dos jornalistas. Os princípios morais, da sociedade em seu conjunto e do comunicador em particular, são postos em evidência a cada decisão. Se um jornalista é contra o aborto, seria mais do que inadequado obrigá-lo a assinar uma matéria a favor de sua legalização. Mas é contraproducente também que a consciência pessoal obscureça as funções daquele que informa.

A função de informar é exercida todos os dias em um campo minado. É necessária muita reflexão antes de colocar as mãos no teclado. "Atualmente, os jornalistas estão eticamente confusos. Suas atitudes em relação às implicações morais de seu trabalho variam da humildade à arrogância, da insensibilidade total à hipersensibilidade", destaca Meyer (1989). Como são humanos, às vezes "essas atitudes são mantidas simultaneamente pelos mesmos indivíduos".

Quem toma as decisões e como

A internet é terra de ninguém. Para alguns isso é muito bom; para outros, muito ruim.

Já na mídia tradicional, claramente hierárquica, a pergunta sobre quem toma as decisões é pertinente. Em que se apoia a ética das decisões jornalísticas? Atualmente, a resposta gera debates.

Há os que apostam no individualismo, convencidos de que a consciência coletiva não existe exceto como a soma dos valores morais individuais e das consciências pessoais da comunidade. Esse enfoque, para alguns, é o mais respeitável. Para outros, é totalmente utópico porque tem pelo menos uma falha prática: o jornalista costuma ser assalariado e – mesmo com o benefício da cláusula de consciência – os editores e/ou diretores dos meios são os únicos com legitimidade para as decisões finais.

Alguns grupos editoriais acreditam que as regras éticas devem ser definidas para cada meio, e a solução passa por aderir a um ou outro código preexistente redigido por terceiros. A variedade de problemas possíveis exige um manual de muitas páginas, e os críticos desse método garantem que por mais detalhados que sejam não são suficientes para tomar as decisões exigidas no dia a dia.

Há critérios mais rígidos adotados por algumas empresas jornalísticas cujo princípio poderia ser resumido em "proibir qualquer coisa que pareça um conflito, mesmo que possa não ser". Não aceitar aquela viagem financiada por uma empresa, ainda que seja a única maneira de conhecer um centro de pesquisas de difícil acesso, seria um exemplo. Outro sistema é analisar e discutir em comitê cada situação. Uma estratégia 100% democrática, mas sem qualquer praticidade.

Sugeriu-se também a criação de auditorias éticas que funcionassem externamente como indicadores de uma postura ética global e, internamente, inventariassem conflitos de interesse e observassem as atitudes dos implicados diante de temas eticamente conflitantes. Alguns governos, por sua vez, não confiam que seus cidadãos saibam fazer bom uso da liberdade de imprensa e pretendem resolver esse problema gerando normas de conduta e sanções comuns a todos os meios, mediante conselhos profissionais (nem sempre representativos) ou estatais.

Médico ou jornalista?

Às vezes surge a dúvida. O que se é primeiro? Médico ou jornalista?

Essa pergunta que muitos fazem a quem exerce as duas profissões é tão velha quanto a guerra. Só que agora, quando cresce a importância do jornalismo em tempo real, a resposta é mais urgente. Vejamos um exemplo.

No terremoto do Haiti, uma das primeiras pessoas que a CNN mandou a Port au Prince foi um jornalista médico. A princípio, Sanday Gupta foi mais jornalista do que médico: fez matérias sobre o tamanho da catástrofe e o problema da falta de recursos, aprofundou a natureza das enfermidades e a má reação médica à crise e detectou a falta de antibióticos e analgésicos adequados, construindo com isso um *case*.

No terceiro dia, quando Gupta estava fazendo uma matéria em um hospital de campanha, a equipe sanitária recebeu ordens de sair, abandonando assim 25 pacientes, oito deles críticos. Gupta e sua equipe, treinados em primeiros socorros, deixaram de lado então seu papel profissional original e começaram a cuidar dos pacientes. Por segurança uma câmera – sem cinegrafista – ficou ligada e conectada à central de Atlanta. O conflito médico para ele estava resolvido: sendo médico, cuidar vinha na frente. Além disso, não devia exercer seu papel de jornalista com essas pessoas, porque eram seus pacientes.

As opções nem sempre são preto ou branco. Em outra ocasião lhe pediram que fizesse uma cirurgia de emergência, e três semanas depois ele fez outra matéria sobre a dificuldade que o paciente teve de receber cuidados pós-cirúrgicos. De outra vez atendeu pessoas na rua, enquanto era filmado com a devida autorização dos familiares. Compaixão e inteligência é o que se pede de médicos e jornalistas, embora às vezes eles sejam um só (Brainard, 2010).

O jornalista como juiz

O jornalista, em seu dia a dia, age como juiz e nem sempre é imparcial nem objetivo, mesmo que se proponha a isso.

Entre os veículos que opinam a ponto de não informar, e os que pretendem mostrar dados desprovidos de valoração e se negam a aceitar que na realidade sempre se toma partido, há uma variação intermediária enorme. Uma leitura atenta permite, no entanto, encontrar um padrão de conduta comum à maioria, uma homogeneidade de enfoques que não se limita à consonância temática mas alcança uma visão única dos temas.

"Há uma associação permanente da saúde com o consumo privado e individual de serviços, tecnologias e medicamentos. Esse trabalho, que tem na mídia um agente e um lócus privilegiado de ação, não só obscurece os vínculos entre a saúde e as condições sociais de existência como estimula a demanda crescente por técnicas modernas de diagnóstico e intervenção, favorecendo os interesses das indústrias e serviços hospitalares", ressalta a pesquisadora brasileira Janine Miranda Cardoso (2001). "Além disso, no caso concreto do Brasil, predomina na cobertura jornalística uma tendência à polarização, na qual os serviços públicos são apresentados como sinônimo de ineficiência, desperdício, corrupção e incompetência, personificados nas filas e nas mortes por falta de assistência. As exceções, como as denúncias de ação ilegal dos planos privados e laboratórios farmacêuticos ou as matérias episódicas sobre ilhas de excelência mantidas pelo poder público parecem confirmar a regra."

Outros jornalistas vão contra a corrente, embora possam cair em outro erro: dar a falsa ideia de que tudo é opinável. Isso ocorre inclusive quando cometem o equívoco de cobrir a informação de uma maneira que pretende ser justa para todas as partes, mas não é sequer uma pátina de igualdade de oportunidades. "Quando existe uma controvérsia entre os especialistas, o critério objetivista de recolher todas as opiniões faz com que se coloquem no mesmo saco as sem substância e as que têm um fundamento sólido, sem dar meios ao leitor para avaliá-las. Os aspectos substantivos ficam de fora e a própria polêmica é que vira notícia", alerta o espanhol Gabriel Galdón López (1999) em seu livro *Desinformación. Métodos, aspectos y soluciones*.

Há situações nas quais o equilíbrio de opiniões não é uma utopia, mas algo impossível. Gabriel Galdón López (1999) afirma que procurar uma solução neutra entre dois extremos só significa deslocar um problema, não resolvê-lo: "A postura imparcial só é neutra se considerada a partir deste ou daquele ângulo, enquanto de outro pode parecer tendenciosa". Muitas vezes é necessário que os jornalistas assumam uma posição definida. E, mesmo que aceitem isso como princípio, quando o assunto é muito difícil ou de ampla repercussão, podem não se animar.

Os jornalistas – juízes, humanos afinal – cometem com frequência outro erro: reter uma informação simplesmente porque contradiz o que eles pensam. O exemplo a seguir descreve uma cena que acontece todos os dias.

O editor de saúde de um jornal muito influente abre seu e-mail, lê o título de uma nova pesquisa científica que lhe parece interessante e toma uma primeira decisão: abrir ou não a mensagem. Vamos supor que não a descarte.

Nosso jornalista não tem muito tempo, então vai direto ler as conclusões: o *release* diz que tomar suplementos de vitamina C é perigoso porque aumenta o risco de desenvolver cálculos renais. Automaticamente, faz três controles básicos. A fonte? É confiável. As doses utilizadas no estudo? São as mesmas vendidas nas farmácias. O número de indivíduos que participaram do estudo? São muitos, tem valor estatístico. Conclusão: é uma notícia importante, atraente. A lógica diria que vai divulgá-la, mas talvez não o faça.

Que razões podem levá-lo a não publicar os resultados do estudo? Há muitas; menciono apenas duas:

a) Não querer contrariar os laboratórios que vendem suplementos vitamínicos.
b) Não aceitar os resultados porque desde pequeno a mãe lhe disse que tinha de tomar vitaminas toda manhã.

Parece infantil, mas não é. Quando uma pessoa toma uma decisão, a posição escolhida pode obedecer a motivações comerciais, falta de informação ou simplesmente crenças pessoais ou culturais arraigadas.

Foi notícia: "Eu quero ter aids"

Em fevereiro de 2003, a revista *Rolling Stone* deu uma notícia-bomba: 25% dos *gays* recentemente infectados com o HIV tinham procurado contrair o vírus propositadamente. A matéria recebeu destaque na capa como reportagem especial: "Caçadores de vírus: os homens que desejam ser HIV+".

A maior parte da matéria focava na história de um homossexual nova-iorquino para quem procurar pessoas infectadas para ter sexo sem proteção era uma aventura erótica. A matéria mostrava o homem minimizando a doença, a qual comparava com o diabetes. "Você toma uns comprimidos e tudo bem."

O fenômeno dos que "procuram" a doença é conhecido há muito tempo, mas a revista *Rolling Stone* mostrava-o como uma tendência entre os homossexuais. O médico Bob Cabaj, diretor do serviço de saúde de São Francisco, era citado estimando que pelo menos um em cada quatro *gays* infectados recentemente tinha procurado a doença de maneira mais ou menos consciente.

(continua) ▶

(continuação)

Imediatamente, a versão digital da revista *Newsweek* publicou uma matéria que investigava a anterior. "Is Rolling Stone's HIV story wildly exaggerated?" (A matéria sobre HIV da *Rolling Stone* é totalmente exagerada?). Nela, Cabaj não só negava ter dito isso como assegurava também ter negado essa cifra diante de um checador de dados da revista *Rolling Stone* que tinha ligado para ele alguns dias antes. "Não há como saber", acrescentou. Outro médico mencionado na matéria original, diretor de saúde mental de uma clínica de Boston, também negava ter afirmado que o fenômeno estava em crescimento. A guerra das revistas estava declarada.

O que aconteceu depois dessa primeira batalha? O de sempre. Cada jornalista defendeu sua matéria e cada editor defendeu seu jornalista (Mnookin, 2003). Mas a questão é outra.

Não é comum que os veículos investiguem uns aos outros dessa maneira, tampouco que reconheçam seus erros (por isso, toda vez que acontece há um grande sobressalto). Mas, sim, é comum que informações divulgadas por uns sejam negadas por outros. O que quero analisar aqui, porém, são os caminhos que podem levar a essa disparidade da informação. Há vários.

- A primeira informação é falsa. O veículo A mente para causar um impacto jornalístico, mas o veículo B não o faz.
- A primeira informação é verdadeira. O veículo A publica, mas, devido ao impacto da notícia, suas fontes se arrependem e negam ter dito isso ao serem entrevistadas posteriormente pelo veículo B.
- A primeira informação é verdadeira, mas, enquanto o veículo A resiste às pressões dos que não querem ver essa realidade divulgada (no exemplo, ativistas *gays* que ameaçam com um boicote publicitário ou ações legais), o veículo B faz o jogo.
- A primeira informação é verdadeira, mas, enquanto o veículo A difunde o fato apenas porque é verdadeiro, o B não o faz porque quer evitar as possíveis consequências sociais (no exemplo, considera que a matéria pode gerar mais adeptos dessa prática e/ou vai estimular uma discriminação maior aos homossexuais).

O objetivo aqui não é abrir um julgamento sobre esse caso concreto, é algo mais abrangente. É mostrar a quem nunca esteve na cozinha de uma redação em quantas ocasiões e por que motivos a verdade nem sempre chega a seus ouvidos.

Colecionar histórias de horror sobre os delitos jornalísticos é fácil. Avançar na direção de uma cura racional para os problemas da profissão é muito mais difícil.

Alguns desvios são mais difíceis de perceber, mas nem por isso têm menos influência. Na imprensa norte-americana, por exemplo, está bem documentado que nas notícias de câncer de mama há tendência a favorecer os métodos de detecção de massa e menos entusiasmo em relação a terapias preventivas.

As matérias jornalísticas, em geral, nem mencionam a taxa de falsos positivos dos exames que recomendam ao seu público, como mamografias. Isso foi confirmado por pesquisadores que analisaram como os jornais e a televisão cobriam esse tipo de histórias: concluíram que se aconselhava às mulheres fazer mamografias, mas em vez disso, quando o assunto da matéria era a dúvida entre tomar ou não uma droga que reduzia o risco de desenvolver o tumor (tamoxifeno), a decisão era deixada por conta delas[7]. É provável, no entanto, que os jornalistas envolvidos não tenham notado essa desigualdade. A explicação mais provável, para Lisa Schwartz, uma das autoras do estudo, é psicológica: nas primeiras matérias, era necessário justificar por que deixar de recomendar uma ação estabelecida pela prática médica; na segunda, era preciso difundir uma droga nova e portanto desconhecida (Tanne, 2002).

Mesmo com as melhores intenções e uma honestidade a toda prova, os jornalistas estão sujeitos a certos mecanismos sutis de seleção da informação. Muitas vezes são imperceptíveis, mas agem como filtros ideológicos. Entre esses filtros estão, além dos anteriores, a imagem pública das fontes, a origem social dos jornalistas e os preconceitos. A frase "Branco que corre é atleta, negro que corre é ladrão" tem outras acepções no jornalismo de saúde, igualmente equivocadas.

Quando quem comunica ao público também é médico em exercício, são colocadas questões acessórias porque sua lealdade fica dividida. Como menciona a médica e jornalista Perri Klass (2003), "minha identidade nem sempre é clara, nem minhas lealdades, sequer meu trabalho [...] Vejo as melhores histórias no mundo médico, e tenho

---

7. Em janeiro de 1997, um comitê dos National Institutes of Health informou que não havia evidências suficientes para recomendar o *screening* mamário em mulheres de 40 anos, já que o número de mortes por câncer de mama não mudava entre as que faziam o exame com essa idade e as que não faziam. Dois meses depois, sob suspeita de ter sofrido pressões, o National Institute of Cancer recomendou o exame. As notícias sobre tamoxifeno começaram a aparecer na imprensa no ano seguinte. Uma pesquisa na qual se comparava o uso de tamoxifeno com placebo em mulheres de alto risco de câncer foi paralisada antes de terminar porque os resultados preliminares eram totalmente favoráveis ao uso da droga e não se considerava ético continuar dando à metade das pessoas um comprimido falso. Como se viu mais tarde, a cobertura não foi igual nos dois casos. As matérias sobre mamografia incluíam fontes oficiais, médicas, políticas e até jurídicas. As de tamoxifeno só tinham fontes acadêmicas e pacientes participantes da pesquisa, mas a diferença fundamental foi que a mídia não ressaltou os riscos de falsos positivos da mamografia, mas sim os derivados do uso do medicamento.

acesso a elas porque sou médica [...] mas quando as pessoas contam sua vida não se pode dizer a elas [...] 'ah, queria dizer a você, também sou jornalista. Posso fazer uma matéria com o que você contou?'"

Quando a ética é o nó da notícia biomédica

Há acontecimentos nos quais a avaliação ética é o nó da notícia: o aborto em algumas sociedades, a eutanásia em todas. As tecnologias de ponta ampliaram bastante os exemplos. Pegue uma área de grande crescimento nas últimas duas décadas: a fertilização assistida. Cada novidade – e há muitas – chega com perguntas que a humanidade jamais se fez.

Se um casal falece deixando embriões congelados em uma clínica, de quem são os embriões? São herdados como uma propriedade? Os herdeiros materiais têm alguma responsabilidade por esses seres vivos? Por quanto tempo? As perguntas ético-legais surgem às dezenas, as opiniões multiplicam essa cifra e na maioria dos casos não há uma única resposta possível. Em parte por isso, não perdem a atualidade.

Também a medicina preditiva, neologismo que designa a capacidade de prevenir a aparição das enfermidades ao longo da vida, é uma área cheia de incógnitas. Do crescentemente popular diagnóstico pré-natal até a já estabelecida análise de fatores de risco que destacam a suscetibilidade de padecer de diferentes doenças, cada nova possibilidade técnica inaugura uma série de questões. O bioeticista José Mainetti (1994) comparou essa medicina vaticinadora com o oráculo de Apolo, que anunciou a Laio e Jocasta o nascimento do filho que mataria o pai e se casaria com a mãe: "Assim como Tirésias, que aconselhou Édipo a renunciar a saber sobre si mesmo, nossa medicina enfrenta um dilema ético oracular: 'To test or not to test'". A resposta não é unânime.

Os assuntos sobre os quais os meios de comunicação deveriam mostrar mais disposição para liderar a discussão cidadã de seus aspectos éticos são abundantes. As pessoas deveriam ser convidadas a pensar a propósito da difusão de uma ou outra notícia. Não há temas "dos outros" que não importem "a nós". A cobertura da pneumonia asiática se limita a enunciar o número de casos do outro lado do mundo? Então é uma oportunidade perdida. Sua disseminação confronta o homem com perguntas universais, como os limites entre os direitos individuais e coletivos.

A economia da saúde é outra área adequada para as perguntas incômodas. Os alcoólatras devem pagar para receber um transplante de fígado, já que eles mesmos se ocuparam de destruí-lo? É justo que as terapias mais caras sejam financiadas por toda a população, até a mais pobre? Que restrições aceitar se os recursos são limitados e as possibilidades da medicina cada vez mais amplas? Em geral, essas questões difíceis e dolorosas são discutidas por poucos e a portas fechadas. Situação, no mínimo, perigosa.

Conhecer os fundamentos da bioética poderia ser uma exigência para exercer o jornalismo de saúde. Porque ajuda a fazer perguntas às vezes tão inconvenientes para alguns quanto necessárias para outros e ventilar assuntos que hoje são inexplorados. As questões que se colocam são diversas, mas se resumem a perguntar-se sobre as responsabilidades e obrigações que umas pessoas têm em relação às outras.

Poucas profissões sofreram uma transformação tão violenta quanto a medicina. Em poucos anos, ela passou de arte individual a tecnologia industrial. A tradição hipocrática, cujo grande princípio é o de que o médico deve agir em função dos melhores interesses de seus pacientes, teve uma vigência histórica extraordinária, de 2.400 anos. Mas o século passado demonstrou que era insuficiente. Foi então que surgiu a bioética, que consiste na reflexão sistemática, questionadora e crítica sobre os problemas morais que surgem no campo das ciências biológicas e da medicina.

A nova moral se apoia em três princípios fundamentais: autonomia, benefício e justiça. O princípio de autonomia é o direito de toda pessoa lúcida a decidir sobre o que convém a si mesma, ou seja, a autodeterminação. O princípio da beneficência se refere ao dever do médico de fazer o bem, ou pelo menos não fazer o mal. O de justiça considera de modo equitativo o direito de todos os seres humanos à saúde, independentemente de raça, nacionalidade, sexo, cor, crença, opção política, condição social e qualquer outro fator de diferenciação.

Os atropelos a esses princípios são frequentes, por ação ou omissão. E o silêncio da imprensa, em certas ocasiões, é cúmplice.

Para entender isso em um contexto histórico, a bioética "nasceu" depois da Segunda Guerra, quando foram conhecidas as práticas de eliminação em massa administradas cientificamente e as experiências realizadas nos campos de concentração nazistas por médicos e cientistas. O Código de Nuremberg consequentemente se ocupou de colocar regras à pesquisa em seres humanos. Estipulou o consentimento livre do sujeito da pesquisa, a redução dos riscos, a possibilidade do indivíduo de revogar em qualquer momento sua adesão a um estudo, a necessária proporcionalidade entre riscos e benefícios e a obrigatoriedade de uma fase anterior em animais, entre outras questões.

Posteriormente, em 1964, a Assembleia Médica Mundial adotou a Declaração de Helsinki, reformada depois em várias ocasiões. Diferenciou-se pela primeira vez a pesquisa terapêutica, cujo fim é essencialmente diagnóstico e terapêutico para o paciente, da não terapêutica – ainda que a preocupação com o indivíduo deva sempre prevalecer acima dos interesses da ciência e da sociedade. Posteriormente se redigiu outro documento, "Propostas de normas internacionais para as pesquisas biomédicas em sujeitos humanos", cujo objetivo era complementar os anteriores em situações especiais e cobrir as necessidades dos países em desenvolvimento.

Cada época e cada sociedade têm seus problemas. Uma questão que nos últimos anos chegou às capas dos jornais de todo o mundo, gerando discussões parlamentares e plebiscitos populares, foi o tema das possibilidades e dos conflitos potenciais gerados pelo desenvolvimento de terapias utilizando células-tronco embrionárias. Muitas coisas são ditas a esse respeito, mas para alguns o ponto se resume a uma única pergunta: um embrião com algumas horas de vida já é uma pessoa? Há duas respostas possíveis. As afirmações definitivas, em bioética, são difíceis de obter.

O debate sobre a medicalização da vida e o marketing do medo

Doutor, pelo amor de Deus, me diga a verdade,
se ser um ser humano é ter uma doença incurável.

Quino
Humorista argentino

Voltaire dizia que o trabalho de um médico era entreter o paciente enquanto a natureza agia. Ainda que para muitos nada tenha mudado desde então, a maioria aceita que a medicina serve para curar. A frase de Ivan Illich (1976) de que *"o establishment médico se transformou em uma grande ameaça para a saúde"* tem poucos seguidores. Mas, sem chegar aos extremos do crítico mais radical da medicina moderna, é inegável que levada a um extremo a medicina causa danos. E, em alguns casos, a imprensa é partícipe necessária.

Cada vez se gastam mais recursos na guerra contra a morte, a dor e o sofrimento. Fazendo isso, dizia Illich (1976), destrói-se a própria humanidade. Seu argumento: a morte, a dor, a doença são parte da natureza humana e, enquanto todas as culturas desenvolveram meios de ajudar as pessoas a conviver com elas, a medicina moderna destruiu essas capacidades culturais e individuais.

Comungue-se ou não com essas ideias, o certo é que determinados estudos mostram que, quanto mais a sociedade depende de cuidados da saúde, maior é a tendência de seus membros a se verem como doentes. A enfermidade é um conceito móvel. Historicamente, os males eram definidos pelos sintomas. Assim, a esquizofrenia e os transtornos mentais causados pela sífilis foram em algum momento a mesma doença. Depois, a definição passou a ser feita pelas causas. Parecia ter se encontrado uma ordem.

Com os avanços da terapêutica que permitiram tornar crônicos males que antes eram mortais, a enfermidade deixou de ser algo que acontece para passar a ser algo que sempre está. A genética, por sua vez, abriu a possibilidade de definir quase toda a humanidade como enferma, diagnosticando genes deficientes que predispõem contra doen-

A SAÚDE NA MÍDIA **169**

ças de que algum dia se pode sofrer. "Há um paciente para cada remédio", seria a realidade às avessas (ou não). Nas palavras do bioeticista argentino José Alberto Mainetti (1999): "Hoje poderíamos dizer que saudável é um sujeito insuficientemente explorado. Todos somos virtualmente doentes e portanto se apropriaram um pouco de nossa existência. A saúde se transformou em um bem de consumo. O consumo da saúde se transformou praticamente em uma religião. Nossas sociedades, pelo menos em países avançados, são sociedades terapêuticas, da qualidade de vida, do bem-estar".

Nesse sentido, pode-se avançar para outro ponto. Que papel ocupa a imprensa? O ex-presidente da Association of Health Care Journalists e por dez anos jornalista médico da CNN Andrew Holtz (2003) tem, com base em sua experiência, uma opinião a esse respeito: "A política oficial da CNN é proteger as decisões editoriais da pressão dos anunciantes. No entanto, as histórias que desafiam o paradigma de que a chave para a melhoria da saúde é mais medicina não são incentivadas".

Holz não está sozinho em sua forma transgressora de ver as coisas. Em um artigo publicado com o sugestivo título "Precisa-se agir para deter o tráfico de doenças", um jornalista, uma médica e um professor universitário se uniram para fazer a seguinte acusação: "Pode-se ganhar muito dinheiro dizendo às pessoas sadias que elas estão doentes". Ray Moynihan, Iona Heath e David Henry (2002) denunciaram o tráfico de doenças, como definiram a prática de estender os limites de enfermidades tratáveis para expandir o mercado para novos produtos. Esse conceito pode significar tanto transformar processos normais em problemas médicos como transformar sintomas leves em preocupantes.

Para fomentar a aversão à calvície, segundo esses autores, basta ao jornalista escrever sobre o trauma emocional associado à perda de cabelo; dando um tom exagerado às notícias de fobia social, até o mais tímido se animará a falar com o farmacêutico para lhe pedir o remédio correspondente. Outro ponto assinalado é a definição e a promoção de novas doenças por atores interessados em como podem ser as empresas que lucram com o diagnóstico ou o tratamento. O objetivo de abrir ou ampliar os caminhos seria simplesmente modificar a percepção pública da saúde para aumentar o número de receitas.

Nas páginas do *British Medical Journal* por ele dirigido, em 2002, Richard Smith destacava o interesse da indústria em situar a linha que separa o normal do patológico o mais próximo possível da normalidade. Um pequeno deslocamento significa milhões de novos pacientes. "Há uma tendência crescente a considerar os problemas da vida como problemas médicos. E isso não é saudável. A saúde não é um estado de completo bem-estar físico, mental e social (definição da OMS, que segundo alguns só pode ser obtida com o orgasmo simultâneo), mas a capacidade de se adaptar às dificuldades da vida." Sua opinião é a de que a indústria não pode ser culpada, pois sua obrigação é maximizar os investimentos. Os governos, ao contrário, teriam de se ocupar mais de estimular o desenvolvimento de tratamentos para as doenças esquecidas e deixar de incentivar a medicalização de males menores.

Richard Smith faz parte dos que acreditam que o mundo se move à base de boas perguntas. Em certa ocasião, esse ex-professor de jornalismo médico da University of Nottingham – que se demitiu quando a universidade aceitou dinheiro de uma indústria do tabaco para criar um centro para o estudo da responsabilidade corporativa – organizou na revista médica que dirigia um debate que parecia uma prova infantil. Perguntava o que era doença e o que não era. A resposta dos acadêmicos não foi clara como se poderia esperar.

Catalogar alguém como enfermo tem implicações individuais, sociais e financeiras enormes. A infelicidade, a sexualidade, o nascimento, a velhice, tudo está nas mãos dos médicos – e para novas doenças surgem novos tratamentos. A polêmica estimula discussões acaloradas. O dinamarquês Peter Gøtzsche, diretor do Nordic Cochrane Centre, acredita que o fato de os profissionais da saúde estarem tão ansiosos para intervir na vida de pessoas sadias e em sua própria perspectiva de risco é um paternalismo mal guiado. Talvez, pensa ele, seja o momento de repensar a vida e recordar que a maioria das pessoas deseja correr certos riscos.

Quem se beneficia da medicalização da vida? Muitos. Os profissionais e empresários da medicina e os veículos da mídia que querem atrair audiência. Mas os que perdem são muitos mais. Fomentar a eterna necessidade de uma receita manipulando o medo da morte significa promover gastos desnecessários, ser corresponsável pelas doenças derivadas do uso de drogas e contribuir com uma obsessão insana pela saúde.

O descontentamento existe, mas não está articulado em ações importantes. Alguns alertam sobre a possibilidade de a sociedade um dia se cansar desse regime eterno de exames e tratamentos. Há outra voz que sustenta o contrário: o verdadeiro problema é que a medicina não está chegando onde deve, nem sequer nas sociedades mais ricas. O jornalista de saúde tem o desafio de encontrar seu lugar sob uma dessas bandeiras. Ou, melhor ainda, no grande leque de possibilidades intermediárias.

A saúde como problema jurídico: a questão da privacidade

GUILHERME D. DA CUNHA PEREIRA

Professor de Direito da Comunicação no mestrado em Jornalismo
para Editores da Universidade de Navarra em São Paulo
Diretor da Rede Paranaense de Comunicação

Embora a decantação do significado axiológico da intimidade já tenha em parte se produzido, isto é, embora já haja certo consenso entre os estudiosos de que a privacidade* é um bem de imenso valor como manifestação e salvaguarda da dignidade, da autonomia, da possibilidade de desenvolvimento verdadeiramente humano e, por que não, do bem-estar físico e psicológico das pessoas, incertezas e inseguranças ainda cercam a identificação e a delimitação de quais experiências concretas da vida devem ou não estar enquadradas como pertencentes ao âmbito da privacidade/intimidade**. Como diz Manuel da Costa Andrade, "a consciência da relatividade, elasticidade e insegurança [...] continua a marcar o conteúdo e o alcance da privacidade/intimidade". E essa consciência atinge a doutrina e a jurisprudência de todos os países que já protegem autonomamente o bem em questão, o que, portanto, muito provavelmente deve ser levado à conta da própria natureza fluida e cambiante desse bem.

Apenas para dar um exemplo paradigmático das vacilações a que o tema conduz, podemos citar a polêmica que se registrou no Supremo Tribunal Federal (STF) quando do julgamento de um mandado de segurança em caso que envolvia a quebra de sigilo bancário. A vida econômica das pessoas, seus ganhos, suas reservas, suas despesas, devem ou não ser agasalhados dentro da esfera da privacidade? A essa questão, que, de resto, recebe respostas diferentes conforme estejamos nos movendo na área da "common law" (principalmente Inglaterra e Estados Unidos) ou na área do Direito continental europeu, nossos ministros deram diferentes soluções, que não interessa neste texto recensear.

As dúvidas práticas, portanto, sobre quais singulares e dispersas facetas da vida compõem o âmbito do privado são muito grandes e persistentes. Isso não quer dizer, no entanto, que não se possa falar em certos consensos. E um deles envolve a experiência da doença, em várias das suas dimensões.

Com efeito, a jurisprudência de diversos países registra em seus anais como cenas da vida caracteristicamente privada várias situações em que algum problema de saúde estava em jogo. E a doutrina desses mesmos países não cessa de referir esses casos como exemplificações emblemáticas do campo do privado.

Assim, por exemplo, empresas jornalísticas ou editoras já foram condenadas por publicarem notícias sobre a enfermidade grave e terminal do ator Jacques Brel (França), fotos de uma mulher acometida de uma doença exótica e embaraçosa, com a narração de detalhes de seu sofrimento, tudo sem consentimento (Barber *versus*. Time, Inc. 1942, EUA), fotos de um político agonizando no leito de seu quarto (Bismarck, Alemanha) ou outro em um hospital (Ponzetti de Balbín, 1985, Argentina), para citar apenas alguns casos mais conhecidos. No Brasil, para mencionar alguma decisão de maior repercussão, vale lembrar que a revista *Amiga* foi obrigada a pagar uma indenização de 1,5 mil salários mínimos a vários artistas em razão de uma reportagem sobre aids intitulada "Como os artistas se defendem da doença"****.

Problemática, portanto, não é a conclusão de que os dados acerca da saúde de uma pessoa, quer se trate do diagnóstico de alguma doença, do tratamento a que essa pessoa esteja se submetendo ou do desenvolvimento ou prognóstico de uma enfermidade, sejam todos atinentes, em princípio, à vida privada. O que sim apresenta complexidade é a identificação das circunstâncias em que a divulgação dessas mesmas informações passa a ser tolerada ou mesmo justificada, em vista de um interesse maior.

Poder-se-ia pensar, por exemplo, que os meios de comunicação estariam autorizados a difundir uma notícia envolvendo dados sobre saúde sempre que a pessoa objeto da notícia fosse um homem público, isto é, alguém envolvido de alguma forma, atual ou não, na gestão da coisa pública. A conclusão seria precipitada, pelo menos se se pretendesse que qualquer informação estaria autorizada. Não parece que a jurisprudência internacional se encaminhe nesse sentido. No caso argentino já citado (Ponzetti de Balbín), por exemplo, malgrado a relevância política do homem que agonizava, o entendimento da Corte Suprema foi o de que a notícia da doença e da morte era sim de interesse público, mas as fotos obtidas sem consentimento mostrando os momentos finais do doente compunham um conjunto de informações de relevo exclusivamente íntimo, que não poderiam ser impunemente difundidas.

O que é decisivo, também em nosso país, é o relevo efetivo que cada "pedaço" da informação tenha em face do interesse público. Assim, como regra geral, é óbvio que o conhecimento em si da doença de um governante, doença que o incapacita, temporária ou definitivamente, para o cargo, é de interesse público, mas os detalhes de suas lutas interiores, dos seus eventuais delírios em situações de inconsciência etc., não (também em princípio).

Por essa mesma razão, as publicações devem prestar especial atenção às informações sobre a saúde de pessoas notórias, como sejam os artistas, os esportistas, os músicos etc. É doutrina comum a de que a sua vida privada, em princípio, ao contrário do que ocorre com a dos homens com funções públicas, carece de interesse público, ainda quando possa ser "interessante" para um vasto público, sedento de notícias de seus ídolos. Nesse sentido, publicar essas informações caracteriza abuso, passível de sujeitar o infrator ao pagamento de uma indenização pelo dano moral ocasionado. Obviamente, a publicação pode ser feita sem receio quando há o consentimento das pessoas referidas.

Ainda a respeito dos limites, um *case* particularmente interessante foi decidido pela Suprema Corte americana em 1969 (Commonwealth versus Wiseman). O que deu origem ao processo foi um importante e sério documentário sobre as condições de internação no Bridgewater State Hospital, um sanatório para doentes mentais de conduta potencialmente perigosa. O filme incluía cenas de pacientes nus, perambulando pelo hospital ou sendo alimentados à força ou em atividade sexual. A maioria dos juízes entendeu que as imagens violavam a privacidade dos internos. Em consequência, o documentário foi proibido. Alguns anos depois, concedeu-se autorização para que profissionais da saúde tivessem acesso a ele. Em 1989, a exibição pública do filme foi liberada, desde que o rosto dos pacientes fosse tornado irreconhecível, esbatido. Em 1991, a proibição foi revogada, sob a condição de que o nome e o endereço dos doentes mentais fossem mantidos em sigilo. Houve, portanto, claramente uma mudança no entendimento da Suprema Corte sobre o alcance da proteção a ser dada à intimidade. Mas o que nos importa observar aqui é que também no Direito brasileiro o interesse científico, de cunho médico ou não, bem como outros interesses relevantes (o artístico ou o histórico, por exemplo), pode justificar uma "compressão", uma redução da privacidade, mas sempre e apenas no limite do que seja realmente necessário para a consecução de tal interesse relevante e desde que não seja atingido aquele núcleo absolutamente íntimo, salvaguarda da própria personalidade humana.

Uma última observação. É sempre interessante lembrar que a agressão à privacidade pode se dar tanto no momento da difusão da

A SAÚDE NA MÍDIA

informação quanto no momento prévio, em que se coleta, se busca ou se obtém a informação. Por outro lado, a violação da intimidade pode ser perpetrada não só pelos meios de comunicação como por qualquer indivíduo, inclusive pelo corpo médico que, indevidamente, divulgue relatórios sobre o estado dos pacientes sob seus cuidados.

Aliás, um problema que vem suscitando especial preocupação dos juristas em todo o mundo é o do tratamento automatizado de dados pessoais referentes a pontos sensíveis, entre os quais se incluem os referentes à saúde. Frequentemente, é de arquivos informatizados de hospitais ou institutos de saúde que jornalistas obtêm informações de caráter eminentemente privado. A responsabilidade por eventual abuso poderá ser, nesses casos, também da instituição que mantém os dados; mas esse é um tema que mereceria um ulterior desenvolvimento.

---

* Utilizo aqui indistintamente privacidade e intimidade, muito embora a melhor doutrina prefira distingui-las, reconhecendo a esta última uma proteção mais segura e plena.

** Manuel da Costa Andrade, "Liberdade de imprensa e tutela penal da privacidade – A experiência portuguesa", *Revista Brasileira de Ciências Criminais*, n. 20, p. 39.

*** Neste caso em particular, as informações divulgadas não tinham consistência e o tribunal entendeu que ficou também caracterizada ofensa à honra.

7 OS PONTOS DIFÍCEIS

Alguns conceitos úteis para que a informação de alto conteúdo técnico não seja perigosa para a saúde daqueles que a consomem. Estatística e biologia para principiantes.

Há situações em que, por discursar em vez de dialogar, os médicos transmitem aos jornalistas conceitos difíceis de ser compreendidos pelos profissionais de comunicação. Assim, o terreno fica preparado para que os dados sejam mal interpretados. Nesse caso, por deformação profissional, qualquer erro da imprensa tende ao excesso. Nas próximas páginas, são apresentadas algumas regras para corrigir essa deficiência.

Os números são o tendão de aquiles da imprensa. As perguntas que o jornalista deve fazer variam conforme os temas, mas a primeira coisa que se deve entender é que a ciência médica quase sempre é incerta. A maior parte da informação é de natureza provável; portanto, os mais rígidos só se referirão a ela em termos de probabilidade. Nesse mesmo sentido, as pessoas sem formação científica são suscetíveis ao engano ao confiar naquilo que chamam de provas anedóticas. Generalizar com base em "um" caso interessante contradiz a lei que reza que, à medida que cresce o número de casos, aumenta a possível verdade das conclusões. Mas mesmo com estatísticas impressionantes, como se verá aqui, nem sempre é suficiente.

Outro ponto fraco é a linguagem. A precisão na terminologia é absolutamente necessária na comunicação médica. Cada palavra tem um único significado, e um dicionário que pretenda ser completo estaria em constante crescimento. Aliás, tentar editar um simples glossário que contenha os termos que um jornalista de saúde precisa conhecer seria algo predestinado ao fracasso.

Os jornalistas que não pularem este capítulo assustadoramente intitulado "Os pontos difíceis" darão também uma olhada no treinamento cerebral diário a que se submetem aqueles que, em seu trabalho cotidiano, se aprofundam no apaixonante mundo da ciência médica. O dia a dia não é de borbulhantes frascos de laboratórios radioativos, órgãos humanos em formol nem dispositivos de alta tecnologia com sinais luminosos que fabricam clones de Bill Gates e Gisele Bündchen. A maior parte do tempo, e a mais produtiva, é aquela em que os pesquisadores passam entre números e conceitos, ou desenvolvendo estratégias de observação ou experimentação.

Aqui são mencionados de forma resumida os modelos de estudo que têm aceitação acadêmica. Qualquer que seja o tema, esse conhecimento é imprescindível ao jornalista para saber quais evidências pode exigir de suas fontes para cada afirmação que fizerem. Só assim poderá distinguir os que verdadeiramente fazem a ciência médica avançar dos sinceramente equivocados e dos claramente mentirosos. Todos podem ser igualmente convincentes.

Números enganadores

Os pesquisadores médicos adoram números. Eles os recolhem, analisam, colocam em complexas fórmulas, manipulam, transformam em gráficos coloridos e depois se queixam que os jornalistas fazem com eles o que lhes dá vontade.

A informação numérica é a que concentra a maior quantidade de erros, e os médicos, quando colaboram, devem prestar máxima atenção. Não se trata apenas de confusões, nas quais leves mudanças produzem diferenças consideráveis. Também há situações em que são divulgados conceitos para os quais o público não está preparado, como os riscos relacionados ou o custo-benefício de um tratamento. Em outras ocasiões, por desconhecimento, a mídia e seu público são, além disso, vítimas daqueles indivíduos que definem a estatística como "a arte de mentir com números". Isso não é novidade. Já em 1954 alguém teve a ideia de escrever um livro intitulado *Como mentir com estatísticas* (Huff, 1993).

Mentir não é o único delito que pode ser cometido com a informação. Induzir alguém a pensar de determinada maneira é outro. Meu professor de ginástica prefere dizer para corrermos 15 minutos a mais a nos pedir que façamos 50% a mais de esforço, embora na realidade signifique a mesma coisa. O que acontece com as notícias médicas? O mesmo. Suponhamos que divulguem os resultados de uma pesquisa realizada com pacientes que padecem de fragilidade óssea (osteoporose). O grupo que não recebe nenhuma medicação tem 2% de chance de fraturar o quadril; dos que tomam medicamentos, 1% quebra o quadril. Em *termos absolutos*, o risco de fratura se reduz em apenas 1%. Em *termos relativos*, ao contrário, a ameaça se reduz pela metade. Ambos os dados estão corretos e serão utilizados pelos médicos, mas só o segundo tem apelo emocional. É o que a imprensa escolherá, e o que convém aos laboratórios farmacêuticos. Nem sempre é o mais adequado para o paciente que tem de decidir se gasta ou não dinheiro com esse remédio.

É com dados assim, difíceis de interpretar, que a população é convidada a optar "livremente" por um tratamento ou outro. "Decidir fazer ou não a terapia hormonal pode ser complicado. Mas escolher o jornal que se lê pode ser uma questão igualmente perigosa", definiu Kamram Abbasi, editor do *British Medical Journal*. Abbasi escreveu tais palavras depois de ler uma análise das manchetes da imprensa britânica em consequência de um trabalho científico publicado na revista. Todos os jornalistas tinham se baseado na mesma pesquisa, mas o *Daily Mirror* publicou: "A pílula quadriplica o risco de infarto cerebral", enquanto *The Times* tinha divulgado: "O risco de infarto cerebral é ligeiramente maior nas mulheres que tomam a pílula". O mais complicado do caso é que nenhum dos dois mentia. O que aconteceu?

Tratava-se de um estudo que buscava analisar a influência dos contraceptivos orais no risco de isquemia cerebral em mulheres em idade fértil. Os autores da pesquisa haviam descoberto que as mulheres que ingeriam a droga tinham um risco 2,9 vezes maior do que as que não tomavam, e quatro vezes superior quando se tratava das pílulas de primeira geração. Mas esse dado, tão preocupante à primeira vista, não era tão grave. O risco absoluto continuava sendo muito baixo porque esse transtorno ainda era muito pouco frequente (o que tecnicamente se chama de *baixa incidência*) nas mulheres jovens, que são as que tomam anticoncepcionais. Os cientistas calcularam que após um ano, em um grupo de 100 mil mulheres, o uso da pílula produziria três casos de infarto cerebral, taxa de risco que poderia, inclusive, diminuir com um controle rigoroso dos fatores de risco cardiovasculares. Em resumo, mesmo com os novos dados, tomar pílula continuava trazendo mais benefícios do que riscos (Abbasi, 1998).

Avaliar ou oferecer uma notícia exige entender bem essas questões. Quando os jornalistas interpretam mal os dados, geralmente exageram: é uma deformação profissional. E os médicos? Nem todos estão habituados a trabalhar com estatísticas. "Venho receitando essa droga desde que me formei e nenhum paciente meu jamais teve problemas", ouve-se dizer. Se esse profissional fizesse um cálculo aproximado, poderia concluir talvez que a droga foi segura em 100, 300 ou talvez 500 pacientes. "Os pequenos estudos não permitem chegar a conclusões fortes, os estudos isolados, que não se repetem, poucas vezes podem demonstrar alguma coisa. O acaso – a variabilidade do acaso – pode fazer coisas estranhas com os resultados de uma pesquisa", sintetiza Víctor Cohn (1993) em seu guia para entender a linguagem das estatísticas.

A experiência pessoal não é o melhor critério para que os médicos decidam o que vão prescrever nem para que os jornalistas decidam o que vão divulgar. Nem o mais convincente. Se uma pessoa quiser ter uma prova, por exemplo, para falar da segurança de um medicamento, deve procurar pesquisas realizadas em grande escala, ou seja, em dezenas de milhares de pacientes. O aspecto técnico não deve ser pretexto para difundir erros, e os jornalistas necessitam saber analisar números na hora de tomar posições editoriais.

Em certa ocasião, a revista *Time* dedicou sua capa a uma pesquisa "científica" sobre como os homens e as mulheres se sentiam na cama. O estudo detectara que 84% das mulheres estavam insatisfeitas com suas relações íntimas, e 70% das que se declararam casadas havia mais de cinco anos tinham tido aventuras. Mas quem mais enganou os leitores homens não foram suas esposas, e sim os comunicadores: ninguém mencionou que 100 mil questionários tinham sido distribuídos, mas apenas cinco mil respostas foram recebidas. Foi desses dados incompletos que saíram essas conclusões.

Detectando essa deficiência, e com o orgulho ferido, uma equipe do *The Washington Post – ABC News* decidiu refazer o estudo. Interrogou 767 mulheres e as porcentagens mudaram de maneira significativa: 93% das norte-americanas estavam satisfeitas com o tratamento amoroso que recebiam em casa, e as que se referiam a deslizes conjugais reduziram-se a 7%. Os cientistas diriam que o primeiro é um caso clássico de erro de amostra, na qual o grupo estudado é grande mas provavelmente não representativo. Ou seja, podem-se tirar conclusões para o grupo de mulheres que respondeu o questionário, mas não inferir que esses resultados se repetiriam em uma população maior, como o das esposas dos leitores da revista *Time*.

Saber ler os números é essencial para o jornalista de saúde. Se o folheto publicitário de um tratamento médico-estético garante que no final de três meses a celulite se reduziu em 34%, talvez seja verdade, mas pode ser que a "pesquisa" tenha sido feita apenas com três pessoas que além disso fizeram dieta, tomaram muita água, fizeram massagens diárias e passaram horas na sauna. Ou seja, pode haver erros metodológicos que invalidem as conclusões. Outra forma mais trabalhosa para enganar os consumidores é fazer muitos testes até que um, por pura casualidade (ou aleatoriamente, como dizem os técnicos), apresente os números que se pretende publicar.

Algumas manipulações são bem difíceis de detectar. Comprovou-se que muitos dos chamados "aumento de sobrevida" que geraram manchetes jornalísticas são meras ilusões obtidas descartando-se dos estudos os pacientes mais graves, ou incluindo pessoas em estados iniciais da doença. Outras vezes se descobriu que os gráficos incluíam um alto índice de falsos positivos, ou seja, pessoas sadias a quem tinha sido dada uma má notícia por engano. Às vezes, o parâmetro divulgado com bandas e fanfarras é obsoleto. Um conceito atual é deixar de analisar a vida unicamente sob unidades de tempo, sejam anos, meses ou dias, sem utilizar outros índices, como o QALY (quality adjusted life year), que leva em conta não só o tempo mas também a qualidade de vida de um paciente, ou o HYE (healthy years equivalent), que incorpora a probabilidade de que o estado de saúde do paciente melhore ou piore.

A matemática não é a matéria preferida de muitos, sejam jornalistas ou médicos, mas ambos precisam saber que não se pode fugir dos números. Algumas notícias muito valorizadas pelo público são as que oferecem informação comparada de duas técnicas diferentes para solucionar o mesmo problema, como cirurgia realizada a laser *versus* cirurgia tradicional, com tesoura e bisturi.

Há também complexas técnicas analíticas com as quais, além da cura ou do controle da doença, se levam em conta o custo para obtê-la e os gastos derivados de não tê-la: o custo-benefício. Fora os honorários médicos, gastos hospitalares, medicamentos e insumos, são avaliadas outras variáveis, como o cálculo de dias de trabalho perdidos pelo paciente e seu grupo familiar devido à perda transitória de independência. Isso, além da melhora clínica e de qualidade de vida obtida depois de um resultado bem-sucedido e, sem dúvida, a chance de que isso aconteça em cada um dos casos.

Por que a imprensa deve entender essas questões? Um aspecto importante é como a saúde afeta o bolso das pessoas, direta ou indiretamente, em função de sistemas de assistência, privados ou públicos. Se o jornalista pretende ser um agente de saúde pública e não o membro mais barato da força de vendas de suas fontes, deve ter as ferramentas necessárias para entender como examiná-las. Estar atento é sempre um hábito saudável.

A maior crítica que se pode fazer ao método numérico é que consome mais trabalho e tempo do que a maioria está disposta a lhe dar. Mas o jornalista não pode escapar dessa responsabilidade: se vai usar números, estes devem fazer sentido para seu público. Se não, em um belo dia de primavera nossos leitores se trancarão em casa com medo de morrer de um ataque de abelha. Tudo porque não dissemos a eles antes que é verdade que o desenlace fatal é possível, mas acontece com menos de uma em cada 5 milhões de picadas.

O jargão dos cientistas

O diálogo do jornalista com o pesquisador médico exige um esforço extra de ambas as partes. Apesar do que mostram os filmes, entrar no mundo do saber hiper-especializado não exige óculos, cara de gênio e massa cinzenta superior à média. A característica principal é outra. A precisão na fala está para os cientistas como a pontualidade para os suíços ou alemães. Para os cientistas, a precisão está acima de quase tudo, e eles não podem se descolar dessa regra de vida nem mesmo nas ocasiões em que não ela deixa de ser importante ou pode até atrapalhar.

Quando um cientista fala, sobretudo se está afastado da atenção clínica, o jornalista deve persuadi-lo a expressar-se com a voz do povo. Mas não é menos verdade que o comunicador deve também se esforçar para colocar-se na cabeça do homem ou da mulher da ciência porque, entre outros motivos, é a única forma de ter o comando da informação.

A ciência não é mais do que uma tentativa de verdade. Em outras palavras, é um sistema de conhecimentos, resultado da aplicação de um conjunto de procedimentos racionais e críticos – ou seja, não dogmáticos, não opinativos, não arbitrários – que são colocados sob a denominação genérica de método científico. Em consequência, o que essencialmente caracteriza a ciência é o método por meio do qual o conhecimento é construído.

Seis termos definem o conhecimento científico: fático, racional, verificável, objetivo, sistemático e explicativo.

- É fático porque trata dos fenômenos e fatos da realidade.
- É racional por se basear na razão, ou seja, em um conjunto de ideias e argumentações e não em sensações, opiniões, pareceres ou dogmas.
- É verificável ou comprovável empiricamente porque suas afirmações devem ser submetidas ao tribunal da experiência.
- É objetivo, uma vez que suas afirmações pretendem concordar com os objetos da realidade.
- É sistemático porque não é um acúmulo de proposições desconexas, mas um corpo de ideias logicamente entrelaçadas.
- É explicativo porque não se conforma em descrever como é o mundo, mas tenta dar conta das razões pelas quais o mundo é como é.

Uma pesquisa científica deve começar com uma ideia prévia ou **hipótese** que se pretende comprovar. A experimentação ou as medições geram dados (**resultados**) a partir dos quais se deduzem as **conclusões**. Os trabalhos devem ser informados aos pares para avaliação (veja o Capítulo 2) com riqueza de detalhes. O artigo ou *paper* deve conter essa ideia prévia e os experimentos que foram feitos para procurar confirmá-la. A descrição da metodologia não pode faltar porque serve para que outros possam repetir a experiência e comprovar que fazendo tudo igual se chega aos mesmos resultados. Isso diferencia um registro científico, destinado à humanidade, de uma patente industrial, na qual grande parte da informação é omitida.

Em um artigo científico, a inclusão dos dados brutos permite a outros avaliar se as conclusões não estão equivocadas. Um exemplo fictício revela a importância dessa metodologia de trabalho. Dizem que certa vez um cientista, não muito brilhante, queria saber para que serviam as patas da barata. Idealizou uma experiência: ia extrair as patas uma a uma e dizer ao animal que se movimentasse. No início do teste, com uma ou duas patas a menos, a barata ainda conseguia andar quando ele dizia "Movimente-se". Quando o pesquisador continuou com sua macabra experiência, o pobre inseto parou de avançar sobre o papel milimetrado no qual o homem media seu deslocamento. O cientista escreveu no artigo: "O animal não se move ante a minha ordem. Conclusão: ao perder as patas, se torna surdo". Em outras palavras, e com mais complexidade, histórias assim – mas verídicas – são publicadas todos os dias. A ciência médica não avança tirando as patas das baratas, mas administrando drogas e aplicando raios em seres humanos, o que não impede os cientistas de se enganar.

As descobertas que mudam a vida das pessoas são obtidas basicamente da observação, realizada depois de experiências (como a das baratas) ou não. A estratégia de observação pode consistir em estudar fatores específicos em grupos de pessoas bem definidos e sua relação com algum aspecto de sua saúde ou enfermidade. Uma pesquisa clássica desse tipo é a análise do peso corporal das mulheres de 50 a 60 anos e sua relação com a pressão arterial. Se se evidencia que quanto maior o peso maior a pressão, a conclusão será uma **associação** ou correlação. Grande quantidade de estudos epidemiológicos com repercussão midiática, como a associação entre consumo de vinho e menor taxa de infartos, é desse tipo. Nos hospitais circulava havia um tempo um artigo que, com grande quantidade de dados e seu correspondente tratamento estatístico, sugeria que dirigir um Cadillac estava associado a maior risco cardiovascular. Era evidente que se tratava de uma brincadeira, mas não era mera coincidência. Os proprietários desse carro de luxo geralmente são homens com mais de 45 anos, ou seja, já têm dois fatores de risco cardiovascular bem conhecidos. Correlação, como se verá mais adiante, não necessariamente indica causa e efeito.

"Experiência" não é um termo que se refere apenas a tubos de ensaio. Um exemplo de pesquisa *experimental* em humanos que recebe muita atenção da imprensa é a avaliação dos efeitos de drogas. Em primeiro lugar, é preciso entender que droga não é só *crack* ou maconha. *Droga* é qualquer substância que pode ser usada para prevenção, diagnóstico ou tratamento (pode ser cura, controle ou alívio) de uma doença. As drogas podem não ter fim estritamente médico em sentido clássico, mas simplesmente alterar o funcionamento do corpo, como fazem a cocaína ou os anticoncepcionais.

Para que uma droga seja pesquisada em humanos, sadios ou doentes, devem ser preenchidos vários requisitos. Em primeiro lugar, há uma sequência predefinida que não pode ser alterada. Um novo medicamento, por exemplo, só pode ser administrado nas pessoas depois de ter sido estudado *in vitro* (em tubos de ensaio, placas de vidro etc.) e *in vivo* (cultivos de tecidos, animais de laboratório). Como o homem não é um rato sem pelos, as verdadeiras conclusões úteis são obtidas por meio de *pesquisas clínicas*, ou seja, aquelas realizadas com seres humanos depois de concluídas as anteriores.

Nas pesquisas clínicas há uma grande quantidade de requisitos éticos (veja o Capítulo 6). Além disso, há questões metodológicas que devem ser cumpridas, entre elas a sequência.

A SAÚDE NA MÍDIA **181**

- Na fase 1, testam-se diferentes doses em pequenos grupos de pessoas sadias para avaliar o grau de toxicidade em humanos.
- Na fase 2, o grupo de voluntários é maior e composto por pacientes que poderiam se beneficiar com o tratamento: procura-se estabelecer qual das doses seguras dá melhores resultados.
- A fase 3 inclui a comparação com outros tratamentos e abrange mais pacientes. Finalizadas essas etapas, a droga pode ser autorizada pelas autoridades sanitárias para comercialização, mas ainda assim continuam-se estudando seus efeitos – em parte mediante o registro de reações adversas – no que se chama fase 4.

Há fatores que afetam todas as fases de pesquisa, como as diferenças na reação de cada pessoa ou as recuperações espontâneas. Há também o efeito placebo, pelo qual até 30% dos pacientes experimentam melhoria apenas por acreditar que estão tomando um medicamento que vai curá-los, ainda que na realidade estejam recebendo um comprimido de aparência similar, mas sem o princípio ativo.

Se a matéria não é sobre um tratamento, mas sobre um método diagnóstico, os controles que a fonte médica tem de disponibilizar para a imprensa são outros. Um bom exame deveria detectar tanto a saúde como a doença. O que quer dizer isso? A capacidade de evitar falsos negativos e falsos positivos ou – em outras palavras – a sensibilidade e a especificidade. *Sensibilidade* é a forma como um exame identifica a afecção em quem a tem, ou seja, é alta se há poucos casos não detectados. A *especificidade* indica até que ponto o exame identifica quem não tem a afecção, ou seja, é alta se há poucas identificações erradas. Em resumo, a sensibilidade fala da presença da doença e a especificidade de sua ausência.

Outros aspectos a levar em conta podem confundir facilmente os resultados. O método tem de ser válido e confiável. *Validade* significa precisão. Medir as batidas do coração no pulso não seria válido naqueles que têm o pulso fraco. A *confiabilidade* indica quão reproduzível é um exame. Às vezes, em função da variabilidade que existe, é necessário repetir o exame várias vezes (como fazer cinco medições sucessivas da pressão arterial) para obter uma média e um resultado mais confiável.

Às vezes não é suficiente, no entanto, que um exame seja sensível, específico, válido e confiável. Também deve ser preditivo. O valor *preditivo* é a proporção de todos os exames positivos que foram obtidos dos realmente enfermos ou dos que ficarão enfermos no futuro. Atenção, aqui também há uma armadilha potencial! A palavra "normal". Alguns a usam como sinônimo de sadio ou desejável; outros, aludindo a um valor estatisticamente típico. O nível de colesterol de uma pessoa pode ser normal para a segunda definição, mas não para a primeira, porque quanto mais baixo for esse lipídio no sangue menor o risco de um infarto. Por isso, Víctor Cohn recomenda perguntar cada vez que se ouve a palavra "normal": "O que quer dizer com isso?"

Tendo aprendido esses conceitos básicos, apenas um jornalista que conheça as diferentes metodologias, seus pontos fracos e suas limitações, saberá que evidências deve exigir de suas fontes.

A metodologia empregada é a que dá o verdadeiro valor a uma pesquisa científica. Os **estudos retrospectivos**, por exemplo, têm desvantagem quando as pessoas não se lembram de doenças ou existem registros malfeitos etc., o que pode levar a erros. Os **estudos prospectivos** permitem comparar resultados com maior precisão, já que se concentram em estudos realizados com as mesmas técnicas, às vezes com os mesmos operadores, mas são mais caros e difíceis de fazer. Consequentemente, a amostra costuma ser menor. Entre estes últimos, destaca-se o chamado **estudo de coorte**, no qual um grupo de pessoas (em geral dividido em subgrupos) é acompanhado por anos. Um dos mais ambiciosos é um estudo que acompanha, desde 1948, o desenvolvimento de doenças do coração e seus fatores de risco em várias gerações de habitantes da cidade de Framingham, no estado de Massachussets (EUA).

Uma das notícias que mais mobilizam os jornalistas especializados é o lançamento de um remédio. Quando se quer ver os efeitos de um medicamento, o chamado *gold standard* da pesquisa clínica é o **estudo controlado duplo-cego**. São selecionados os indivíduos segundo alguma característica relevante ao estudo e então é atribuído a eles, ao acaso, pertencer ao grupo de controle que recebe o placebo ou ao experimental, ao qual a droga é administrada. A seleção ao acaso garante que as possíveis variáveis afetem ambos os grupos por igual, e assim os resultados obtidos possam ser atribuídos ao tratamento. Às cegas significa manter as pessoas na ignorância de pertencerem ao grupo experimental ou ao de controle, para equilibrar nos dois o efeito placebo. Duplo-cego é também quando os pesquisadores que analisam os dados desconhecem quem está em cada grupo (Greenhalgh, 1997 e Greenhalgh e Taylor, 1997).

Um tema que nunca perde atualidade, porque atinge o bolso dos pacientes, é o dos medicamentos genéricos. Para a autorização de um medicamento genérico, é necessário comprovar sua eficácia em comparação com o produto original por meio dos testes de bioequivalência e biodisponibilidade. O conceito de biodisponibilidade refere-se à velocidade e magnitude com que um princípio ativo é absorvido a partir de uma forma farmacêutica e fica disponível no lugar de ação (são aceitas as concentrações sanguíneas como representativas). Dois medicamentos são considerados bioequivalentes quando contêm quantidade igual do mesmo princípio ativo e se sua biodisponibilidade (em magnitude e velocidade) depois de sua administração em doses iguais é similar. Se forem bioequivalentes, supõe-se que em termos de eficácia e segurança serão essencialmente iguais (Ministerio de Salud..., 2004).

Essa informação é mesmo útil para a imprensa? Esses controles nos aproximam da verdade unicamente no mundo ideal, onde ninguém esconde ou manipula dados. Não garantem qualidade no mundo real, onde são publicadas pesquisas nas quais se afirma que o branco é preto. Mas a existência inegável de uma má ciência não pode ser desculpa para praticar um mau jornalismo.

Procurar e divulgar dados técnicos e oferecê-los em perspectiva exige tempo, esforço e muita vontade. Um conhecimento científico básico fornece armas para ganhar algumas batalhas contra a mentira, ainda que os pessimistas digam que esta sempre dará um jeito de avançar com suas pernas curtas. Outros suspeitam que a principal consequência de entender bem o que se pretende divulgar é que atenta contra a maior paixão de um jornalista, que seria – há numerosas provas disso – enganar suas fontes. No entanto, fazer as coisas bem feitas é algo extremamente estimulante. Sobretudo se são encontrados aqueles erros que os jornalistas da concorrência deixaram passar.

Alguns conceitos úteis

Correlação: o nível até o qual duas ou mais variáveis de uma associação estão vinculadas, ou seja, como uma muda quando a outra se modifica. Atenção! Correlação ou associação não é causalidade.

Desvio: problemas no desenho de uma pesquisa que podem levar a efeitos não relacionados à variável em estudo. Por exemplo, se a escolha dos indivíduos a ser analisados não é representativa, pode levar a estabelecer uma associação que não seja real.

Entrevista: conversa cara a cara, sem questionário fixo.

Especificidade: capacidade de excluir a maior quantidade de falsos positivos. Em um exame diagnóstico, as pessoas que não têm uma doença que é procurada.

Falso negativo: resultado não significativo, apesar de existir a causa.

Falso positivo: resultado estatisticamente significativo, sem que haja causa.

Fator de risco: variável que mostrou ter relação com a incidência de uma enfermidade. Não significa necessariamente que haja uma relação de causa e efeito.

Focus group: entrevistas grupais nas quais a interação entre os indivíduos também gera dados.

Incidência: número de casos novos, durante dado período de tempo, em uma população definida.

Observação participativa: observação na qual o pesquisador ocupa um papel que pode alterar os resultados.

Observação passiva: observação sistemática no ambiente natural do indivíduo.

(continua) ▶

(continuação)

Placebo: agente supostamente ineficaz usado em um grupo denominado controle para verificar os efeitos de um tratamento concreto em outro grupo ao qual é administrado o princípio ativo.

Precisão: proporção de teste que dá o resultado correto (positivos e negativos verdadeiros).

Regressão logística: método estatístico empregado quando há uma variedade de fatores de risco contribuindo para que uma doença aconteça e se quer calcular quanto um fator de risco individual contribui.

Risco atribuível: compara a frequência de uma doença ou complicação com ou sem o fator em análise.

Risco relativo: define quantas vezes aumenta o risco em relação ao esperado de quem está exposto a determinado fator patogênico.

Sensibilidade: capacidade de um método diagnóstico de detectar o maior número de casos que tem a doença.

Taxa de morbidade: número de doentes por unidade de tempo (em geral um ano).

Taxa de mortalidade: número de mortes por unidade de tempo (em geral um ano).

Taxa de prevalência: número de casos totais de uma doença por uma unidade de tempo.

Valor preditivo: capacidade de indicar se a doença está presente.

Variável: qualquer característica que pode variar nos sujeitos em estudo, como sexo, idade, peso, dieta, comportamento, atitude ou outro atributo.

O ABC do jornalista médico

"Mulher biônica" e "homem nuclear" são termos do passado. Ao escrever estas linhas, a ficção científica abandonou os clones e a moda dos mutantes já passou. Nada disso reflete o mundo real, claro, e com o jornalismo médico às vezes acontece o mesmo.

Na cobertura das pesquisas médicas, alguns temas prometeram mais do que deram até agora, como a terapia gênica; outros deram mais do que prometeram, como os anticorpos monoclonais.

Esse é um dos motivos pelos quais qualquer tentativa de definir os temas e criar um glossário que abranja todos os termos que um jornalista de saúde precisará conhecer nos próximos anos está predestinada ao fracasso. Atualizá-lo de maneira periódica seria uma exigência imprescindível.

Esta curta lista inclui, ao contrário, palavras gerais de amplo uso no jornalismo de saúde. Nesta lista, nem todos os conceitos são novos e, certamente, muitos novos conceitos não foram citados.

Anomalias genéticas: alterações da estrutura normal de um ou mais genes, herdadas ou geradas em consequência de uma mutação.

Antibiótico: substância natural ou sintética que inibe ou mata bactérias.

Anticorpo: proteína produzida pelo sistema imune em reação a uma substância estranha (antígeno) à qual tenta neutralizar ou destruir.

Antígeno: substância que, ao ser introduzida no corpo, estimula a produção de anticorpos.

Assintomático: pessoa doente sem sintomas evidentes.

Blastocisto: embrião não implantado de cerca de 150 células. Tem três camadas; a interior é a que vai dar origem ao feto, sendo utilizada para obter células-tronco embrionárias.

Bioinformática: disciplina científica na intersecção entre biologia e ciências da computação. Busca desenvolver novos métodos para obtenção, análise, armazenamento e recuperação de informação biológica. Às vezes, refere-se a ela como biologia computacional, empregada para o processamento de grande quantidade de dados associados à genômica, à proteômica e à medicina molecular.

Células-tronco (ou *stem cells*): há de diversos tipos, e algumas contêm toda a informação e o potencial de se desenvolver em qualquer órgão de um ser adulto – são as chamadas células-tronco totipotentes (potencial total de desenvolvimento). Outras podem originar um número mais limitado de células. Suas possibilidades terapêuticas potenciais são foco de muitas pesquisas, entre elas a obtenção de tecidos e órgãos de reposição, para realizar transplantes sem problemas de rejeição, ou a cura de doenças degenerativas como Parkinson, Alzheimer, problemas musculares, de visão, problemas cardíacos e nas articulações, lesões medulares, diabetes etc.

Clone: réplica geneticamente idêntica de um conjunto de células ou de um indivíduo. A ovelha Dolly foi um marco porque pela primeira vez se conseguiu fazer a cópia genética a partir de uma célula obtida de um animal adulto. Até aquele momento, pensava-se que era imposível.

Diferenciação: processo pelo qual as células imaturas vão perdendo sua totipotencialidade e desenvolvendo finalidade específica (neurônios, músculo, osso).

Embrião: o organismo que se origina na concepção. Em humanos, recebe esse nome até a oitava semana de gestação, quando passa a se chamar feto.

Endemia: enfermidade que está presente em maior ou menor grau nas pessoas de certa localização geográfica.

Epidemia: aumento acentuado da incidência de uma doença.

Feto: em humanos, o indivíduo em gestação desde a oitava semana até o nascimento.

Infecção aguda: infecção relativamente breve, de alguns dias a umas poucas semanas, depois da qual o vírus é normalmente eliminado por completo do corpo pelo sistema imune.

Infecção crônica: prolongação de uma infecção aguda, na qual o agente persiste no corpo.

Infecção oportunista: em uma pessoa com defesas baixas (imunocomprometida), é a infecção causada por um organismo que não costuma causar enfermidade em pessoas saudáveis. Muitos desses organismos estão em estado latente em quase toda a população e só causam doenças quando o sistema imune é afetado.

Infecção persistente: infecção na qual há replicação do vírus e este ajusta seu crescimento e sua patogenicidade para não matar o hospedeiro. Enquanto nas infecções crônicas, em longo prazo, o vírus desaparece ou mata a pessoa, na infecção persistente, por sua vez, o vírus pode permanecer ao longo de toda a vida.

Imunomodulador: qualquer substância que afete o sistema imunológico.

Imunossupressão: dano ao sistema imunológico induzido por drogas ou enfermidades.

Medicina reparadora ou regenerativa: tratamento no qual as células são induzidas a reparar ou repor tecido faltante ou doente.

Oncogenes: formas anormais de genes que regulam o crescimento celular. Geralmente permanecem inativos, mas quando se ativam podem dar origem a um câncer. A ativação é produzida por motivos ainda não de todo conhecidos, que vão da exposição a substâncias químicas ou vírus aos próprios movimentos do DNA. Há outros genes relacionados ao desenvolvimento do câncer, como os supressores de tumores que em condições normais protegem, mas quando mutam permitem que o tumor se desenvolva.

Pandemia: epidemia que afeta múltiplas áreas geográficas ao mesmo tempo.

Patógeno: agente produtor de enfermidades.

Plasmídio: molécula de DNA circular, extracromossômica, com capacidade de autorreplicação. Os plasmídios artificiais são muito usados em pesquisa, para transportar genes de um organismo para outro.

Príons: grupo de proteínas complexas com capacidade de infecção. Estima-se que sejam a causa de males como a doença de Creutzfeldt–Jacob e a da vaca louca (encefalopatia espongiforme bovina).

Retrovírus: grupo de vírus que leva sua informação genética no RNA e não no DNA.

Surto: ocorrência de um grande número de casos de uma doença em um curto período.

Transmissão por aerossóis: nuvem de partículas sólidas ou líquidas com micro--organismos patogênicos liberados por tosse ou espirro.

Vacina: substância que contém componentes antigênicos de um organismo infeccioso, os quais, por estarem atenuados, mortos ou serem sintéticos, permitem gerar imunidade sem causar a doença.

Zoonose: doença de animais que pode ser transmitida a humanos.

Será verdade?

Médicos e jornalistas estão do mesmo lado do balcão. Do outro lado, há muita gente tentando lhes vender alguma coisa. A primeira pergunta a fazer diante de uma informação, independentemente da fonte, então é: será verdade?

A resposta tem matizes. Os diferentes estudos científicos não representam o mesmo nível de evidência, por exemplo. Por isso, o Oxford Center para a medicina baseada em evidências desenvolveu um *ranking*. Existem quatro níveis decrescentes de grau de recomendação, que vão de A (o melhor) a D (o pior). Cada um deles está subdividido, por sua vez, em níveis distintos. O mais alto (A – 1A) é ocupado pela revisão sistemática de pesquisas clínicas controladas e aleatórias; o último (D5), pela opinião de especialistas sem avaliação crítica (Phillips *et al.*, 2004). Casualmente, a opinião do especialista é a mais usada pela imprensa.

Mais de uma vez, nos primeiros anos de profissão de jornalista, entrei na sala de meus editores com uma notícia muito importante derivada de uma pesquisa bastante séria e completa e eles, insensíveis à minha emoção, me perguntarem: "E isso que você está dizendo, Favaloro[8] poderia dizer?" Nessa época, comentários assim me deixavam furiosa. Mas, com os anos, até o mais cartesiano aprende que, na divulgação da medicina, tentar modificar a frieza do método científico é não só impossível como também contraproducente. O médico também cura, tranquiliza ou mobiliza apenas com sua presença.

É possível acreditar nos médicos? O mundo está cheio de médicos crédulos, vários deles com realidades que lhes são próprias, que tentam divulgar a verdade DELES. Também está lotado de médicos inteligentes e estudiosos que sabem muito. Todos eles podem vestir guarda-pó e ser chamados de doutor.

---

8. René Favaloro, falecido, foi o mais prestigioso e famoso cardiologista argentino.

"Em nosso caráter de cientistas pouco preparados" – alerta Víctor Cohn (1993), que fez um levantamento dos pontos fracos da imprensa médica a pedido da escola de saúde pública da Harvard University –, "uma análise que simplesmente sugere uma hipótese que deveria ser investigada pode ser confundida com uma pesquisa que apresenta fortes provas conclusivas."

O jornalista que, segundo a ocasião, acredita em tudo ou não acredita em nada, divide sua alma – como o médico, que exerce de maneira simultânea a arte e a ciência de curar. O público provavelmente exercite unicamente a fé. Se na Antiguidade os homens acreditavam que magia era medicina, hoje se acredita que medicina é magia.

O comunicador de saúde não pode se permitir divulgar crenças. Cohn (1993) propõe ser cético e receber cada anúncio dizendo, verbal ou mentalmente: "Demonstre".

Cohn sugere uma centena de perguntas-padrão, das quais se transcreve aqui uma dezena.

1) Como você sabe?
2) Quais são as provas?
3) Qual foi o método de estudo?
4) Por que fizeram dessa forma?
5) Quantos casos são?
6) A que população os resultados se aplicam?
7) Qual é a proporção de não respostas?
8) Qual o tempo de duração do estudo?
9) Seus pacientes foram suficientemente acompanhados para de fato se conhecerem os resultados bons e ruins?
10) Onde foi publicado?

Em um artigo eloquente intitulado "Medical reporting in a highly commercialized environment" ("Reportagem médica em um ambiente altamente comercial"), John Abramson, da Harvard University, propõe aos jornalistas médicos oito princípios que vão de duvidar dos artigos que só registrem riscos relativos a suspeitar de todos aqueles em que não seja explicitada a relação dos autores com a indústria. "É preciso trabalhar em um terreno intermediário que se situa entre simplesmente passar versões sensacionalistas geradas por interesses comerciais até efetuar um jornalismo investigativo que exige muito tempo. Sem esse terreno do meio, não se pode atender ao público. [...] Quando não for possível, os jornalistas têm a obrigação de dar a conhecer as limitações que tiveram." Mesmo assim, linhas depois, conclui: "Se isso é um objetivo possível dentro das práticas do jornalismo de hoje, é outra questão" (Abramson, 2003).

Examinar as fontes pode gerar certa tranquilidade, mas há casos em que nada parece ser suficiente. O medo de ser enganado só se equipara ao temor de exceder-se no zelo, julgar de forma equivocada e fechar as portas da fama a um avanço genial, ou ser o único jornalista a não dar a notícia do século. Em outras ocasiões, o medo é outro: deixar de salvar vidas por não ter "acreditado".

Quando isso pode acontecer? Todo dia. Imaginemos que, para ficar tranquilo, o jornalista descarta toda notícia que se baseie em uma amostra pequena. Erro de principiante. Quando em 1981 informou-se pela primeira vez sobre o que depois se tornaria a epidemia de aids, fazia-se referência a apenas cinco homens. O tamanho da amostra necessário para que um estudo tenha ou não peso não é uma cifra fixa que o jornalista possa estabelecer. A quantidade de casos às vezes diz muito e em outras não significa nada.

Um risco que os céticos correm é o de tentar relativizar tanto que no final acabam sem uma notícia clara. Se 50 artigos científicos dizem que a vitamina E prolonga a vida e outro tanto conclui que ela a encurta, o que se deve fazer? Sem dúvida procurar uma meta-análise – método estatístico que combina os resultados de estudos separados e tira uma conclusão comum a eles. A meta-análise foi desenvolvida justamente para conciliar divergências entre estudos com poder estatístico diferente ou para combinar descobertas independentes. Não é perfeita, porque alguns dos dados avaliados podem ser provenientes de pesquisas com falhas metodológicas, mas é o melhor método em vigor. O maior inconveniente é que não há estudos assim de todos os assuntos.

A medicina, por sua vez, está cheia de controvérsias. A ciência é sempre uma história em desenvolvimento, e doutrinas médicas aceitas, perpetuadas por livros-texto, às vezes "caem" porque um curioso perguntou e todos se deram conta de que o dogma estava apoiado em provas frágeis. Um exemplo: ao longo de décadas os cirurgiões juraram que o único tratamento adequado para o câncer de mama era a extirpação total do órgão... até que alguns colocaram essa certeza em dúvida e demonstraram com provas clínicas que não é assim. A história médica é uma sucessão de tratamentos que não eram questionados... até que foram descartados.

Encontrar a verdade nunca foi fácil. Como não cometer enganos? Uma anedota dá a pista de onde pode estar o segredo.

Um jornalista, com muita experiência, foi chamado para criar a redação de um jornal novo. Tinha orçamento para contratar 100 jornalistas, mas na convocatória apareceram mil. Escolheu os 50 melhores e com os demais envelopes fez uma pilha, misturou e contratou os 50 que ficaram por cima. "Precisamos de pessoas que saibam, mas também de gente com sorte", justificou.

8 O FUTURO (QUE JÁ CHEGOU)

Em assuntos de saúde, o interesse é garantido, mas a concorrência pela atenção será acirradíssima. O que o público vai exigir? Como a mídia e os médicos estão se preparando para a comunicação multimídia dirigida ao cuidado com a saúde em um mundo potencialmente mais sadio, mas cada vez com mais doentes?

A conservação da saúde é uma das preocupações que mais cresceram entre a população, e o médico já espera que o paciente chegue com informação obtida nos meios de comunicação de massa ou internet. Para os profissionais da saúde de prestígio, *low profile* já não existe, a comunicação é cada vez mais valiosa. Os veículos, por sua vez, dão espaço central às preocupações mais íntimas de seu público. E as empresas não ficam atrás e apostam forte na comunicação direta com seus clientes. Como será o panorama no futuro?

É possível, daqui em diante, considerar a relação entre médicos e jornalistas uma aliança estratégica. Em que condições?

A tendência à convergência de interesses terá certas particularidades. Em primeiro lugar, o tempo do destinatário (leitor, ouvinte, telespectador, internauta, usuário de dispositivos móveis) será limitado e a concorrência por sua atenção, acirradíssima.

A internet continuará a ser uma base de dados comum para todos os indivíduos. Assim, a necessidade mais importante não será encontrar informação, mas selecioná-la e valorizá-la.

Uma das principais mudanças do mundo digital é o surgimento de plataformas semifechadas que usam a internet apenas como meio de transporte da informação. O modelo iPhone, ao que já sucedem outros, com seus aplicativos, representa uma grande transformação: não é o consumidor que procura, mas se lhe envia o que melhor se ajusta a seu perfil. Supõe-se que quando muito em 2015 já haverá mais pessoas acessando a rede de seus dispositivos móveis do que do PC. Isso não significa apenas que a informação passa da mesa de trabalho ao bolso, mas que será cada vez mais dirigida. Uma oportunidade de alto lucro para os fornecedores de informação de saúde (Purcell, 2010).

Panorama sanitário geral

A medicina, como ciência, seguirá um ritmo exponencial de acumulação de conhecimento. E isso será ainda mais notado em virtude da globalização da informação. Surgirão novas soluções que serão difundidas mais rápido, de mãos dadas com sistemas de avaliação clínica mais eficientes (Fuchs, 2010). Haverá novas possibilidades diagnósticas e terapêuticas. Essa é a parte boa. Aspectos discutíveis? Mais pessoas serão catalogadas como doentes. Os avanços prolongarão algumas vidas, melhorarão a qualidade de muitas outras, mas provavelmente tenham pouco impacto na longevidade global.

Novos desafios sanitários vão se somar aos já conhecidos. Quando as infecções pareciam coisa do passado, só nos últimos 20 anos se identificaram pelo menos 30 doenças infecciosas novas, incluindo aids e ebola. A resistência a antibióticos, os deslocamentos humanos causados pelo turismo e pela imigração, as transformações ecológicas e a transição demográfica provocarão mudanças nas causas de morte e incapacidade (Cooney, 2011). Não é preciso esperar surpresas, porém. As simulações mostram que o tabaco matará mais gente do que qualquer outra doença isolada e mais do que a soma de aids, tuberculose, mortalidade materna, acidentes, suicídios e homicídios.

Será um período de paradoxos. A próxima década aumentará a diferença de receita dentro dos países e entre eles, e as iniquidades sociais e suas consequências para a saúde serão mais marcantes (OMS, 2011). Um terço da população do planeta não terá acesso aos medicamentos básicos, mas ao mesmo tempo a atenção sanitária será um dos principais setores da economia mundial. Haverá maior oferta e demanda de bens e serviços, com o consequente aumento de gastos no setor.

O cuidado centrado no paciente será o Santo Graal não só da qualidade como da produtividade e eficácia. Será necessário muito esforço para modificar a atenção fragmentada e parcial que banalizou o uso incorreto e abusivo dos recursos técnicos, encarecendo a atenção e transformando os hospitais em lugares em que se pratica a fúria terapêutica e se usam mal os recursos. Os sistemas de cuidado e saúde e os governos tentarão reduzir os custos tornando-se mais integrados. Os dois querem uma população mais sadia para reduzir hospitalizações, reinternações e prevenir a duplicação de recursos (KPMG, 2010).

Em 2050 haverá dois bilhões de pessoas com mais de 60 anos. Consequentemente, na atenção médica haverá uma virada do cuidado agudo para os cuidados contínuos, o que impulsionará ainda mais as vendas. E esse dinheiro provavelmente sairá cada vez mais do bolso do cidadão (que o tiver). As pessoas gastarão em saúde dinheiro do orçamento que hoje dedicam a outros gastos tradicionalmente privados, como a comida. Mas até os alimentos serão cada vez mais oferecidos para prevenir e até tratar doenças. A indústria espera um *boom* de nutracêuticos, ou nutrientes com poderes sobre a saúde humana.

Em resumo, as camadas menos favorecidas continuarão sofrendo de doenças que podem ser prevenidas. Os habitantes dos países desenvolvidos e os bolsões de riqueza dos países emergentes tornarão verdadeira a máxima de que, quanto mais sadia está a população, mais assistência médica demanda e consome. Ambos necessitarão cada vez mais de informação de qualidade sobre saúde.

O fim do "paciente"

Não foram médicos e sim pacientes que, ao receber uma droga para melhorar o aporte de sangue no coração, notaram que a circulação melhorava também em outro órgão e o comunicaram a seus médicos. Assim se "descobriu" o Viagra (Reffelmann e Kloner, 2003). Seria uma falácia dizer por isso que os leitores deste livro presenciarão o fim dos médicos como os conhecemos hoje. Mas é inegável que entramos em uma era na qual o ponto de vista da população terá grande influência no setor sanitário.

O século XX já vivera uma mudança de paradigma. Até então, o eixo passava pelo médico, que tinha o dever de beneficiar o paciente. O peso das decisões foi movido pelo desenvolvimento da bioética (veja o Capítulo 6), graças à qual o paciente adquiriu mais autonomia. Isso lhe permitiu, entre outras novidades, entrar na fase de paciente--consumidor.

Conectados a seus computadores, os pacientes se transformaram ainda mais. Eles foram substituídos diretamente pelo usuário final da medicina, que usa diferentes buscadores para encontrar informação na internet, a compara com a que recebe do médico e, se tem dificuldades científicas, até pode encontrar redes sociais *online* que o ajudam a interpretar a informação complexa. "Os *e-patients* (pacientes eletrônicos) são um recurso renovável, que se ocupam em grande medida de seu próprio cuidado e até colaboram com outros, pacientes e profissionais, para melhorar a qualidade dos serviços", define o pesquisador norte-americano Tom Ferguson (Ferguson e Frydman, 2004). Aos críticos que acreditam que esse cenário não é possível ele diz: "Quando se fala de recursos *online* para pacientes, muitos superestimam os riscos e subestimam os benefícios. Mas, enquanto há poucos registros dos primeiros, há muitos testemunhos daqueles que conseguiram um melhor cuidado médico ou até evitaram erros pela informação que encontraram na rede". Ferguson imagina o futuro com sistemas de guia *online* que permitirão aos usuários dirigir e controlar o cuidado com sua saúde de forma crescente. "O século 21 será a era da '*net empowered medical end user*' (usuário final da medicina fortalecido pela rede)", afirma.

Segundo a pesquisa Harris (2011), se no ano de 2001 27% dos norte-americanos tinham procurado informação de saúde *online*, em 2011 esses "pacientes-impacientes" conectados já eram 60%. "Já não restam pacientes no sentido usual, aquele inválido, sofredor ou vítima que suporta a dor e a desgraça com calma e fortaleza sob o cuidado de um único médico", destaca Ferguson (2002).

Há profissionais que veem com preocupação o fenômeno de usar a internet com finalidades médicas e o consideram uma patologia: a cibercondria. Para Ferguson, porém, o paciente eletrônico é o protagonista da revolução médico-tecnocultural mais importante do século. O conceito de *e-patient* é amplo: não se limita ao que padece do problema de saúde, mas envolve os que o rodeiam e buscam informação para ele.

As primeiras imagens do futuro foram observadas na Inglaterra, por uma iniciativa batizada de *"patient power"* (poder dos pacientes). Quando os serviços britânicos de saúde permitiram o acesso à internet aos pacientes de leitos hospitalares, o aumento da recuperação foi tal que em pouco tempo começou-se a discutir se esse serviço deveria ser mesmo pago pelo cidadão. Um paciente que passou cinco das 48 horas de sua internação para uma cirurgia teclando em um computador escreveu uma carta para a revista médica britânica (Arnold, 2003) na qual dizia: "Muitas das coisas que procurei poderia ter perguntado ao meu médico, mas não queria que parecesse uma crítica à cirurgia. Procurar na internet me ajudou a me sentir no controle da situação". Outro ângulo é mostrado nas mesmas páginas pela pediatra escocesa Una MacFadyen (2003): "Em nossa experiência, os pacientes melhoram a busca de informação feita pelos próprios profissionais. Assim, não só se sentem mais importantes no que fazem para seu próprio cuidado como também participantes de uma equipe que cuida de outros com os mesmos problemas".

Nas redes sociais, o poder de mudança da tecnologia é inimaginável (Hawn, 2009). Os nativos digitais criados em canais de comunicação bidirecionais escreverão capítulos inéditos da história da atenção sanitária. Entre outros motivos porque a comunidade virtual tem outra função relevante na saúde: acrescenta um novo espaço de interação, no qual se podem criar também novos laços solidários. Um território cada vez mais importante em uma sociedade cada vez mais fragmentada.

Finalmente, há quem pense que falar hoje em dia do poder dos pacientes é mera prova de ingenuidade. A informação privada agora está, em maior ou menor grau, disponível para todos. As novas tecnologias não conseguem manter o segredo profissional que o velho médico de família garantia.

Os novos profissionais da comunicação: especialistas multimídia globalizados?

A internet foi uma revolução. A entrega digital de informação profunda e personalizada, incluindo texto, áudio e vídeo em dispositivos eletrônicos portáteis, se massificou antes do que se esperava. E o ciberespaço continuará nos surpreendendo por bastante tempo.

Do ponto de vista econômico, o caos de seu início gratuito hoje é visto como uma fase infantil e adolescente, em via de superação pela gestão ordenada e tarifada dos aplicativos. Os grupos de comunicação apostam nos *smartphones* (celulares com funcionalidade avançada) e nos *tablets* (computadores pessoais mais leves), vendo neles a oportunidade de conseguir o que a internet lhes negou: dinheiro. Há evidências de que, para ganhar facilidade no uso, os usuários estariam dispostos a pagar nos aplicativos o que não desembolsam nos sites. E o dinheiro, uma vez mais, moverá o mundo.

De outro lado, no momento em que a informação passar da mesa de trabalho aos dispositivos móveis os produtores de conteúdo se confundirão cada vez mais com os usuários, a ponto de que não se saberá onde terminam uns e começam outros. E, entre os profissionais da comunicação, uma possibilidade de experimentação é a gestão integrada. Se for assim, em vez de redações de jornais, revistas, rádios ou sites, os jornalistas trabalharão em refinarias informativas multimídia. Em outras palavras, a especialização será por tema, não por meio. Isso é o que dizem os futurólogos, ainda que os jornalistas experientes assegurem que é impossível fazer jornalismo de qualidade como se tivessem oito mãos. Mas os meios de comunicação também vão mudar, sem dúvida, desafiando a imaginação.

Por isso, não perde a vigência o que disse Arthur Sulzberger Jr. Quando um alto executivo da Microsoft afirmou que o último exemplar em papel do *The New York Times* seria fechado em algum dia do ano de 2018, Sulzberger Jr. (citado por Gate, 2002), presidente do conselho, retrucou: "Não me importa quando vamos imprimir nossa última edição. Os jornais não podem ser definidos como algo feito de papel. Devem ser definidos pelo conteúdo". O fim do jornalismo diário em papel já foi anunciado inúmeras vezes. Muitos pensam, no entanto, que os jornais, que já tiveram medo de sucumbir devido ao desenvolvimento do rádio primeiro e da televisão depois, provavelmente não desaparecerão por sua reconhecida capacidade de adaptação.

O que procura a mídia? Alguns poucos veículos, mudar o mundo. A maioria, lucro. Para as empresas jornalísticas, como destaca o professor Carlos Alberto Di Franco (Máster em jornalismo..., 2002), da consultoria Mediação da Universidade de Navarra, "ganhar dinheiro com informação é um dever ético. Mas isso não significa preservar o imediato comprometendo o futuro". Por isso certamente haverá mudanças, porque o importante não é só ter gerenciamento rigoroso e sim, ao mesmo tempo, oferecer um jornalismo de qualidade. E isso obrigará a criar novos modelos de cobertura. Para obter lucros e excelência informativa em tempos de restrição orçamentária alguns optarão por investir em cérebros, enquanto outros se limitarão – no jargão jornalístico – a requentar pratos alheios, apesar da máxima que diz "Quem persegue não lidera".

A SAÚDE NA MÍDIA

Ninguém conta com um guia de como será o jornalismo de saúde na próxima década, mas estão sendo dados passos nos seguintes caminhos:

- *Aumento da comunicação dirigida.* Diferentemente da comunicação de massa, dirige-se a nichos de mercado, ou concretamente a grupos de pessoas, com seus interesses e necessidades específicas.
- *Edições personalizadas.* Essa área vai crescer junto com os *tablets.* O desenvolvimento de edições personalizadas vai gerar uma reformulação total da estrutura informativa. O público muito interessado em um tema costuma saber muito sobre ele.
- *Produtos mais interativos.* O objetivo não é lúdico, mas uma expansão dos serviços e maior integração do conteúdo editorial com a mensagem dos anunciantes. Será pedido aos jornalistas menos novidade e mais criatividade.
- *Terceirização.* As equipes trabalharão fora dos veículos, aumentando o serviço dos *free lancers,* não só no conteúdo mas também para a produção. Empresas pequenas produzirão produtos informativos de marca própria para vendê-los a quem tenha uma imagem de marca consolidada.
- *Venda de conteúdo.* Os grandes meios venderão parte dos produtos editoriais próprios para que sejam impressos simultaneamente como conteúdo de outros meios importantes. Tenta-se aproveitar a economia de escala: maior distribuição de uma informação com menos custo unitário.
- *Gestão integrada de conteúdo.* Os veículos vão tentar reduzir custos em razão da exigência multimídia para conteúdos especializados. O mesmo jornalista terá de escrever 60 linhas, 40 palavras e oito palavras sobre o mesmo tema, para serem divulgadas em papel, na web e no celular.

Vários desses modelos são muito criticados em âmbitos acadêmicos, já que reduzem as vozes editoriais. Se esse panorama se concretizar, em uma mesma reunião se decidirá o que é importante para todas as formas possíveis de difusão. Um jeito de pensar coletivo nascido de umas poucas cabeças. Mas o mais provável é outra paisagem, aquela em que os grandes conglomerados jornalísticos e de entretenimento coexistam com um cenário de multiplicação de surtos informativos descontrolados.

Espera-se também que o jornal do futuro tenha mais investigação e análise. Com o crescente uso da internet como plataforma de conteúdo, a imprensa escrita perderá sua liderança em *breaking news* (notícias quentes) para gerar produtos diários mas similares ao que hoje são as revistas semanais (*daily news magazine*). Não se esperará deles que deem as notícias (*news magazine*), mas que as expliquem e apontem as tendências (*views magazine*). Vão abordar menos assuntos de hoje, mas darão mais hierarquia aos temas escolhidos.

Outra mudança de grande importância para os leitores deste livro é que se pode esperar que os veículos procurem os serviços de jornalistas mais especializados. Porque a frase "Os fatos são sagrados, as opiniões são livres" mudou para "Os fatos são caros, as opiniões são baratas". As empresas jornalísticas vão usar e abusar de jornalistas capazes de emitir opinião, ou de obtê-la rapidamente. Nunca se esperará que o jornalista saiba todas as respostas, mas ele terá a obrigação de ter todas as perguntas.

Dentro do jornalismo especializado, espera-se que o de saúde adquira importância crescente. "Já hoje, a saúde está alcançando nas redações dos jornais a categoria de área estratégica, ou seja, está se aproximando do *status* de que tradicionalmente gozam a economia, a política e o esporte", reflete Héctor D'Amico (2002), secretário-geral de redação do *La Nación*, da Argentina. "O tema não só interessa a um público crescente, e de leitores jovens, o que é duplamente interessante, mas atrai os gerentes de publicidade e marketing dos veículos. Nas economias mais avançadas, esse fenômeno é produzido em maior quantidade de publicações, programas de TV e rádio dedicados ao assunto, suplementos mais vigorosos (tanto no aspecto editorial como em anúncios) e produtos feitos sob medida para públicos específicos, por exemplo, mães com filhos adolescentes. Em economias mais modestas, seguirá padrões tradicionais", afirma.

Outra questão que poderia ampliar a importância dos jornalistas de saúde é demográfica. A população de mais de 50 anos vai aumentar, mas isso não significa que serão feitos produtos específicos para a terceira idade: muitas empresas já perderam bastante dinheiro com tentativas falidas nesse sentido. "Isso nunca funcionou", confirma o diretor da Editora Abril, Thomaz Souto Corrêa (Máster em jornalismo..., 2002). "Mas o que realmente devemos fazer é notícias que interessem a quem tem mais de 50".

Que temas e enfoques interessarão no futuro? "Uma leitura atenta dos veículos mostra que as notícias médicas duras são editadas em espaços cada vez mais próximos do mundo do *fitness* ou *new age*. Uma posição editorial que reabre o debate polêmico do casamento da notícia com a necessidade de entreter", diz D'Amico (2002). Diante do sadio questionamento dos jornalistas, há um fato inegável: a sociedade hoje é individualista, é provável que continue sendo por um tempo, e não se espera que os veículos pretendam ganhar dinheiro indo contra a corrente.

As novas mídias possibilitarão a circulação de fluxos crescentes de informação. Os serviços de imprensa de empresas, profissionais, sociedades médicas, centros universitários e hospitalares públicos e privados já disputam a atenção do público (veja o Capítulo 2). Se continuarem proliferando de maneira exponencial como se espera, o desafio virá pela avaliação do material que produzem. Se a imprensa consegue ajudar a sociedade a ser composta por cidadãos bem informados, e portanto preparados para tomar decisões, haverá uma sociedade do conhecimento. Do contrário, se as pessoas forem apenas inundadas pela informação, será a era da ignorância.

A midiatização da prática do cuidado com a saúde

A promoção da saúde tem muito a ganhar associando-se à mídia. Quando a Agência de Notícias dos Direitos da Infância (Andi) fez um trabalho de sensibilização com os editores dos suplementos de jornais e revistas para adolescentes do Brasil, a porcentagem dos que aproveitavam as perguntas desses jovens para passar mensagens de prevenção de doenças transmissíveis sexualmente subiu de 57% para 88% em apenas um ano (Agência de Notícias..., 2003).Quando, em uma pequena localidade a 100 quilômetros de Buenos Aires, médicos e jornalistas decidiram trabalhar juntos, em apenas nove meses os índices de sedentarismo e tabagismo caíram 18%, enquanto o número de pessoas que controlavam o nível de colesterol aumentou 20%.

O pesquisador José Marques de Melo (2003), titular da cátedra Unesco na Universidade Metodista de São Paulo e diretor responsável do Ciclo de Mídia e Saúde realizado anualmente no Brasil, entende que a comunicação é um insumo dos sistemas de saúde e sustenta que, como tal, deveria ser remunerada por seus responsáveis. "A informação de saúde é ainda mais importante em nossos países do que nos centrais, porque 40% das doenças são transmissíveis", exemplifica. Segundo o pesquisador, considerá-lo um insumo, como podem ser vacinas e medicamentos, permitiria às autoridades sanitárias imiscuir-se no conteúdo. Para ele, os países em desenvolvimento deveriam deixar de seguir o Primeiro Mundo e dar mais informação sobre as doenças com alto custo social. Menos botox e mais dengue, propõe. As práticas de comunicação em saúde são estratégias fundamentais para a construção de uma nova cultura da saúde.

As intervenções culturais em prol do cuidado à vida têm no entanto um custo oculto: a ansiedade. Chama a atenção que apenas um em cada quatro médicos pesquisados em um hospital de ponta do Brasil considerou exagerada a ideia de que os veículos estão tornando as pessoas hipocondríacas, ou que 60% responderam ser a hipótese adequada e aplicável ao Brasil (Tabakman, 2002). Outro efeito secundário de nosso trabalho é estimular a demanda exagerada de diagnósticos e intervenções. É pouco provável que desapareça a atual associação entre saúde e consumo privado e individual de serviços, tecnologias e produtos fundamentalmente medicamentos.

Outra face dessa moeda é que os médicos serão cada vez mais contratados como porta-vozes para que ideias, marcas e projetos empresariais cheguem à opinião pública com maior credibilidade. Seria desejável que viesse associada à verdade. A integridade da profissão depende da confiança que o público tiver no julgamento, na independência e nos valores dos profissionais.

Os veículos continuarão divulgando novidades científicas, algumas importantes, outras que, embora possam ser esquecidas, se nada mudar ajudarão a manter o sentimento mágico em relação à ciência. É criticável? Ao fazê-lo, estarão se posicionando como aliados de quem tem como objetivo manter a base do conhecimento médico que é o sistema de pesquisa clínica (veja o Capítulo 7). O desenvolvimento de um número crescente de medicamentos, cirurgias e equipamentos faz que sejam necessários cada vez mais voluntários para provar a eficácia real dos tratamentos antes de sua comercialização. A imprensa deverá trabalhar muito para reverter a imagem de cobaias humanas e destruir mitos de quem considera que seus médicos podem receitar-lhes fármacos em experimentação sem sua permissão nem consentimento. Ao mesmo tempo, deve brigar pela transparência do sistema, para que essa aversão não se sustente.

É de esperar também que os veículos levem sua luz à atenção médica e a ajudem a corrigir seus erros. Para isso, seria frutífero aumentar o debate em torno de decisões que parecem técnicas mas, mesmo assim, deveriam mobilizar toda a sociedade. "O jornalismo de saúde tem de amadurecer", avalia a argentina Nora Bär (2003), chefe da seção de Saúde do jornal *La Nación*. "Tem de se colocar em uma posição menos complacente e mais crítica a respeito de suas fontes e desenvolver uma independência maior dos grandes capitais do mundo da saúde. Uma das questões importantes que os jornalistas de saúde têm é contar suas histórias de um ponto de vista mais social: a saúde não se consegue só no consultório" (Bär, 2003). Outra mudança benéfica seria que da divulgação dos temas de saúde desaparecessem os pregadores e contadores de fábulas.

É preciso ir para outra fase, mais adulta, mais responsável. A medicina não é, ou pelo menos não deve ser, um assunto jornalístico como qualquer outro. Não é a mesma coisa apresentar um tratamento oncológico e fazer a crônica do roubo a um banco. A certeza da morte, já que se trata disso, deixa o destinatário das notícias de saúde mais vulnerável. Em muitas pessoas, essa vulnerabilidade dá um poder imenso ao outro. Poder para ajudar, poder para prejudicar.

Médicos e jornalistas: até que a morte os separe

"Nos anos 1990, os veículos fizeram sondagens e descobriram que o leitor queria mais matérias sobre saúde. Mas não havia tradição jornalística, as equipes não estavam preparadas e as matérias eram ruins", destaca o jornalista Alberto Dines (2003), que de maneira pioneira fundou um curso de pós-graduação em Comunicação em Saúde na Universidade Estadual de Campinas. Duas décadas depois, médicos e jornalistas ainda têm um longo caminho para percorrer juntos.

Para manter esse casamento de conveniência como uma necessidade, da qual a sociedade toda exige que a família dê frutos, os dois devem fazer esforços. Nascidos em um mundo que se dividia em duas culturas, a científica e a humanística, agora são responsáveis por criar e manter em casa uma terceira cultura que os abrace.

Já são muitos e em vários pontos do globo os que aderiram a essa onda. Para citar um exemplo, quando em 2003 o hospital Albert Einstein, de São Paulo, iniciou seus cursos de jornalismo de saúde, o coordenador, Carlos Alberto Moreira Filho (2003), assim justificou: "Nós acreditamos que o jornalista complementa nossa tarefa, tem um papel educativo muito importante, mas devemos ajudá-lo a fazer seu próprio trabalho. Em temas complexos, é habitual que os jornalistas não consigam investigar por falta de conhecimentos técnicos, e é por isso que se limitam a reproduzir fontes que prometem a ele o paraíso em alguns casos e o inferno em outros sem poder avaliá-las. Somos nós quem devemos apontar os problemas de saúde pública mais importantes para compartilhar com eles a educação para a saúde. Porque o objetivo é que a imprensa aumente nossa ação, principalmente em prevenção".

Se o formador de opinião médica quer ir além do âmbito acadêmico, precisa saber basicamente como funcionam os veículos, conhecer as peculiaridades e o valor de cada um, identificar seu público e saber comunicar-se com ele. O jornalista também tem muito que aprender. Deve vencer o medo dos tecnicismos e perguntar tudo que precisar e não só o que se espera que pergunte. Para isso, também deve reconhecer suas limitações pessoais para superá-las.

É preciso que médicos e jornalistas se conheçam e se entendam. A falta de compreensão mútua é o principal motivo de queixa nos primeiros anos de convivência entre jornalistas e médicos. À medida que sua maturidade avance, é de esperar que esse casamento desenvolva – como ocorre com todos – uma linguagem comum. Que sirva como exemplo do que pode acontecer o esforço de comunicação dos fabricantes do Viagra. "Primeiro o apresentamos à imprensa como um medicamento para impotência, depois começamos a falar de disfunção erétil, em uma terceira fase passamos a mencionar os diferentes graus de disfunção erétil e atualmente fazemos referência ao desempenho sexual", resumiu o presidente da Pfizer Brasil em meados de 2004. Encabeçando essas viradas comunicacionais, Cesar Preti (2004) aumentou a popularidade de seu produto a extremos que os sanitaristas consideram pouco saudáveis.

Ao longo do caminho haverá discrepâncias, mal-entendidos, brigas. Haverá noites de amor e dias em que um não vai querer ver o outro. Não faltarão ameaças de divórcio. Mas o sonho de ir morar em uma ilha deserta e esquecer-se de tudo e de todos é impossível de realizar: as pessoas querem saber mais sobre como melhorar sua saúde, e a cobertura jornalística não é algo que possa ser impedida. Simplesmente acontece, em consequência de um fato positivo ou não. Quando um especialista britânico quis fazer uma reunião de medicina reprodutiva a portas fechadas porque dizia não querer tomar o café da manhã no dia seguinte à conferência lendo no jornal uma manchete do tipo: "Foi anunciada a gravidez de uma virgem" ou alguma idiotice semelhante, a jornalista Vivienne Parry (2004) o advertiu: "Se uma reunião na qual os maiores especialistas mundiais discutem a reprodução for a portas fechadas, será ainda mais difícil garantir a um público desconfiado que essas coisas não estão acontecendo. A confiança é conquistada pela transparência e não pelo sigilo".

Se as pessoas estiverem preparadas para enfrentar essas pequenas crises e também aprenderem a aproveitar essa oportunidade para, como diz o ditado popular, "transformar um limão em limonada", o casamento pode durar. Até que a morte os separe.

REFERÊNCIAS BIBLIOGRÁFICAS

Capítulo 1

BRUM, E. B. "A morte da primeira mulher de Lula". *Época*, São Paulo, n. 251, p. 61-7, 10 mar. 2003.

BUENO, W. C. "A cobertura de saúde na mídia brasileira: os sintomas de uma doença anunciada". In: de Melo, J. M. *et al.* (orgs.). *Mídia e saúde*. Adamantina: Unesco/Umesp/FAI, p. 671-89, 2001.

COLLUCI, C. "Normas atacam risco cardíaco da quimioterapia". *Folha de S.Paulo*, São Paulo, 4 nov. 2010. Caderno Equilíbrio.

COMMITTEE OF CONCERNED JOURNALISTS. *Changing definition of news*. Washington, 6 mar. 1998.

DALMAZO, L. "Seu corpo online". *Exame*, São Paulo, n. 979, Tecnologia, 1 nov. 2010.

"DEUX ENFANTS sont nés en France à partir d'ovocytes congelés". *Le Monde*, Paris, 4 nov. 2010. Disponível em: <http://www.lemonde.fr/planete/article/2010/11/04/deux-enfants-sont-nes-en-france-a-partir-d-ovocytes-congeles_1435659_3244.html>. Acesso em: 28 nov. 2011.

ESPECIAL EUROBARÓMETRO. La investigación científica en los médios de comunicación, abr./maio, 2007. Disponível em: http://ec.europa.eu/public_opinion/archives/ebs/ebs_282_sum_es.pdf. Acesso em: jun. 2013.

FUNDACIÓN VILA CASAS. INFORME QUIRAL 2009. *Medicina, Comunicación y Sociedad*. Barcelona, 2010.

HARRIS, G. "CT scans cut lung cancer deaths, study finds". *The New York Times*, Nova York, 4 nov. 2010. Health.

HARRIS INTERACTIVE. "The growing influence and use of health care information obtained on line". Nova York, 15 set. 2011. Disponível em: <http://www.harrisinteractive.com/NewsRoom/HarrisPolls/tabid/447/mid/1508/articleId/863/ctl/ReadCustom%20Default/Default.aspx>. Acesso em: 30 nov. 2011.

HENRY J. KAISER FAMILY FOUNDATION, THE. *Entertainment education and health in the United States*. v. 7047, 2004.

"HOSPITAL testa técnica não invasiva para diagnóstico de câncer labial". *Folha de S.Paulo*, São Paulo, 4 nov. 2010. Caderno Equilíbrio. Disponível em: <http://www1.folha.uol.com.br/equilibrioesaude/825489-hospital-testa-tecnica-nao-invasiva-para-diagnostico-de-cancer-labial.shtml>. Acesso em: 4 nov. 2010.

INTERNATIONAL FOOD INFORMATION COUNCIL FOUNDATION. *Food for thought III: reporting of diet, nutrition and food safety*. Washington, DC, 2000.

LISTER, S. "Patients at risk when junior doctors told to fill roster gaps beyond their skills". *The Times*, Londres, 5 nov. 2010. Health News.

LOEWY, M. Comunicação pessoal, 2003.

MACEDO, M. *et al.* "Divulgação de saúde na imprensa brasileira: expectativas e ações concretas". Disponível em: <http://www.jornalismocientifico.com.br/jornalismocientifico/artigos/jornalismo_saude/artigo5.php>. Acesso em: 30 nov. 2003.

MÁRQUEZ, G. G. "El mayor oficio del mundo". Discurso realizado na 52.ª Assembleia da Sociedad Interamericana de Prensa, realizada em Los Ángeles em 7 out. 1996.

MOREIRA FILHO, C. A. Comunicação pessoal, 2003.

OLIVEIRA, E. Comunicação pessoal, 2003.

PACHECO, C. Q. *et al.* "Análise nutricional de dietas publicadas em revistas não científicas destinadas ao público feminino". *Nutrir Gerais – Revista Digital de Nutrição*, Ipatinga, v. 3, n. 4, p. 346-61, fev./jul. 2009.

PIQUÉ, A. Comunicação pessoal, 2002.

READERSHIP INSTITUTE MEDIA MANAGEMENT CENTER. *Impact study 2000*. Northwestern University. Disponível em: <http://www.readership.org>. Acesso em: 30 nov. 2003.

SIRVÉN, P. Comunicação pessoal, 2003.

TABAKMAN, R. Resultados não publicados. Avaliação de questionários aplicados a 60 médicos do Hospital Israelita Albert Einstein, São Paulo, 2003.

TEIXEIRA, R. A.; Min, L. L.; Toledo, V. R. "A divulgação do AVC por dois meios de comunicação de massa". *Com-Ciência, Revista Eletrônica de Jornalismo Científico*, 10 jun. 2009.

TINÉ, F. "A ética dos médicos e dos jornalistas, a morte de Tancredo e a vida de Pinotti – Mídia e saúde". In: *Pois não, doutor!!! Bastidores do maior hospital do Brasil*. São Paulo: Vertente, 2000, p. 637-69.

Capítulo 2

ARGUELLO, G. T. Comunicação pessoal, 2003.

ARMSTRONG, L.; JENKINS, S. *Mi vuelta a la vida*. Madri: Punto de Lectura, 2003.

BAKER, L.; WAGNER, T.; SINGER, S. M. "Use of the internet and e-mail for health care information: results from a national survey". *Journal of American Medical Association*, v. 289, n. 18, p. 2400-6, 14 maio 2003.

BARONNI, C. Comunicação pessoal, 2002.

BERNSTAM, E. V. *et al*. "Instruments to assess the quality of health information on the world wide web: what can our patients actually use?" *International Journal of Medical Informatics*, v. 74, n. 1, p. 13, 2005.

BRAVO, J. C. Comunicação pessoal, 2003.

BUENO, W. da C. "A cobertura de saúde na mídia brasileira: os sintomas de uma doença anunciada". In: Marques de Melo, J. *et al*. (orgs.). *Mídia e saúde*. Adamantina: Unesco/Umesp/FAI, p. 671-89, 2001.

BUTCHER, J. "Hype versus hope". *The Lancet Neurology*, Londres, v. 7, n. 3, p. 203, mar. 2008.

DESHPANDE, A.; JADAD, A. "Trying to measure the quality of health Information on the internet: Is it time to move on?" *The Journal of Reumathology*, v. 36, n. 1, 2009. Disponível em: <http://www.jrheum.org/content/36/1/1.full.pdf>. Acesso em: 9 maio 2013.

"¿EL DELITO JUVENIL crece por las crisis familiares y los divorcios"? *Clarín*, Buenos Aires, 18 jun. 2002, sección Sociedad.

EYSENBACH, G. *et al*. "Empirical studies assessing the quality of health information for consumers on the world wide web: a systematic review". *Journal of American Medical Association*. v. 287, n. 20, p. 2691-700, 22 maio 2002.

FUENTES, M. C. C.; ONTOSO, E. "Evaluación de la calidad de las páginas web con información sanitaria: una revisión bibliográfica". *BID, textos universitaris de biblioteconomia e documentació*, Barcelona, n. 23, dez. 2009.

FUGH-BERMAN, A. J. "The haunting of medical journals: how ghostwriting sold 'HRT'". *PloS Med*. v. 7, n. 9, e1000335, set. 2010.

"INCOMPLETE REPORTING of research in academic *press releases*". *The Lancet*, Londres, v. 373, p. 1920, Editorial, 6 jun. 2009.

LÓPEZ, G. G. *Desinformación. Método, aspectos y soluciones*. Barañain: Navarra/Eunsa, 1999.

MAÑERO, C. L. *Información y dolor, una perspectiva ética*. Barãnain: Eunsa, 1998.

MOYNIHAN, R. "Celebrity selling". *British Medical Journal*, Londres, v. 324, 1 jun. 2002.

PRETI, C. Comunicação pessoal, 2002.

RIESCH, H. "Changing news: re-adjusting science studies to online newspapers". *Public Understanding of Science*, v. 20, n. 6, p. 771-7, nov. 2011.

ROSEN, J. "Story of their lives". *American Journalism Review*, Maryland, fev./mar. 2004.

SALAVERRÍA, R. Comunicação pessoal, 2003.

SANEMATSU, M. "O papel da mídia informativa. O que a imprensa pode fazer pela redução da mortalidade materna no Brasil". In: Cecatti, J. G.; Laudari, C. *Mortalidade materna no Nordeste: da política* à ação. Salvador: DFID/Pathfinder, 2004.

SCHWARTZ, L.; WOLOSHIN, S.; BACZEK, L. "Media coverage of scientific meetings. Too much, too soon?" *Journal of American Medical Association*, v. 287, v. 21, p. 2859-63, 05 jun. 2002.

SINGER, N. "Medical papers by ghostwriters pushed therapy". *The New York Times*, Nova York, 4 ago. 2009, Health, Research, p. 1.

TABAKMAN, R. *Avaliação de questionários respondidos por 38 jornalistas e editores brasileiros*. São Paulo, 2003. Resultados não publicados.

"WEB MEDICINE: the new 'apple a day'", *Purdue University News*, West Lafayette, Indiana, ago. 2000.

WILSON, P. "How to find the good and avoid the bad or ugly: a short guide to tools for rating quality of health information on the internet". *British Medical Journal*, Londres, v. 324, p. 598-602, 9 mar. 2002.

WOLOSHIN, S.; SCHWARTZ, L. "Press releases translating research into news". *Journal of American Medical Association*, v. 287, n. 21, p. 2856-8, 5 jun. 2002.

Capítulo 3

ABRAMCZYK, J. "Temas médicos e meios de comunicação". In: Marques de Melo, J. *et al.* (orgs.). *Mídia e saúde.* Adamantina: Unesco/Umesp/FAI, p. 41-5, 2001.

AGÊNCIA DE NOTÍCIAS DOS DIREITOS DA INFÂNCIA (Andi); Fundo das Nações Unidas para a Infância (Unicef); Ministério da Saúde – Coordenação Nacional de DST e AIDS; Central de Projetos. *A mídia como consultório? Uma análise técnica e jornalística das perguntas e respostas sobre saúde e comportamento veiculadas pela mídia impressa e eletrônica.* Brasília: Athalaia, 2003. Disponível em: <http://issuu.com/andi_midia/docs/midia_como_consultorio>. Acesso em: 9 maio 2013.

ARRUDA, A. "Além de ser sintoma, dor pode gerar doença". *Folha de S.Paulo*, São Paulo, 15 ago. 2002. Caderno Equilíbrio, p. 6-8.

BALLESTER, D. "La verdadera bestia". *Noticias*, Buenos Aires, 13 set. 1997, p. 70.

BOCK, L.; TARANTINO, M. "Entrada proibida". *IstoÉ*, São Paulo, v. 1742, 19 fev. 2002.

"CONGRESO de dermatología pediátrica presenta nuevos fármacos para las fuentes". *La Vanguardia*, Barcelona, p. 39, 21 nov. 2002.

DEARY, I. J.; WHITHEMAN, M. C.; FOWKES, F. G. R. "Medical research and popular media". *The Lancet*, Londres, v. 351, n. 9117, p. 1726-7, 6 jun. 1998.

"DEVASTADORES efectos del sida para los trabajadores y la economía mundial". *Clarín*, Buenos Aires, 12 jul. 2004.

DINES, A. *Morte no paraíso. A tragédia de Stephan Zweig.* Rio de Janeiro: Rocco, 2004, p. 183.

"EL CARDIÓLOGO Valentín Fuster apuesta por la prevención para evitar dolencias cardiovasculares". *Terra Actualidad*, Barcelona, 25 set. 2006.

GOMES, L. Comunicação pessoal, 2002.

GRIJELMO, A. *Libro de estilo El País.* Madri: Santillana, 2002.

HARAZIN, D. Comunicação pessoal, 2002.

HIDALGO, A. L. *Géneros periodísticos complementarios. Una aproximación crítica a los formatos del periodismo visual.* México: Alfaomega, 2009.

KNOPLOCH, C.; GALLO, R. "Saúde dá ibope". *O Estado de S. Paulo*, São Paulo, 7 dez. 2003, Caderno Telejornal, p. 8.

KOLATA, G. "Hope in the lab. A special report: a cautious awe greets drugs that eradicate tumors in mice". *The New York Times*, Nova York, 3 maio 1998, p. 1.

LOPEZ, R. J. "Molécula vegetal pode ajudar transplante". *Folha de S.Paulo*, São Paulo, 11 fev. 2003, Caderno Ciência.

MCCORMICK, R. "Life in the test tube". *The New York Times*, Nova York, 6 ago. 1978, E17.

"MEDICINE – The test tube baby: it's a girl". *Time*, v. 112, n. 6, Health & Medicine, 7 ago. 1978.

MITCHELL, B. "The greatest writing tips the world has ever seen". *Poynter*, 2 mar. 2011. Disponível em: <http://www.poynter.org/uncategorized/4436/the-greatest-writing-tips-the-world-has-ever-seen/>. Acesso em: 13 maio 2013.

"MORRE a terceira vítima de leishmaniose visceral". *O Estado de S. Paulo*, São Paulo, 30 jan. 2003. A13.

NELKIN. D. *La ciencia en el escaparate.* Madri: Fundesco, 1990.

OLIVEIRA, L. H. de. Comunicação pessoal, 2002.

PASTORE, K; NEIVA, P. "Diabetes, o inimigo oculto". *Veja*, São Paulo, n. 1767, 29 jan. 2003.

ROGERS, C. "Listening to audience for science information". In: Friedman, S.; Dunwoody, S.; Rogers, C. *Communicating uncertainty: media coverage of new and controversial science.* Mahwah: Lawrence Erlbaum, 1999.

SANCHES, C. A. *Viagra: da bula à banca.* 1999. Dissertação (Mestrado em Comunicação Social) – Universidade Metodista de São Paulo, São Bernardo do Campo, São Paulo.

_____. "Discursos midiáticos sobre o Viagra". In: In: Marques De Melo, J. *et al.* (orgs.). *Mídia e saúde.* Adamantina: Unesco/Umesp/FAI, p. 373-87, 2001.

SÁNCHEZ, J. F. "¿Para quién escribimos?" *Estudios de Periodística.* Pontevedra, v. IV, p. 27-46, 1996.

SANEMATSU, M. "O papel da mídia informativa. O que a imprensa pode fazer pela redução da mortalidade materna no Brasil". In: Cecatti, J. G.; Laudari, C. *Mortalidade materna no Nordeste: da política à ação.* Salvador: DFID/Pathfinder, 2004.

SIQUEIRA, M. "Lesões do plexo braquial em acidentes com motocicletas". *Ícaro Brasil*, São Paulo, p. 2004, jun. 2004.

SOCIAL ISSUES RESEARCH CENTRE. "Guidelines on science and health communication". *Royal Society & Royal Institution of Great Britain*, Londres, nov. 2001. Disponível em: <http://www.sirc.org/publik/revised_guidelines.shtml>. Acesso em: 9 maio 2013.

SONTAG, S. *La enfermedad y sus metáforas y el sida y sus metáforas.* Buenos Aires: Aguilar, Altea, Taurus, Alfaguara, 1996.

_____. *Diante da dor dos outros.* São Paulo: Companhia das Letras, 2003.

TABAKMAN, R. "El vírus del cáncer gay". *Revista Noticia*, 1998.

TABAKMAN, R.; DIAZ, L. "Vivir con un corazón ajeno". *Noticias*, Buenos Aires, 5 out. 1996, p. 66-73.

"VIVIR 150 años: la esperanza de vida puede duplicarse en el siglo XXI". *Clarín*, Buenos Aires, 12 jul. 2004.

WADE, N. "Test on mice block a defense by cancer". *The New York Times*, Nova York, p. 28, 27 nov. 1997.

WAJNGARTEN, M. *Coração: manual do proprietário*. São Paulo: MG, 2003.

WHITHEMAN, M. C. *et al.* "Submissiveness and protection from coronary heart disease in the general population: Edinburgh Artery Study". *The Lancet*, v. 350, p. 541-45, 1997.

Capítulo 4

"A MÍDIA está conseguindo informar que a aids pode levar a morte? *Urna eletrônica – Observatório da imprensa*, 9 dez. 2003. Disponível em: <www.observatoriodaimprensa.com.br>. Acesso em: 13 maio 2013.

AGUILAR, J. M. "La investigación ecuatoriana: cobertura del tema salud en los medios". In: Melo, J. M.; Epstein, I.; Sanchez, C.; Barbosa, S. (orgs.). *Mídia e saúde*, Adamantina: Unesco/Umesp/FAI, p. 153-63, 2001.

AGÊNCIA DE NOTÍCIAS dos Direitos da Infância (Andi); Fundo das Nações Unidas para a Infância (Unicef); Ministério da Saúde – Coordenação Nacional de DST e AIDS; Central de Projetos. *A mídia como consultório? Uma análise técnica e jornalística das perguntas e respostas sobre saúde e comportamento veiculadas pela mídia impressa e eletrônica*. Brasília: Athalaia, 2003. Disponível em: <http://issuu.com/andi_midia/docs/midia_como_consultorio>. Acesso em: 9 maio 2013.

AGUAYO, L. C; URIBE, C. A. "Cobertura de los temas sobre salud en los medios de comunicación chilenos". In: Melo, J. M. *et al.* (orgs.). *Mídia e saúde*. Adamantina: Unesco/Umesp/FAI, p. 107-36, 2001.

ANGELL, M.; KASSIRER, J. "Alternative medicine. The risks of untested and unregulated remedies". *The New England Journal of Medicine*, Massachusetts, v. 339, n. 12, 1998.

BÄR, N. Comunicação pessoal, 2003.

BOUER, J. Comunicação pessoal, 2003.

BUITONI, D. H. S. "A construção da aids pelas revistas masculinas e femininas". *ScienceNet 2003*, ano VII, n. 44, maio 2003.

CASTRO, R. "Câncer na mídia: uma questão de saúde pública". *Revista Brasileira de Cancerologia*, v. 55, n. 1, p. 41-8, 2009.

DÍAZ, J. F. Comunicação pessoal, 1999.

DINES, A. Comunicação pessoal, 2003.

EICHENWALD, K.; KOLATA, G. "Drug trials hide conflicts for doctors". *The New York Times*, Nova York, 16 maio 1999, p. 34-5.

EPSTEIN, I. Comunicação pessoal, 2002.

ERNST, E.; WEIHMAYR, T. "UK and German media differ over complementary medicine". *British Medical Journal*, Londres, 16 set. 2000, v. 321, p. 707.

"FIGHT for laws to open malpractice records". *NY Daily News*, Nova York, 8 mar. 2000.

GARFIELD, B. "The loss of a valuable journalistic tool". *On the Media*, 7 out. 2011. Disponível em: <http://www.onthemedia.org/2011/oct/07/valuable-health/transcript/>. Acesso em: 13 dez. 2011.

GASSINO, W. Comunicação pessoal, 2003.

GEHNER, M. "Comunicación para una mejor salud global". *Revista Quark, ciencia, medicina, comunicación y cultura*, Barcelona, n. 16, jul./set. 1999.

GUBERNICK, L. "Have I got a cure for you". *The Wall Street Journal*, Nova York, 6 out. 2000, p. W1.

KNOPLACH, C.; GALLO, R. "Saúde". *Observatório da Imprensa*. 9 dez. 2003. Disponível em: www.observatoriodaimprensa.com.br.

MCBRIDE, G. "America goes crazy for 'the happy pill'". *British Medical Journal*, Londres, v. 308, p. 665, 5 mar. 1994.

OLIVEIRA, L. H. Comunicação pessoal, 2003.

RENSBERGER, B. "Unfit doctors create worry in profession: revocations of licenses, more training, or supervision are urged as remedies". *The New York Times*, Nova York, p. 1, 26 jan. 1976.

ROAN, S. OLMOS, D. "Alternative conventional Care forge Uneasy alliance en Alternative Medicine: the $18 billion experiment". *Los Angeles Times*, Los Angeles, 2 set. 1998.

RODÉS, J., TRILLA, A. "Investigadores y medios de comunicación". *Revista Quark, ciência, medicina, comunicación y cultura*, Barcelona, Salud y Opinión Pública, n. 16, jul./set 1999.

SCHWITZER, G. "How do US journalists cover treatments, tests, products, and procedures? An evaluation of 500 stories". *PLoS Med 5*, ed. 95, doi: 10.1371/journal.pmed.0050095, 27 maio 2008.

_____. "The state of Health Care Journalism". *The Henry Kaiser Family Foundation*, Merlo Park, mar. 2009.

SOARES. R. L.. "Estigma da aids: em busca da cura". *Intercom – XV Congresso Brasileiro de Ciências da Comunicação*, Salvador, set. 2002. (Sessão de comunicações, temas livres.)

St. John, P. "Drug pump's deadly trail". *Tallahassee Democrat*, Tallahassee, 28 maio 2000.

Tabakman, R. Resultados não publicados, 2003.

"Urna eletrônica". *Observatório da Imprensa*. 9 dez. 2003. Disponível em: <http://www.observatoriodaimprensa.com.br/news/showNews/urnindex_2003.htm>. Acesso em: 13 maio 2013.

Vaitsman, H. "Precisamos de ética". *Observatório de Imprensa*, n. 256, Ciência, 23 dez. 2003. Disponível em: <www. observatoriodaimprensa.com.br>. Acesso em: jan. 2004.

Waisbord, S.; Coe, G. Comunicación, periodismo, salud y desafíos para el nuevo milenio. *Razón y palabra*, Atizapan de Zaragoza, n. 26, abr./maio, 2002.

"Why it matters: The public needs to know". In: Stark, K; Smith, F.; Simms, P.; Hagland, M.; Freyer, F.J.; Vosss, M. "Covering the quality of health care: A resource guide for journalist". *The Association of Health Care Journalist*. 1 jun. 2002. Disponível em: <http://healthjournalism.org/resources-AHCJpubs.php>. Acesso em: 13 maio 2013. (acesso disponível a membros)

Willman, D. "The New FDA: How a new policy led to seven deadly drugs". *Los Angeles Times*, Los Angeles, 20 dez. 2000. Disponível em: < http://www.latimes.com/news/nationworld/nation/la-122001fda,0,3054990. story >. Acesso em: 13 maio 2013.

Capítulo 5

Agência de Notícias dos Direitos da Infância (Andi); Fundo das Nações Unidas para a Infância (Unicef); Ministério da Saúde – Coordenação Nacional de DST e AIDS; Central de Projetos. *A mídia como consultório? Uma análise técnica e jornalística das perguntas e respostas sobre saúde e comportamento veiculadas pela mídia impressa e eletrônica*. Brasília: Gráfica Athalaia, 2003.

Alauzis, A. "El pensamiento científico frente al rumor". *Ciencia Hoy en línea*, v. 12, n. 70, ago./set. 2002. Disponível em: <http://www.infoamerica.org/documentos_pdf/alauzis.pdf>. Acesso em: 13 maio 2013.

Ali, N.; Lo, T. Y. S.; Auvache, V. L; White, P. D. "Bad press for doctors: 21 year survey of three national newspapers". *British Medical Journal*, Londres, v. 323, p. 782-3, 2001.

Argüello, G. T. Comunicação pessoal, 2003.

Bär, N. Comunicação pessoal, 2002.

Belardi, C. Comunicação pessoal, 2002.

Benarde, M. A. "You've been had! How the media and environmentalist turned America into a nation of hypochondriacs". *Rutgers University Press*, Piscataway, 2002.

Birchard, K. "Irish media revelations prompt revised post mortem guidelines". *The Lancet*, Londres, v. 355, p. 9204, 19 fev. 2000.

Bouer, J. Comunicação pessoal, 2003.

Bravo, J. C. Comunicação pessoal, 2003.

Buchalla, A. P. "O apaga rugas". *Veja*, São Paulo, v. 1845, p. 88, 17 mar. 2004.

Cunha, A. "Viagra e Zeus na festa popular". *O Globo*, Rio de Janeiro, 14 de junho de 2004. Caderno de Esportes, p.6.

Fox, S.; Jones, S. "The social life of health information". *Pew Internet & American Life Project*, California Health Care Foundation, jun. 2009.

Fuente, E. Comunicação pessoal, 2002.

Gorney, C. "I'd give a knee to figure it all out". *Washington Post*, Washington D.C., 21 jul. 2002, p. B 01.

Goyet, C. V. "Viewpoint Stop propagating disaster myths". *The Lancet*, Londres, 26 ago. 2000.

Jacintho, E.; Jimenez, K. "Indústria do social". *O Estado de S. Paulo*, São Paulo, 6 abr. 2003, p. T8-9.

Jurberg, C. et al. "Embrionic stem cell a climax in the reign of the brazilian media". *Public Understanding of Science 2009*, v. 18, p. 719, 29 maio 2009.

Kaiser Family Foundation – Harvard School of Public health. *Health News Index*, v. 7, n. 4, p. 650, jul./ago. 2002.
_____. "Survey of E.R. viewers". *Health News*, 30 jun. 1997. Disponível em: <http://www.kff.org>. Acesso em: 15 ago. 2002.

Kiernan, S. "Breaking the medical malpractice code of secrecy". Nieman Reports, Medical Reporting. V. 57, n. 2, 2003.

Lage, N. "A macumba da dengue". *Observatório da imprensa*, 6 mar. 2001, n. 162, Feitos e desfeitas. Disponível em: <http://www.observatoriodaimprensa.com.br/news/showNews/fd060320021.htm>. Acesso em: 13 maio 2013.

Lipcovich, P. "El negocio de inflar la psicosis y estudiando el caso argentino". Página 12, Buenos Aires, 6 jun. 2004.

López, H. Comunicação pessoal, 2002.

MAÑERO, C. L. *Información y Dolor, una perspectiva ética*. Barañain: Eunsa, 1998.

McPHERSON, A. "The problem of medical advice columns". *British Medical Journal*, Londres, v. 319, p. 928, 20 out. 1999.

MELLO, P. C. "Remédios para todos os gostos". *O Estado de S. Paulo*, São Paulo, 8 fev. 2004, p. B8.

NATTINGER, A. B. *et al*. Effect of Nancy Reagan's mastectomy on choice of surgery for breast cancer by US women. *Journal of American Medical Association*, v. 279, p. 10-1, mar. 1998.

ORGANIZACION MUNDIAL DE LA SALUD. "Role of the mass media In: Mental Health Policy and Service Provision". *The World Health Report 2001: Mental Health – new understanding, new hope*. Genebra, 2001.

PALACIOS, A. "Da clínica, Maradona saúda o presidente". *O Estado de S. Paulo*, São Paulo, 17 ago. 2004, p. A13.

PASSALACQUA, R. *et al*. "Patients opinions, feelings and attitudes after a campaign to promote Di Bella's therapy". *The Lancet*, Londres, v .353, n. 9161, p. 1285-372, 17 abr. 1999.

PAUNERO, A. Comunicação pessoal, 2002.

PENTZ, R. D. *et al*. "Study of the media's potential influence on prospective research participants´ understanding of and motivations for participation in a high profile Phase I trial". *Journal of clinical oncology*, Alexandria, v. 20, p. 3785-91, 18 set. 2002.

SALINGER, J. D. *El cazador oculto*. Buenos Aires: Sudamericana, 1960.

SANTOS, M. "Ele e o astro, da TV à sala de parto". *Veja São Paulo*, São Paulo, p. 16-21, 26 mar. 2003.

SCHAVELZON, J. Comunicação pessoal, 1999.

TABAKMAN, R. Resultados não publicados, 2002.

TANNE, J. H. "Mixed messages on breast câncer: green light on mammography, amber on tamoxifen". *British Medical Journal*, London, v. 324, p. 1530, 22 jun. 2002.

TARTAGLIONE, J. Comunicação pessoal, 2003.

THOMSEM, R. *et al*. "The relationship between reading beauty and fashion magazines and the use of pathogenic Dieting Methods among adolescent females". *Adolescense*, v. 37, n. 145, p. 1-18, 2002.

TINÉ F. "Pois não, doutor! Bastidores do maior hospital do Brasil". In: Marques de Melo, J.; Epstein, I.; Sanchez, C.; Barbosa, S. (Org.). *Mídia e saúde*. Adamantina: Unesco/Umesp/FAI, p. 671-89; 637-70, 2001.

Capítulo 6

ABBASI, K. "The flu news epidemic". *British Medical Journal*, Londres, v. 320, n. 258, 22 jan. 2000.

BRAINARD, C. "Reporters doubling as docs in Haiti". *The Observatory*, Nova York, Columbia Journalism Review, 20 jan. 2010.

BUENO, W. C. "A cobertura de saúde na mídia brasileira: os sintomas de uma doença anunciada". In: Melo, J. M. *et al*. (Orgs.). *Mídia e saúde*. Adamantina: Unesco/Umesp/FAI, p. 671-89, 2001.

CARDOSO, J. M. "Comunicação, saúde e cidadania: desafios colocados pela implantação do sistema único de saúde". In: Epstein, I. *et al*. (org.). Mídia e saúde. Adamantina: Unesco/Umesp/FAI, 2001, p. 561-578.

COHN, V. *Ciencia, periodismo y público*. Buenos Aires: Grupo Editor Latinoamericano, 1993.

CORTASSA, C. "Ciencia, seudociencia y creencias populares en medicina". In: Melo, J. M. *et al*. (Orgs.). *Mídia e saúde*. Adamantina: Unesco/Umesp/FAI, 2001, p. 691-701,

CUNHA, A. "Viagra e Zeus na festa popular". O Globo, caderno Esportes, 14 jun. 2004.

GOODWIN, E. H. *Groping for ethics in journalism*. Ames: Iowa State University Press, 1994.

HOLTZ, A. "Frustrations on the frontlines of the health beat". *Nieman Report: reporting on health*. Cambridge, v. 57, n. 1, p. 7-9, 2003.

ILLICH, I. *Limits to medicine*. Londres: Marion Boyars, 1976.

"INTENSIVE caring: shooting reality television in a pediatric ICU. 2001". Disponível em: <www.medicalnewsreport.com>. Acesso em: maio 2003.

KIERNAN, S. "Breaking the medical malpractice code of secrecy". *Nieman Reports: Medical reporting*, Cambridge, v. 57, n. 2, p. 8-11, 2003.

KLASS, P. "A doctor examines a journalist's work". *Nieman Reports: medical reporting*, Boston, v. 57, n. 2, 2003.

KOVACH, B.; ROSENSTIEL, T. *The elements of journalism: What newspeople should know and the public should expect*. Califórnia: Three Rivers Press, 2001.

LEVYMAN, C. "Vale ter um médico nas redações". *Observatório da Imprensa*, 2004. Disponível em: <www.observatoriodaimprensa.com.br>. Acesso em: 21 jan. 2004.

_____. "Quem enruga é a ética". *Observatório da Imprensa*, 6 abr. 2004, ed. 271, Caderno do Leitor – Saúde Enrugada. Disponível em: www.observatoriodaimprensa.com.br. Acesso em: 13 maio 2013.

LIPCOVICH, P. "Terrorismo sanitario para vender". *Página 12*, Buenos Aires, 1 jun. 2004, Sociedad. Disponível em: <http://www.pagina12.com.ar/diario/sociedad/3-36089-2004-06-01.html>. Acesso: 14 maio 2013.

LOEWY, M. "Televisión en emergencia", *Noticias*, Buenos Aires, 06 set. 2003, p. 72-6.

LÓPEZ, G. G. *Desinformación. Método, aspectos y soluciones.* Barañain: Navarra/Eunsa, 1999.

MACDONALD, M. M.; HOFFMAN-GOETZ, L. "A retrospective study of the accuracy of cancer information in Ontario daily newspapers". *Canadian Journal of Public Health*, Ottawa, v. 93, p. 142-5, mar./abr., 2002.

MAINETTI, J. A. *Bioetica ilustrada.* La Plata: Quirón, 1994.

_____. Comunicação pessoal, 1999.

MAÑERO, C. *Información y dolor, una perspectiva ética.* Barañain: Eunsa, 1998.

MÁSTER EM JORNALISMO PARA EDITORES, 2002, São Paulo: Conferência. Mesquita Neto, F. *Universidad de Navarra em São Paulo.*

MEYER, P. *A ética no jornalismo. Um guia para estudantes, profissionais e leitores.* Rio de Janeiro: Forense Universitária, 1989.

MNOOKIN, S. "Is Rolling Stone HIV story wildly exaggerated?" *Newsweek web.* Disponível em: <http://www.thedailybeast.com/newsweek/2003/01/22/is-rolling-stone-s-hiv-story-wildly-exaggerated.html>. Acesso em: 23 jan. 2003.

MOYNIHAN, R. *et al.* "Coverage by the news media of the benefits and risks of medications". *New England Journal of Medicine,* Massachussets, v. 342, n. 22, p. 1645-50, 1 jun. 2000.

MOYNIHAN, R.; HEATH, I.; HENRY, D. "Action needed to stop 'disease mongering'. Selling sickness: the pharmaceutical industry and disease mongering". *British Medical Journal*, Londres, v. 324, p. 886-91, 2002.

SCHETTINI, A. "Amarillismo sofisticado". *Noticias,* Buenos Aires, 6 set. 2003, p. 74.

SEMIR, V. "Noticia médica: ¿impacto científico o impacto mediático?" *Revista Quark Ciencia, medicina, comunicación y cultura.* Barcelona, n. 20, Información y Genes, jan./jun. 2001.

TABAKMAN, R. Resultados não publicados, 2002.

TANNE, J. H. "Mixed messages on breast cancer Green light on mammography, amber on tamoxifen". *British Medical Journal*, Londres, v. 324, n. 7352, p. 1530, 22 jun. 2002.

TARTAGLIONE. Comunicação pessoal, 2002.

Capítulo 7

ABBASI, K. "Medicine and the media: Headlines: more perilous than pills?" *British Medical Journal*, Londres, v. 316, n. 7124, p. 82, 3 jan. 1998.

ABRAMSON, J. "Medical reporting in a highly commercialized environment". *Nieman Reports*, 2003, p. 54-7.

BLOCK, T. "The science of cloning". *FACSnet reporting tools*, 2002.

COHN, V. *Ciencia, periodismo y público: Una guía para entender el lenguaje de las estadísticas.* Buenos Aires: Grupo Editor Latinoamericano, 1993.

"DISEASE in the developing world in context". *Eurekalert.* Disponível em: <www.eurekalert.org>. Acesso em: 14 set. 2004.

GREENHALGH, T. "How to read a paper: Papers that report drug trials". *British Medical Journal*, Londres, v. 315, n. 7106, p. 480-3, 13 set. 1997.

GREENHALGH, T; TAYLOR, R. "How to read a paper: Papers that go beyond numbers (qualitative research)". *British Medical Journal*, Londres, v. 315, n. 7110, p. 740-2, 20 set. 1997.

HALGH, T. "How to read a paper: papers that tell you what things cost". *British Medical Journal*, Londres, v. 315, p. 596-9, 13 set. 1997.

HUFF, D. *How to lie with statistics.* Nova York: W.W. Norton and Co., 1993.

MINISTERIO DE SALUD y Ambiente de la Nación. *Que son los medicamentos genéricos.* Disponível em: <http://www.msal.gov.ar/htm/site/genericos/site/genericos.asp>. Acesso em: 17 set. 2004.

PHILLIPS, B. et al. "Levels of evidence and grades of recommendation". *Center for Evidence – Based Medicine (UK).* Disponível em: <http://www.cebm.net/?o=1025>. Acesso em: 14 maio 2004.

"STATISTICAL TERMS used in Research Studies, a primer for Journalists". *Journalist's resources. A research portal and curated database.* Harvard Kennedy School's Shorenstein Cernter – Carnegie Knight Initiative. Disponível em: <http://journalistsresource.org/reference/research/statistics-for-journalists/?utm_source=Journalist%27s+Resource&utm_campaign=0ef5939417-10-4-11_campaign&utm_medium=email>. Acesso em: 25 nov. 2011.

WARTEMBERG, D. "Epidemiology for Journalists". *FACSNET,* 23 abr. 1996. Disponível em: <www.facsnet.org/epidemiolofacset.org.htm>. Acesso em: 10 jun. 2002.

Capítulo 8

AGÊNCIA DE NOTÍCIAS dos Direitos da Infância (Andi); Fundo das Nações Unidas para a Infância (Unicef); Ministério da Saúde – Coordenação Nacional de DST e AIDS; Central de Projetos. *A mídia como consultório? Uma análise técnica e jornalística das perguntas e respostas sobre saúde e comportamento veiculadas pela mídia impressa e eletrônica*, Brasília: Gráfica Athalaia, 2003.

ARNOLD, F. "Patient power?" *British Medical Journal*, London, v. 326, p. 1042, 10 maio 2003.

BÄR, N. Comunicação pessoal, 2003.

COONEY, C. "Climate change and infectious diseases: is the future here?" *Environmental Health Perspectives,* v. 119, n. 9, p. 394-7, 2011.

D'AMICO, H. Comunicação pessoal, 2002.

DINES, A. Comunicação pessoal, 2003.

FERGUSON, T. "From patients to end users". *British Medical Journal,* Londres, v. 324, p. 555-6, 2002.

FERGUSON, T.; FRYDMAN, G. The first generation of e-patients. *British Medical Journal,* Londres, v. 328, p. 1148-9, 15 maio 2004.

FUCHS, V. R. "New Priorities for Future Biomedical Innovations". *New England Journal of Medicine,* Waltham, v. 363, p. 704-6, 19 ago. 2010.

GATE, D. "Newspapers in the digital age". *Online Journalism Review,* maio 2002. Disponível em: http://www.ojr. org/ojr/future/1020298748.php. Acesso em: 26 junho 2013.

HARRIS INTERACTIVE. *The growing influence and use of health care information obtained online.* Nova York, 15 set. 2011. Disponível em: <http://www.harrisinteractive.com/NewsRoom/HarrisPolls/tabid/447/mid/1508/articleId/863/ctl/ReadCustom%20Default/Default.aspx>. Acesso em: 14 maio 2011.

HAWN, C. "Take two aspirin and Tweet me in the morning: how Twitter, facebook and other social media are reshaping health care". *Health affairs,* p. 361-8, 28 fev. 2009.

KPMG. "The future of global healthcare delivery and management", out. 2010. Disponível em: <http://www.kpmg.com/PT/pt/IssuesAndInsights/Documents/HCI-ntegration-oct-2010.pdf>. Acesso em: 14 maio 2013.

MACFADYEN, U. M. "Young patients lead on power", *British Medical Journal,* Londres, 10 maio 2003. Disponível em: <http://www.bmj.com/rapid-response/2011/10/29/young-patients-lead-power>. Acesso em: 14 maio 2013.

MÁSTER EM JORNALISMO PARA EDITORES, 2002, São Paulo: Conferência. Di Franco, C. A. *Universidad de Navarra em* São Paulo.

MÁSTER EM JORNALISMO PARA EDITORES, 2002, São Paulo: Conferência. Correa, T. S. *Universidad de Navarra em* São Paulo.

MELO, J. M. Comunicação pessoal, 2003.

MOREIRA FILHO, C.A. Comunicação pessoal, 2003.

OMS. WHO reforms for a Health future. *WHO Executive Board Report,* 15 out. 2011.

PARRY, V. A ciência reprodutiva humana e a imprensa. *O Estado de S. Paulo,* São Paulo, 25 jun. 2004, p. A11.

PURCELL, K. *et al.* "Understanding the participatory News Consumer". *Project for Excellence in Journalism,* Pew Research Center, Washington, 1 mar. 2010.

PRETI, C. Comunicação pessoal, 2004.

REFFELMAN, T.; KLONER, R. "Therapeutic potential of phosphodiesterase 5 inhibitor for cardiovascular disease". *Circulation,* v. 108, p. 239-44, 2003.

TABAKMAN, R. Resultados não publicados, 2002.

AGRADECIMENTOS

Um livro não tem começo nem fim. Principalmente hoje em dia, em que suas partes podem ser facilmente desmembradas e ganhar independência no mundo digital. Por isso, mesmo deixando para trás quem me precede na construção do conhecimento, querer determinar uma data de início para definir os agradecimentos é extremamente difícil. Não foi, sem dúvida, o primeiro dia em que me sentei para escrever.

Será que este texto começou a ser gestado quando meu pai, neurocirurgião, me mostrou que a melhor medicina é inútil se fica limitada ao conhecimento que entra na sala de cirurgia? Será que nasceu com meus professores da Universidad Nacional de Mar del Plata, onde me identifiquei com a definição de cientista como amante do saber? Sem dúvida meus colegas e superiores do Laboratorio de Investigaciones Bioquímicas Fundación Campomar, encabeçada pelo prêmio Nobel Luis Federico Leloir, contribuíram para moldar em mim uma mente rigorosa, militante contra as pseudociências e convicta de que as conquistas são obtidas dedicando-se a um tema sem descanso, mas também sem pressa. Tudo isso é parte do que espero que alguém aprenda nestas páginas.

Mas se a metade de meu cérebro é de uma cientista a outra é de jornalista, e a primeira pessoa que confiou em mim para esse papel foi o editor do suplemento de ciência do jornal diário *La Vanguardia*, da Espanha, Vladimir de Semir. Mesmo assim, se preciso escolher uma única pessoa influente em minha carreira, sem dúvida é Héctor D'Amico, que, quando dirigia a revista argentina *Noticias* decidiu – sem me consultar, é claro – que a especialidade para a qual eu havia nascido era o jornalismo de saúde.

Mais recentemente, já no Brasil, Nelson Hammerschlak me permitiu reconhecer em um rosto o melhor que se pode esperar de um médico, o casamento mais bem-sucedido entre a qualidade científica e a humana. Agradeço também a Alberto Dines, editor do *Observatório da Imprensa*, que me abriu os braços em seu país para que eu pudesse continuar minha profissão, e a Monica Domiano, sem cuja insistência e profissionalismo este livro ainda seria o conteúdo de um *pen drive*. A Matías Loewy, por seu apoio constante, e sem dúvida à minha família, que me ajuda incondicionalmente para que alcance todos os meus sonhos.

leia também

NADA MAIS QUE A VERDADE
A extraordinária história do jornal Notícias Populares
Edição revista
Celso de Campos Jr., Denis Moreira, Giancarlo Lepiani e Maik Rene Lima

Nada mais que a verdade retorna em edição revista e ampliada, conduzindo o leitor por quatro décadas de uma ciranda de crimes, sexo, devaneios e, sim, bom jornalismo. Mais que uma biografia do jornal, este livro é um romance fantástico – que, se não fosse real, poderia bem ter recheado as páginas de algumas edições do Notícias Populares..

REF. 10713   ISBN 978-85-323-0713-2

POR TRÁS DA NOTÍCIA
O processo de criação das grandes reportagens
Edson Flosi

O jornalismo brasileiro atravessa uma grande crise. A apuração e o contato direto com as fontes quase desapareceram. Porém, há algumas décadas a profissão era exercida "na raça" e nas ruas, com informações bem costuradas em grandes matérias. Edson Flosi foi testemunha dessa época: autor de mais de 500 reportagens assinadas publicadas em grandes veículos, ele apresenta neste livro uma amostragem histórica do jornalismo à moda antiga.

REF. 10781   ISBN 978-85-323-0781-1

JORNALISTAS-INTELECTUAIS NO BRASIL
Fábio Pereira

Este livro aborda as relações do jornalismo com o meio intelectual e a história de vida de dez jornalistas-intelectuais, entre eles Adísia Sá, Alberto Dines, Carlos Heitor Cony, Mino Carta e Zuenir Ventura. A obra mostra como eles conciliaram jornalismo, literatura, artes, universidade e militância política e de que forma sua identidade profissional mudou ao longo do tempo. Prefácio de Cremilda Medina.

REF. 10717   ISBN 978-85-323-0717-0

JORNALISMO ORGANIZACIONAL
Produção e recepção
Edição revista
Marlene Branca Sólio

Este livro apresenta uma visão crítica do jornalismo produzido nas organizações. De forma objetiva, a autora examina minuciosamente o ambiente organizacional e os desafios que este impõe ao fazer jornalístico. Além disso, analisa veículos produzidos para os funcionários e investiga como se dá a recepção das informações. Obra fundamental para jornalistas, profissionais ligados à gestão de pessoas e estudantes.

REF. 10709   ISBN 978-85-323-0709-5

www.gruposummus.com.br